In den Jahren 1938 und 1939 wurden mit Hilfe internationaler Organisationen rund 10 000 jüdische Kinder und Jugendliche aus Deutschland, Österreich und der Tschechoslowakei nach Großbritannien transportiert und so vor den Nationalsozialisten gerettet. Diese Aktion ist bekannt geworden unter der Bezeichnung »Kindertransporte«.

Die Geschichte der Kindertransporte ist bis in die neunziger Jahre wenig beachtet geblieben und harrt – ungeachtet der in den letzten Jahren stark gestiegenen medialen Präsenz von Einzelaspekten – der systematischen Aufarbeitung im Rahmen der Emigrationsforschung.

Der vorliegende Sammelband führt in die Thematik ein und vermittelt einen Gesamtüberblick über die dramatischen Ereignisse. Erforscht wurden sie von einer deutsch-britischen Arbeitsgruppe aus der Geschichts-, Literatur- und Erziehungswissenschaft sowie der Psychologie.

Der Band wird abgerundet mit autobiographischen Texten, darunter Erinnerungen von Ilse Aichinger, die in Wien hatte zurückbleiben müssen, und ihrer Zwillingsschwester Helga Michie, die in London lebt.

Die Viten der Herausgeber finden sich am Ende des Bandes.

Unsere Adresse im Internet: www.fischer-tb.de

Inhalt

Vorwort

Die Kindertransporte, die 1938/39 rund 10000 jungen Juden aus dem deutschen Machtbereich die Flucht nach Großbritannien ermöglicht haben, lagen lange Zeit im Schatten der historischen Forschung, die sich dem Holocaust widmete. Neben Erinnerungen und autobiographischen Zeugnissen sind inzwischen erste wissenschaftliche Arbeiten zu den Kindertransporten publiziert worden. Die »Kinder«, an vielen Orten der Welt lebend, haben sich organisiert und zu Wort gemeldet, sie haben sich auf beachteten internationalen Kongressen in Erinnerung gebracht. Bertha Leverton hat 1989 die erste *Reunion* ehemaliger Kindertransport-Teilnehmer in London organisiert und mit der Anthologie »I Came Alone« die Erfahrung des Kindertransports ins kollektive Gedächtnis zurückgerufen. Die Öffentlichkeit hat seither über Filme und Fernsehdokumentationen Kenntnis von diesem Aspekt der Geschichte des Holocaust genommen, Erinnerungen von »Kindern« sind ins öffentliche Bewusstsein gedrungen wie etwa Gideon Behrendts Geschichte »Mit dem Kindertransport in die Freiheit«.
Am Zentrum für Antisemitismusforschung der TU Berlin finden die Kindertransporte ebenso interdisziplinäre Aufmerksamkeit wie am Centre for German-Jewish Studies der University of Sussex in Brighton unter der Leitung von Edward Timms. Aus der Kooperation ergaben sich ein Workshop im Juni 2001 in Brighton und eine internationale Konferenz in Berlin 2002, dabei wurden Forschungsergebnisse vorgestellt, die das Thema aus der Perspektive unterschiedlicher Disziplinen wie Literaturwissenschaft und Soziologie, Geschichtswissenschaft und Psychoanalyse beleuchteten. Eine Tagung in London im Anschluss an den Workshop in Brighton 2001 und eine Podiumsdiskussion im Rahmen der Berliner Konferenz 2002 führten die Forschenden mit den ehemaligen Kindertransport-Teilnehmern zusammen.

Dieser Band versteht sich als eine erste Bilanz gemeinsamer Anstrengungen, das Thema vor dem Vergessen zu bewahren.

Zu danken haben wir der Stiftung Luftbrückendank in Berlin und der Axel Springer Stiftung in Berlin, die durch großzügige Beiträge zu den Organisations- und Reisekosten die Konferenzen und die daraus resultierenden Beiträge dieses Buches ermöglicht haben.

Wolfgang Benz, Claudia Curio, Andrea Hammel

Wolfgang Benz

Emigration als Rettung und Trauma

Zum historischen Kontext der Kindertransporte nach England

Warum haben sich die deutschen Juden der mit Hitler und der NS-Herrschaft drohenden Katastrophe nicht mehrheitlich durch rechtzeitige Flucht aus dem Machtbereich Hitlers entzogen? Nicht bedacht sind bei dieser naiven Frage die ökonomischen und administrativen Schwierigkeiten, die einer Ausreise im Wege standen, und nicht bedacht sind die politischen Hindernisse, die den Juden aus Deutschland (und später aus ganz Europa) von potenziellen Aufnahmeländern in den Weg gelegt wurden. Der mit der Emigration fast immer zu erwartende Statusverlust und die für die Exilländer fehlende berufliche Qualifikation waren weitere Hindernisse. Das Selbstverständnis der hoch assimilierten deutschen Juden war ein gewichtiger, zunächst sogar der gewichtigste Grund, der gegen ihre Auswanderung sprach.[1]

Die wenigsten deutschen Juden reagierten auf die neue Regierung mit dem Gedanken an Auswanderung. Die Erkenntnis, dass die Basis jüdischen Lebens in Deutschland verloren ging, war im Frühjahr 1933 unter den Juden noch wenig verbreitet. Die Schwierigkeiten, die für die Ausreise zu überwinden waren, bildeten das eine Hindernis (mit der Reichsfluchtsteuer und den im Laufe der Zeit progressiven wirtschaftlichen Schikanen bis zur vollständigen Ausplünderung vor dem Verlassen des Deutschen Reiches), die Hürden in den Aufnahmeländern (vorweisbares Vermögen, bestimmte Berufsqualifikationen, Bürgen im Land) das andere.[2]

Zur Zeit der Machtübernahme Hitlers lebten in Deutschland etwa 550000 Juden. Nur 38000 von ihnen verließen 1933 die Heimat. 1934 waren es weniger als 23000, 1935 emigrierten 20000 deutsche Juden. Die »Nürnberger Gesetze« 1935, die Juden in Deutschland zu zweitklassigen Staatsangehörigen – ohne politische Rechte – herabstuften, bewirkten einen leichten Anstieg der Emigration (25000). Nach dem

Olympiajahr 1936 ging die Auswanderung wieder zurück (23 000). Die größten Emigrationswellen mit etwa 40 000 Auswanderern gab es 1938, verursacht durch die antisemitischen Schikanen nach dem Anschluss Österreichs (wo etwa 190 000 Juden lebten) und die Novemberpogrome, sowie 1939. In diesem Jahr verließen 75 000 bis 80 000 Juden den deutschen Machtbereich. Die Verschärfung der judenfeindlichen Politik war im Jahr 1938 unverkennbar, sie zeigte sich außer in dem Gewaltexzess der Vertreibung von 17 000 Juden polnischer Nationalität im Oktober und den inszenierten Pogromen der »Reichskristallnacht« in einer Vielzahl von schikanösen Erlassen und Verordnungen, von der Registrierung jüdischen Vermögens bis zur Anordnung der Zwangsvornamen Sara und Israel.
Das wichtigste Exilland war zunächst Frankreich, erste Stationen bildeten (bis 1938) auch Österreich, die Tschechoslowakei und das bis 1935 unter Völkerbundsmandat stehende Saarland. Bis zum Herbst 1938 hatten sich etwa 11 000 deutsche Juden nach Großbritannien retten können, nach der »Reichskristallnacht« kamen weitere 40 000. Palästina und die Vereinigten Staaten waren die begehrtesten Exilländer. Aufgrund der restriktiven Quotenregelung, die Großbritannien als Mandatsmacht des Völkerbundes erlassen hatte, konnte nur ein kleiner Teil der siedlungswilligen Juden legal nach Palästina einreisen, die illegale Zuwanderung suchten die britischen Behörden mit allen Mitteln zu verhindern. Auch für die USA gab es Einwanderungsquoten und die Verpflichtung, das Affidavit eines US-Bürgers vorzulegen, der garantierte, dass der Einwanderer nicht zur sozialen Belastung würde. Nach Palästina konnten sich insgesamt weniger als 50 000 deutsche Juden retten, in den USA fanden immerhin 130 000 eine neue Heimat. Alles in allem war es höchstens die Hälfte der Juden aus Deutschland und Österreich, die der nationalsozialistischen Verfolgung durch Emigration entkommen konnte.[3]
Bis 1939 forcierte und bremste der NS-Staat die Auswanderung der deutschen Juden gleichzeitig. Die Verdrängung der Juden aus der Wirtschaft förderte deren Emigrationswillen, aber die Ausplünderung durch Vermögenskonfiskation und ruinöse Abgaben hemmte die Auswanderungsmöglichkeiten. Eine Heimtücke des Regimes bestand darin, dass es den Antisemitismus zu exportieren hoffte, wenn die aus Deutschland vertriebenen verarmten Juden zum sozialen Problem in den Aufnahmeländern würden. Mit dem Anschluss Österreichs und der Annexion

des Sudetenlandes geriet die Flucht von Juden aus dem nationalsozialistischen Herrschaftsgebiet verstärkt ins Blickfeld der Nachbarstaaten. Insbesondere die Schweiz traf Vorkehrungen, um sich des Zuzugs Unerwünschter zu erwehren, Polen sperrte im Herbst 1938 sogar eigene jüdische Staatsbürger aus, die schon lange in Deutschland oder Österreich lebten. Im Juli 1938 fand am französischen Ufer des Genfer Sees eine internationale Konferenz statt, die den Problemen der jüdischen Auswanderung aus Deutschland gewidmet war. Eingeladen hatte Präsident Roosevelt, gekommen waren Vertreter von 32 Staaten und Abgesandte jüdischer Organisationen nach Evian-les-Bains, geschehen ist nichts, was die Chancen jüdischer Flüchtlinge verbessert hätte.[4]

Dem verstärkten Druck zur Emigration durch den NS-Staat Anfang 1939 folgten massive Behinderungen bis zum Auswanderungsverbot im Herbst 1941. Mit zunehmender Diskriminierung und Ausgrenzung aus dem gesellschaftlichen und ökonomischen Leben nahm andererseits und begreiflicherweise die Bereitschaft zur Emigration zu. Die Pogrome im November 1938 öffneten auch denjenigen deutschen Juden die Augen, die gezögert hatten, weil sie nicht glauben konnten, wie ernst die Lage war. In letzter Minute, nach der »Reichskristallnacht«, machten deutsche Juden angstvoll Jagd nach den notwendigen Papieren, flehten vor gelangweilten Bürokraten in den Konsulaten um Einwanderungserlaubnis, kämpften mit skrupellosen Geschäftemachern, die Visa und Passagen zweifelhafter Qualität als Rettungschancen feilboten. Der Handel mit dubiosen Tickets und wertlosen Einreisevisa in südamerikanische Länder florierte.

Vor der Auswanderung standen viele bürokratische Hürden. Ein Reisepass durfte bei der Polizei erst beantragt werden, wenn Unbedenklichkeitsbescheinigungen verschiedener Finanzämter beigebracht waren, aus denen hervorging, dass alle Steuern bezahlt waren, dass auch die »Reichsfluchtsteuer« entrichtet war und dass der Anteil an der »Sühneabgabe«, der den deutschen Juden zynisch auferlegten Sondersteuer nach dem Novemberpogrom, bezahlt war. Das Geld war auch für diejenigen, die noch Vermögen hatten, nur mit Schwierigkeiten aufzutreiben, denn seit Ende April 1938 waren jüdische Vermögen sequestriert.[5]

Emigration als Flucht aus Hitler-Deutschland, die Rettung von Juden, der alltägliche Widerstand von Deutschen gegen die nationalsozialistische Diktatur waren lange Zeit von der deutschen Geschichtswissenschaft wenig beachtete Themen. Die Historiker in der Bundesrepublik konzentrierten sich lange auf den Widerstand der Eliten, vor allem auf die Männer des 20. Juli 1944, die Studenten der Weißen Rose, den Kreisauer Kreis. Die Historiker der DDR waren vor allem mit dem kommunistischen Widerstand beschäftigt, der als Legitimation des antifaschistischen Nachkriegsstaats diente und andere Erinnerungen verdrängte.

Wichtigstes Thema wurde dann der Holocaust als das Jahrhundertverbrechen der Nationalsozialisten, und die Suche nach den Ursachen der deutschen Katastrophe bleibt ein Hauptanliegen der Historiker. Das Exil und die Rettung von Juden erschienen demgegenüber bis vor kurzem als marginale Ereignisse. Dass Flucht und Vertreibung aus Deutschland ebenso wie das Überleben im Konzentrationslager traumatisierende Erfahrungen waren, kam erst spät ins öffentliche Bewusstsein. Man hielt die Geretteten grundsätzlich für unbeschädigt, und ihr Schicksal war deshalb angesichts der Millionen Todesopfer weniger interessant. Auch die Betroffenen, die oft Symptome einer Überlebensschuld entwickelten, schwiegen lange Zeit.

Das Exil einzelner prominenter Schriftsteller, Künstler, Politiker hatte zuerst Aufmerksamkeit gefunden, viel später entdeckte man die gewöhnlichen Emigranten aus Deutschland, das Exil der kleinen Leute.[6] Noch später fanden die etwa 10000 Kinder und Jugendlichen, die nach den Pogromen im November 1938 mit Hilfe philanthropischer Anstrengungen nach Großbritannien reisen durften, den Weg in das öffentliche Gedächtnis. Zwischen zwei und 17 Jahre alt waren die jungen Menschen, die zwischen Dezember 1938 und September 1939 mit den »Kindertransporten« über die Niederlande nach Großbritannien gebracht wurden. Dort sollten sie vorübergehend oder auch für immer eine neue Heimat finden. In Großbritannien hofften sie auf ein Wiedersehen mit ihren Eltern. Neun von zehn hofften jedoch vergeblich. Während die Kinder in einem langwierigen und oft freudlosen Akkulturationsprozess Schulunterricht und Ausbildung genossen, wurden die Eltern in Deutschland als Juden in die Ghettos und Vernichtungslager in den eroberten osteuropäischen Territorien deportiert und dort ermordet.

Trennung traumatisiert an sich, die Ungewissheit über das Schicksal der Angehörigen kommt dazu, und das spätere Wissen um die Ermordung von Eltern und Verwandten macht das weitere Leben schwer. Der Be-

richt eines der ehemaligen Kinder zeigt das Problem in erschreckender Kürze deutlich: »Im Juli 1939 kam ich mit dem *Refugee Children's Movement* nach England und ging gleich in die von Miss Essinger geführte *Bunce Court School*. Meine Eltern konnten nicht aus Deutschland entkommen und wurden in Auschwitz ermordet.«[7]
Auch das Elend der Eltern, die ihre Kinder im Winter 1938/39 oder später (der letzte Transport verließ Deutschland am 1. September 1939) zum Bahnhof brachten, ist schwer zu beschreiben. Hertha Nathorff, Ärztin in Berlin und Mutter eines 13-Jährigen, ist froh, dass Heinz nach Großbritannien darf, und unglücklich über die Trennung. In ihrem Tagebuch heißt es am 2. März 1939: »Mein Kind ist fort! Früh um 6 Uhr haben wir den Jungen zum Schlesischen Bahnhof gebracht zum Kindertransport nach England [. . .] Und wen ich alles traf an diesem Morgen! Eine Kollegin in tiefer Trauer – ihr Mann starb drei Tage nach der Entlassung aus dem Konzentrationslager. Sie schickt ihren Jungen weg. Eine Patientin von mir bringt ihr vierjähriges Mädelchen. Ein anderer Patient sein Töchterchen, dessen arische Mutter bereits im Ausland lebt. Immer mehr Bekannte kommen.«[8] Der Anblick des Gestapomannes wühlt sie auf, nicht minder das Zusammentreffen mit Bekannten in gleicher Lage. »Und die Kinder, sie stellen sich an mit ihren Köfferchen, die sie ja selber tragen müssen. Jedes Kind bekommt eine Nummer, und die Kinder, sie kommen sich so wichtig, so interessant dabei vor, während es uns das Herz zerreißt. Bald müssen wir uns verabschieden. Die Kinder sollen reihenweise zum Zug geführt werden. Begleitung der Eltern zum Bahnsteig ist verboten.«[9] Die Mutter eilt mit einem Taxi zum Bahnhof Zoo, um dort bei der Durchfahrt des Zuges noch einen Blick auf ihr Kind zu werfen, ihm Kekse durchs Fenster zu reichen und noch einmal Glück für die Reise zu wünschen.
Diejenigen auszuwählen, die auf einen Kindertransport durften, gehörte zu den Aufgaben der jüdischen Gemeinden. Es war eine schwere Pflicht, zwischen den Anforderungen und Kriterien der aufnehmenden Organisation und den Wünschen und Hoffnungen der Eltern, die zunächst die Illusion hatten, sie könnten die Kinder begleiten, zu entscheiden. Mindestens so schwer war die professionelle Betreuung der Abreisenden durch jüdische Sozialarbeiter.
Einer von ihnen, der durch seinen Einsatz herausragte, war Norbert Wollheim. Er hatte 1933 sein gerade begonnenes Jurastudium ab-

brechen müssen, war dann in jüdischen Organisationen tätig, war Geschäftsführer des Bundes deutschjüdischer Jugend, arbeitete in einer Exportfirma und betreute innerhalb der Berliner Jüdischen Gemeinde Menschen, die Haft in Konzentrationslagern erlitten hatten. Er wurde gefragt, ob er bei den Kindertransporten helfen wolle. Seine Qualifikation bestand darin, dass er Erfahrung in der jüdischen Jugendarbeit hatte, Organisationstalent besaß und seine eigenen Interessen hintanstellte. Er war 25 Jahre alt und selbst auf der Suche nach Fluchtwegen für sich und seine junge Frau.

Die private Sorge schob er auf und übernahm die Organisation der Abreise (und dann der Begleitung) der Kinder: »Oft arbeiteten wir die ganze Nacht durch. Die politische Lage verschlechterte sich von Minute zu Minute, und wir wollten unser Ziel von 10 000 Kindern so rasch wie möglich erfüllen. Wir meinten, dies noch vor Ablauf der Jahresfrist bewerkstelligen zu können. Unsere Aufgabe bestand darin, die Transporte entsprechend den in den Zügen verfügbaren Plätzen zu planen. Nach der Bearbeitung der Anträge durch das Innenministerium in England wurden diese zusammen mit den entsprechenden Bewilligungen wieder an uns zurückgeschickt, und wir verständigten dann die Eltern, dass ihre Kinder eine Einwanderungserlaubnis für England bekommen hatten. Oft kam es vor, dass Eltern nur für ein Kind eine Einreisebewilligung bekamen, für dessen Geschwister aber nicht. In einem solchen Fall mussten wir den Eltern sagen, dass es uns Leid tue, wir aber nur jene Kinder aufnehmen könnten, die bereits eine Bewilligung in Händen hätten. Darauf hatten wir keinen Einfluss. Wir waren sehr offen zu den Eltern und bemühten uns, sie davon zu überzeugen, dass hier keinerlei Diskriminierung mit im Spiel war. Sobald wir drei- oder vierhundert Bewilligungen beisammenhatten, legten wir sofort ein Datum für die Abreise des Transportes fest. Die Kinder trafen sich an einem vorgegebenen Platz, z. B. dem Bahnhof in Berlin. Kinder, die aus dem östlichen Teil Deutschlands oder aus Polen kamen, mussten rechtzeitig für den Transport nach Berlin gebracht werden. Wenn die Eltern über die nötigen finanziellen Mittel verfügten, begleiteten sie sie. Andernfalls mussten die Kinder allein fahren. Sie trafen entweder am Morgen des Abreisetages ein oder mussten dann noch eine Zeit lang bei Verwandten oder Freunden bleiben. Damit konnten wir uns nicht auch noch beschäftigen. Es wäre einfach zu viel für uns gewesen.«[10]

Norbert Wollheim beschreibt die Abreise der Kinder aus der Perspektive des Verantwortlichen für die Organisation: »Die Polizei bestand darauf, dass die Eltern ihre Kinder nicht zum Zug begleiten durften [...], dass der Abschied nicht in der Öffentlichkeit bemerkbar sein durfte.« Ein separater Warteraum war deshalb für die Kindertransporte eingerichtet worden. »Kurz vor der Abfahrt stieg ich auf einen Stuhl, er war meine Kommandobrücke, und erklärte den Eltern, dass die Stunde des Abschieds gekommen war. Ich bat die Eltern, hier Lebewohl zu sagen, da die Polizei den strikten Befehl erlassen habe, dass wir die Kinder zur Bahn führen sollten, die Eltern müssten hier zurückbleiben. Und ich bat sie um Verständnis und um ihre Mithilfe, weil nur ihre Zurückhaltung die Weiterführung der Transporte garantieren könne ... Später habe ich mich oft gefragt, woher ich den Mut hatte, dies den Eltern zu sagen. Ich kann nur sagen, dass wir damals nicht wussten und es auch nicht vorhersehen, nicht einmal ahnen konnten, dass es für die meisten von ihnen der Abschied für immer sein würde, dass die meisten Kinder ihre Eltern nie wieder sehen würden.«[11]

Norbert Wollheim gehört zu den Heroen der Kindertransporte. Durch sein Engagement verpasste er die eigenen Chancen zur Flucht. Er kehrte immer wieder nach Deutschland zurück, wenn er einen Transport nach Großbritannien begleitet hatte. Er engagierte sich dann als Referent bei der Reichsvereinigung der Juden in Deutschland in der handwerklichen Ausbildung der aus ihren Berufen verdrängten Juden, im Herbst 1941 wurde er zur Zwangsarbeit verpflichtet. Am 8. März 1943 wurde er mit seiner Frau und dem dreijährigen Sohn in Berlin-Halensee verhaftet und über das Sammellager in der Großen Hamburger Straße am 12. März nach Auschwitz deportiert. Frau und Kind sah er bei der Ankunft zum letzten Mal. Als Häftling verrichtete er Schweißarbeiten bei der Montage des Bunawerks der I. G. Farben in Auschwitz-Monowitz, wurde im Januar 1945 nach Sachsenhausen »evakuiert«, dann auf einen Todesmarsch getrieben, aus dem er sich irgendwo in Mecklenburg durch Flucht selbst befreite.

Er war dann von Lübeck aus beim Wiederaufbau jüdischer Organisationen tätig und 1952 Kläger im Musterprozess gegen die I. G. Farben.[12] Für die Entschädigung der Zwangsarbeiter war dieser Prozess, der 1957 mit einem Vergleich zu ihren Gunsten endete, ein Meilenstein. Norbert Wollheim war 1950 in die USA ausgewandert. Er gründete eine neue

Familie und eine neue Existenz als Wirtschaftsprüfer. 1998 ist er in New York gestorben.

Das Trauma der Trennung gehört zum Schicksal der emigrierten Kinder und hat oft auch noch die nächste Generation erfasst. Für die Eltern, die in Deutschland zurückblieben, war der Abschied von den Kindern meist der Beginn der Katastrophe, die in Theresienstadt oder Auschwitz, in einer Erschießungsgrube, in der Gaskammer, im elenden Ghettotod durch Verhungern oder Misshandlung endete. Für die Helfer und Mitwirkenden der Kindertransporte waren – wie Norbert Wollheims Leben zeigt – die Ereignisse ähnlich wie für die Eltern Stationen des Holocaust.

Anmerkungen

1 Juliane Wetzel, Auswanderung aus Deutschland, in: Wolfgang Benz (Hg.), Die Juden in Deutschland 1933–1945. Leben unter nationalsozialistischer Herrschaft, München 1993, S. 413–498.

2 Wolfgang Benz, Flucht aus Deutschland. Zum Exil im 20. Jahrhundert, München 2001, S. 43 ff.

3 Vgl. Claus-Dieter Krohn/Patrik von zur Mühlen /Gerhard Paul/Lutz Winkler (Hg.), Handbuch der deutschsprachigen Emigration 1933–1945, Darmstadt 1998.

4 Fritz Kieffer, Judenverfolgung in Deutschland – eine innere Angelegenheit? Internationale Reaktionen auf die Flüchtlingsproblematik 1933–1939, Stuttgart 2002.

5 Saul Friedländer, Das Dritte Reich und die Juden. Die Jahre der Verfolgung 1933–1939, München 1998; Konrad Kwiet, Nach dem Pogrom: Stufen der Ausgrenzung, in: Wolfgang Benz (Hg.), Die Juden in Deutschland 1933–1945. Leben unter nationalsozialistischer Herrschaft, München 19933, S. 545–659.

6 Wolfgang Benz (Hg.), Das Exil der kleinen Leute. Alltagserfahrung deutscher Juden in der Emigration, München 1991.

7 Joachim Auerbach, in: Bertha Leverton and Shmuel Lowensohn (Ed.), I came alone. The Stories of the Kindertransports, Sussex 2000, S. 21, Übersetzung aus dem Englischen durch die Herausgeber.

8 Das Tagebuch der Hertha Nathorff. Berlin/New York, Aufzeichnungen 1933–1945, Frankfurt am Main 19882, S. 149.

9 Ebenda.

10 Dorit B. Whiteman, Die Entwurzelten, Wien, Köln, Weimar 1995, S. 135–136.

11 United States Holocaust Memorial Museum Washington D. C., Personal Histories – Refugees Interview Norbert Wollheim.

12 Wolfgang Benz, Der Wollheim-Prozess. Zwangsarbeit für I. G. Farben in Auschwitz, in: Ludolf Herbst und Constantin Goschler (Hg.), Wiedergutmachung in der Bundesrepublik Deutschland, München 1988, S. 303–326.

Marianne Kröger

Kindheit im Exil
Ein Forschungsdesiderat

Verfolgung und Exil sind weder Phänomene, die ausschließlich die nationalsozialistische Diktatur betrafen, noch sind sie historisch und deshalb nicht mehr aktuell. Im 20. Jahrhundert fanden Massenverfolgungen eines Ausmaßes statt, das die früheren Erfahrungen mit Terror und Vertreibung erheblich übertraf, weshalb man es bereits als das Jahrhundert der Flüchtlinge bezeichnet hat.[1] Die internationale Forschung zu anderen historischen Exilen steckt jedoch noch in den Anfängen,[2] so dass das deutschsprachige Exil der Jahre 1933 bis 1945 und darüber hinaus die am weitreichendsten erforschte Massenvertreibung darstellt. So kann diese als Grundlage für die Analyse der verschiedensten Exile des 20. Jahrhunderts dienen.

Was die aktuelle Dimension betrifft, so ist die derzeitige Situation minderjähriger Flüchtlinge in vielen Staaten nach wie vor von Missständen geprägt. Dies gilt auch für die Bundesrepublik Deutschland als Zufluchtsland.[3] Es sollte selbstverständlich sein, dass die Exilwissenschaft sich auch in der Gegenwart gegen Verfolgung und für die Schaffung und Bewahrung humaner Asylbedingungen einsetzt, zumal sie aufgrund ihres Wissensvorsprunges ermessen kann, welchen Belastungen Kinder und Jugendliche im Exil ausgesetzt sind. Exil ist weder eine unabänderliche Begleiterscheinung der Moderne – und somit hinzunehmendes Schicksal – noch eine Metapher für eine universal-menschliche existenzielle Befindlichkeit, sondern nach wie vor Unrecht, das auf politischen Gewaltverhältnissen beruht.

Was bedeuteten nun Kindheit und Adoleszenz unter Exilbedingungen zwischen 1933 und 1945 und was beinhaltete eine solche Erfahrung? Exil war zunächst einmal keine singuläre Erfahrung. Über die Gesamtzahl der damaligen minderjährigen Flüchtlinge gibt es nur vage Angaben. Im derzeitigen Standardwerk, dem Handbuch der deutschsprachigen Emigration, wird davon ausgegangen, dass zwischen 1933 und 1939 über 30000 Kinder unter 16 Jahren aus deutschsprachigen Gebieten geflüchtet sind, die meisten von ihnen ohne elterliche Begleitung. Circa 12000 jüdische Jugendliche aus Deutschland und den besetzten Nachbarländern wanderten im Rahmen der Jugend-*Alijah* nach Palästina aus. Etwa 10000 weitere, überwiegend jüdische Minderjährige konnten über die Kindertransporte der Jahre 1938/1939 nach Großbritannien entkommen. 1600 Kinder, der größte Teil von ihnen jüdischer Herkunft, einige aber auch aus aktivem sozialistischem Milieu, wurden durch die Wohlfahrtsorganisation *OSE* (*Organisation pour la Santé et Education*) nach Frankreich geholt.[4] Laut einer anderen darin aufgeführten Quelle waren bis Ende 1939 vermutlich über 18000 deutsche jüdische Mädchen und Jungen emigriert.[5]

Die Realisierung der Tatsache, dass Kinder erschreckende Erlebnisse aus der frühen Kindheit nicht vergessen, sondern lebenslang davon belastet bleiben, hat erst spät begonnen. Im Allgemeinen verleugnete man in den westlichen Gesellschaften bis vor recht kurzer Zeit überhaupt die Langzeitbedeutung psychisch verletzender Ereignisse. Dies traf erst recht auf Kinder zu, von denen lange Zeit angenommen wurde, sie bekämen sowieso nicht richtig mit, was um sie herum vor sich gehe, und könnten dementsprechend auch nicht darunter leiden. Westdeutsche Entschädigungsgerichte lehnten Verfahren im Namen verfolgter Kinder noch in den sechziger Jahren mit der Begründung ab, die Verfolgung sei zu einer Zeit geschehen, da die Kinder so klein waren, dass sie sich nicht mehr an das erinnern könnten, was während der Verfolgungszeit geschah.[6] Diese Sicht, die vormals zum Teil selbst von den Eltern der jugendlichen Flüchtlinge vertreten wurde, gilt heute als überholt.

Die Schriftstellerin Mirjam Pressler legt einem Kind, das sich auf der Flucht befindet, folgende Worte in den Mund: »›Früher war ich mal sieben‹, sagte die Siebenjährige: ›Aber das ist lange her.‹«[7]

Dieses Zitat enthält bereits einige wesentliche Charakteristika der Exilerfahrung von Kindern: zum einen nicht nur die Veränderung, sondern die radikale Zerstörung des gesellschaftlichen Orientierungsrahmens, in dem ihr Lebensweg ursprünglich angelegt war, also einen Biographiebruch, der zu einem bleibenden Gefühl von Entwurzelung und Ortlosigkeit führen kann/konnte; zweitens das vorzeitige Ende der Kindheit, nämlich ein zu frühzeitiges Erwachsenwerden mit dem Zwang zu früher Selbständigkeit, Umsicht und Verantwortungsübernahme. Dazu kommt drittens die Andeutung einer veränderten Zeiterfahrung. Exilierte empfinden in der Regel, dass die Zeit in der Heimat anders als im Aufnahmeland verläuft.[8]

Schon aus diesen wenigen, exemplarisch herausgegriffenen Aspekten lässt sich ersehen, dass die Konfrontation mit Flucht- und Akkulturationserfahrungen exilierten Kindern und Jugendlichen im Allgemeinen sehr viel an Stabilität, an Umorientierung und an Flexibilität abverlangt. Kommen noch zusätzlich extreme Angst- und Terrorerfahrungen hinzu, oder wird das Exil von Kindern – wie im Falle der durch die Kindertransporte Geretteten – von Sehnsucht und beständiger Angst um zurückgebliebene Familienangehörige begleitet, so lässt sich erahnen, was diese Kinder schon in frühester Jugend durchgemacht haben müssen. Bekanntlich haben die meisten von ihnen ihre Eltern nie mehr wieder gesehen; so mussten sie auch noch zusätzlich Trauer – und häufig auch Schuldgefühle – bewältigen.

Dennoch lässt sich die Befindlichkeit von Menschen, die in ihrer Jugend solchen Belastungen ausgesetzt waren, nicht grundsätzlich verallgemeinern. Bei der individuellen Verarbeitung spielen zahlreiche Faktoren eine Rolle. Im Folgenden sollen nur einige genannt werden.

Erstens: die frühkindliche Sozialisation in der Familie im Hinblick auf die vermittelte Fähigkeit, mit einer Außenseiterposition zurechtzukommen. Das Ertragen der Stigmatisierung gelang offensichtlich Minderjährigen aus orthodox-religiösen oder politisch oppositionellen Familien besser, da sie bereits an eine gewisse Außenseiterrolle gewöhnt waren und daher für ihre Verfolgung auch einen nachvollziehbaren Grund erkennen konnten. Eine liebevolle Erziehung vermochte außerdem ein so großes Vertrauen in die Eltern und ein solches Ausmaß an innerer Standfestigkeit zu schaffen, dass sie es sogar allein gelassenen Kindern im Exil ermöglichte, die schlimmsten Bedingungen gelassen, ungebrochen und mit Optimismus durchzustehen.[9]

Zweitens: das Ausmaß an Erfahrung von Terror und Repression. Dies betrifft sowohl die Zeit vor der Flucht als auch danach, wenn sich etwa das Exilland nach der unerwarteten Besetzung durch Hitlerdeutschland für die Flüchtlinge als neue lebensbedrohliche Falle erwies.

Drittens: das Alter der »Kindheitsexilanten«.[10] Nicht selten trat das Phänomen auf, dass junge Kinder, die noch nicht verstanden, was geschah,

die plötzliche, unvorbereitete Trennung von ihren Eltern, welche ihrer Rettung diente, als Strafe für ein bei sich vermutetes individuelles Fehlverhalten ansahen. Als Folge davon entwickelten sie tiefe Schuld- und Angstgefühle und reagierten mit Überangepasstheit an ihre neue Umgebung. Dies ließ sich auch bei untergetauchten Kindern beobachten. »Jugendliche dagegen hatten aufgrund ihrer kognitiven und psychischen Entwicklung größere Chancen, das Exil relativ unbeschadet zu überstehen.«[11]
Viertens: die Bedingungen, unter denen sie entkommen konnten. Hierbei spielt eine wesentliche Rolle, ob die Kindheitsexilanten unbegleitet oder mit Familienangehörigen flüchteten, ob sie auf den Abschied vorbereitet oder von der Trennung und Reise überrascht wurden, ob sie unter großen Gefahren flüchteten oder eher unbehelligt und unspektakulär.
Fünftens: die Lebensumstände, unter denen sie im Zufluchtsland lebten. Hierbei spielt die staatliche Gesetzgebung des Exillandes eine Rolle, dessen Visabestimmungen, Aufenthalts- und Arbeitsrechtsbeschränkungen, damit verbunden der soziale Status; die Wohnbedingungen, die Ernährungslage; bezüglich des sozialen Umfeldes war das Verhältnis zu den neuen Schulgefährten, Lehrern, Freunden und Bekannten der Eltern wichtig, ferner die Reaktion der Ansässigen auf die Flüchtlinge. Zur Exilerfahrung von Kindern und Jugendlichen konnte auch die Flucht durch mehrere Länder gehören; das »Untertauchen« in Verstecken und bei wechselnden Gasteltern, die Erfahrung des Verratenwerdens, die Deportation in Durchgangs-, Konzentrations- und Vernichtungslager.
Aber mit dem Exil konnten sich auch positive Erfahrungen verbinden. Für diejenigen jüdischen Minderjährigen, die die wachsende Feindseligkeit im NS-Staat in vollem Bewusstsein erlebt hatten (die etwa von ihren Klassenkameraden verhöhnt und attackiert, von ihren Lehrern gedemütigt, von ihrem nichtjüdischen Freundeskreis und vielen Erwachsenen im Stich gelassen wurden; die die Entrechtung, Erniedrigung und Beraubung der Eltern und Verwandten miterlebt hatten und sich an das hasserfüllte, gewalttätige Klima, die ständige Bedrohung, Beklemmung und ihre Angst erinnern konnten), bedeutete der Wechsel in ein sicheres Land mitunter eine große Erleichterung und vermittelte ein Gefühl von wiedergewonnener Freiheit. Viele Kinder haben sich zudem extrem schnell an die neuen Lebensumstände gewöhnt, haben Entgegenkom-

men und Unterstützung erlebt, neue Freunde gefunden und sind schließlich in den Zufluchtsländern geblieben. Aus der Akkulturation vermochten viele Kindheitsexilanten neue positive Kräfte zu entfalten, etlichen eröffneten sich neue Chancen für ihre Ausbildung und den beruflichen Werdegang.[12] Die kleineren Kinder, die allein ins Exil geschickt wurden, vergaßen manchmal ihre frühere Herkunft, ihre Muttersprache, selbst ihre Eltern; manche der größeren verdrängten vieles. Damit wäre kurz umrissen, um welche Problematik es sich handelt, wenn vom Exil von Minderjährigen die Rede ist. Zusammenfassend lässt sich festhalten, dass die Jahre zwischen 1933 und 1945 äußerst schwierige Jahre für geflüchtete Kinder und Jugendliche waren, zumal, wenn sie sich nicht an die positive Erinnerung an vergangene sorglose Zeiten klammern konnten, wie manche Erwachsene dies taten.[13]

Themen der Exilforschung – Ein Rückblick

Wie sind nun diese besonders erschwerenden Bedingungen für Kinder und Jugendliche im Exil von der Forschung wahrgenommen worden, und wann begann man, sich damit zu befassen?
Die Exilforschung durchlief verschiedene Phasen mit unterschiedlichen Schwerpunkten. Sie begann mit Grundlagenforschung, also mit akribischer Spurensuche und Sammelaktivitäten, die teilweise von den Exilierten selbst in Gang gesetzt wurden und dem schnellen Vergessen der Nachkriegsgesellschaft und zugleich dem *Mainstream* in den Wissenschaften entgegengesetzt waren. Hierbei standen zunächst das literarische und das politische Exil im Vordergrund, mit allen Begleiterscheinungen wie Parteien- und Organisationsstrukturen, Exilmedien und Exilverlagen. Es folgten Analysen der länderspezifischen Existenzbedingungen im Exil. Seit Anfang der achtziger Jahre und mit dem Aufkommen des Begriffs »Holocaust« sowie der Realisierung, wofür er stand, rückte das jüdische Exil in den Vordergrund. Danach gerieten die Frauen des Exils als eigenständige vernachlässigte Gruppe ins Blickfeld, ebenso die nichtprominenten Durchschnittsexilierten und deren Alltagserfahrungen. Untersucht wurde ferner das Exil einzelner Berufszweige. Immer jedoch stand die Erwachsenengeneration der Exilierten im Zentrum. Dass viele Befragte auch Kinder hatten, die sie ins

Exil mitgenommen hatten, oder dass zahlreiche Minderjährige völlig auf sich allein gestellt ins Exil geschickt worden waren, schien nicht relevant zu sein.

Niemand fragte damals etwa: Welche Erfahrungen machte eigentlich Anna Seghers' Sohn im Exil? Was geschah mit den Kindern der deutschsprachigen Exilanten in der Sowjetunion, wenn ihre Eltern in den Straflagern verschwanden? Auch Anne Franks Eingewöhnung in die niederländische Gesellschaft als exiliertes Kind aus Deutschland wurde kaum Beachtung geschenkt. Dies traf auch auf die durch die Kindertransporte nach Großbritannien geretteten Kinder zu, die in jenen Jahren über ihre Erlebnisse zumeist noch schwiegen.

Später kamen weitere Forschungsschwerpunke hinzu: die Bedeutung von Muttersprache und Sprachverlust, die Erfahrung der Fremde, »Exil als Chance«, die Akkulturation, begleitet vom Versuch einer Einschätzung des kulturellen Beitrags der Hitlerflüchtlinge zur Gesellschaft ihres jeweiligen Aufnahmelandes – und damit eine Abkehr von der früheren Verlust- und Opferperspektive. Gleichzeitig wurde zunehmend interdisziplinär gearbeitet, so dass kein anderes Exil im 20. Jahrhundert bislang so umfassend von den verschiedensten Seiten her beleuchtet wurde wie das deutschsprachige der Hitlerjahre. Doch obwohl man sich grundsätzlich einig ist, dass künftig geschlechts-, alters-, herkunfts-, berufs- und religionsspezifische Unterschiede innerhalb der Exilforschung zu berücksichtigen sind,[14] kamen exilierte Minderjährige als eigenständige Gruppe bislang definitiv zu kurz.

Von marginalen Einzelforschungen abgesehen, begann die breitere Beschäftigung mit der Kindergeneration erst in den neunziger Jahren im Rahmen der US-amerikanischen *Holocaust Studies* und der Diskussionen von Nachkommen jüdischer Holocaust-Überlebender *(Second Generation)*. Gleichzeitig war dies auch der Zeitpunkt, zu dem sich die exilierte Kindergeneration selbst allmählich aus ihrem Schweigen löste und von ihren Erfahrungen zu berichten begann.

Insbesondere die Pädagogik, die Psychoanalyse, die Geschichts- und die Literaturwissenschaft haben sich seitdem mit wichtigen Aspekten des Kindheitsexils befasst. Dazu gehört unter anderem das Thema der jahrzehntelangen Bagatellisierung traumatischer Erfahrungen von Flüchtlingskindern, aber auch die Fragestellung, ob eine Traumatisierung unabwendbar war oder wie ihr – etwa mit pädagogischen Mitteln

– entgegengearbeitet werden konnte; ferner die Funktion des Schweigens als eine legitime »Weigerung der Leidtragenden, das für sie Unsagbare zu objektivieren und in Worte zu fassen«[15]; die schädigende Wirkung fehlender Bildungsmöglichkeiten auf ihrem weiteren Lebensweg durch eine unzureichende schulische Ausbildung aufgrund der ärmlichen Verhältnisse, in denen viele Exilkinder jahrelang leben mussten, oder die schriftliche Verarbeitung durch bestimmte präferierte literarische Muster.

Über Exilerfahrungen gab es bisher erstaunlich wenig psychoanalytische Fachliteratur, was sich jedoch seit einigen Jahren allmählich ändert. Abgesehen von der Traumaforschung als solcher besteht die Leistung der Psychoanalytiker zum Thema Holocaust und Exil vor allem darin, erkannt zu haben, dass sich traumatische Kindheitserfahrungen anders äußern als Traumatisierungen Erwachsener. So sind Kinder, da ihre Persönlichkeitsentwicklung noch nicht abgeschlossen ist, psychisch stärker gefährdet als Erwachsene und sie haben offenbar auch andere Formen der Verarbeitung erlittener Verfolgung. Auch wurde erstmals ein Problembewusstsein dafür geschaffen, dass ein Kindheitstrauma aus der Zeit von Verfolgung, Terror und Flucht gravierende Spätfolgen hervorbringen kann, die wiederum nicht unwesentlich vom gesellschaftlichen Umgang mit diesem Thema abhängig sind.

Trotz dieser Aktivitäten und Erkenntnisse gibt es zum inhaltlichen Bereich Flucht und Akkulturation von Kindern in der NS-Zeit noch einen enormen Forschungsbedarf. So hat die Exilforschung bis heute keine komplexe Darstellung über Kindheit im Exil vorgelegt. Dies würde ja keineswegs nur die Beschäftigung mit den Betreffenden selbst und deren Erinnerungen und Aufzeichnungen bedeuten. Hier kämen mindestens ebenso staatliche Praktiken und Institutionen ins Blickfeld, Einschulungsprozeduren für staatliche Schulen, eventuell vorhandene Polizei-, Geheimdienst- und Gerichtsakten, die Rekrutierungspolitik verschiedener Armeen bezüglich exilierter Jugendlicher, und vieles andere. Im Bereich der Pädagogik wäre eine vergleichende Forschung zu den unterschiedlichen Heim- und Schultypen und deren Auswirkungen auf den weiteren Lebensweg der Kindheitsexilanten erforderlich. In diese Disziplin gehört etwa auch die interessante Fragestellung, ob es tatsächlich zutrifft, dass Kinder aus orthodox-jüdischen Familien generell ein gesünderes Selbstvertrauen an den Tag legten als Kinder, deren

Eltern die jüdische Herkunft negierten und sich assimiliert hatten. Daran müssten sich Überlegungen knüpfen, was denn heute die Elemente sein könnten, die Kinder innerlich gegen bedrohliche Ausnahmezustände wappnen und zu ihrer Stabilisierung und Standfestigkeit beitragen würden. Der Einfluss der sozialen Schicht auf das Kontaktverhalten zwischen Exilanten und Einheimischen verdiente ebenso Beachtung wie die pädagogische Frage nach dem sinnvollen Ausmaß an Aufrichtigkeit gegenüber Kindern über Gefahren und bedrohliche Zustände.

Es ist in diesem Zusammenhang auffallend, dass sich viele ehemalige Flüchtlingskinder bis heute voll Anerkennung über die Fähigkeit ihrer Eltern äußern, belastende Themen so lange wie möglich von ihnen fern gehalten zu haben, so dass sie eine weitgehend kindlich unbeschwerte Zeit erleben konnten. Dies unterscheidet sich von der gegenwärtigen Erziehungsphilosophie, die Kinder in alles einweihen und ihnen nichts mehr vorenthalten will. Eine Schnittstelle zwischen Pädagogik und Psychoanalyse beträfe ferner die Untersuchung, ob etwa diejenigen Kindertransport-Kinder, die lange mit anderen Schicksalsgenossen zusammenlebten, den brutalen Einschnitt ihres Lebens insgesamt besser verkrafteten, weil sie ihn nicht zu leugnen brauchten, als jene, die sich noch nicht einmal daran erinnern durften.[16] Das anscheinend heilsame und sogar stärkende Element der Zusammengehörigkeit als Schicksalsgenossen verdient ebenso stärkere Beachtung als Forschungsthema.

Wenn in einem zusammenwachsenden Europa die Forschung allmählich ihren nationalstaatlich orientierten Charakter überwinden könnte, wäre länderübergreifend untersuchenswert, wie groß eigentlich das Ausmaß an nationalistischen Vorbehalten war, das die Exilanten, darunter auch die Kinder und Jugendlichen, in ihre jeweiligen Asylländer mitbrachten. Gleichermaßen interessant wäre umgekehrt auch, auf welche Klischees sie dort stießen, derer sie sich zu erwehren hatten, wie sich diese im Laufe der Ereignisse (Kriegsausbruch und Nachkriegszeit) veränderten und inwiefern dadurch die Akkulturation erschwert wurde. Haben die Jugendlichen versucht, Anschluss an politische, religiöse oder andere Jugendorganisationen im Exilland zu finden? Inwiefern verhalfen Minderjährige ihren Eltern zu rascherer Akkulturation? Lässt sich etwas grundsätzlich Spezifisches über das Generationenverhältnis zwischen Eltern und Kindern unter Exilbedingungen aussagen?

Und – im Hinblick auf gegenwärtige Migrationsprozesse: Was ist eigentlich eine »gelungene Akkulturation«? Ist das wirklich die bedingungslose Anpassung mit dem Ziel der absoluten Ununterscheidbarkeit von den Bewohnern des Aufnahmelandes? Dazu wird es auch unter den ehemaligen Kindheitsexilantinnen und -exilanten unterschiedliche Positionen geben, die es wert sind, diskutiert zu werden.[17]

Kindheitsexil, Literatur und Literaturwissenschaft

Von der Psychoanalytikerin Judith Kestenberg stammt die Beobachtung: »Alle Überlebenden haben das Gefühl, Zeugnis ablegen zu müssen und der Welt zu berichten, was geschehen war, doch Kinder scheinen ein noch stärkeres Bedürfnis als Erwachsene zu haben, ihre Traumata zu verarbeiten, indem sie ihre Erfahrungen zu Papier bringen.«[18]

Doch die ehemaligen *Child Survivors* vermochten dies nicht so rasch. Das »Heraustreten aus dem Schatten der Auschwitz-Überlebenden«[19] bedurfte viel Überwindung. Dies trifft ebenso auf viele ehemalige Flüchtlingskinder zu, wobei retrospektive Erinnerungsberichte, aus hinreichend zeitlicher Distanz geschrieben, den höchsten Anteil stellen. Einer der Gründe ihres jahrelangen Schweigens war die Scham gegenüber den Holocaust-Überlebenden aus den Konzentrationslagern. Relativ bekannt dürften inzwischen die autobiographischen Werke von Jakov Lind (ab 1969, deutsche Übersetzung 1970), Georges-Arthur Goldschmidt (ab 1986, deutsche Übersetzung 1988) oder Gerhard Durlacher (ab 1985, deutsche Übersetzung 1988) sein, bei denen die Flucht aus Deutschland oder Österreich keineswegs die Rettung bedeutete. Überleben im Versteck, in Konzentrationslagern oder mit neuer Identität waren die nächsten Stationen ihres kindlichen Leidensweges. Es ist kaum vorstellbar, was diese jungen Heranwachsenden damals durchgemacht und überstanden haben.[20]

Auch über die Kindertransporte sind inzwischen von den Betroffenen selbst zahlreiche retrospektive autobiographische Berichte erschienen. Anders als bei der Jugend-*Alijah* oder dem begleiteten Exil mussten diese Kinder zusätzlich noch verarbeiten, dass sie ihr Weggeschickt-Werden durch die Eltern zumindest in einer bestimmten Altersstufe als

Bestrafung interpretierten, statt als Rettung. Ihre Veröffentlichungen erfolgten zuerst im angelsächsischen Sprachraum; erst mit einiger zeitlicher Verzögerung, seit den neunziger Jahren, sind diese Zeitzeugenberichte auch in deutscher Übersetzung zu finden. Seitdem wächst die Zahl der Publikationen stetig, darunter sind auch etliche Anthologien.[21]
Unabhängig von den Kindertransport-Erfahrungen häufen sich derzeit auch dokumentarische Berichte anderer Kinderexilanten, so etwa über das Überleben in Frankreich,[22] über die Einwanderung Jugendlicher nach Palästina[23] oder über die Erfahrungen österreichischer und deutscher Exilantenkinder in sowjetischen Kinderheimen.[24]
All diese Erfahrungsberichte stellen als sozial- und zeitgeschichtliche Quelle und in ihrer Bedeutung als menschliche Zeugnisse einen unschätzbaren Wert dar. Die Fülle dieser Erinnerungsliteratur widerlegt zudem die gängige Vorstellung, dass Kinder sich an früh erlebtes Leid angeblich nicht erinnern könnten. Eine literaturwissenschaftliche Bearbeitung der Gemeinsamkeiten und Unterschiede in Thematik und Darstellung dieser autobiographischen Berichte steht noch aus.
Es gibt ferner das Genre der literarisierten Verarbeitung von Emigration und Exil, bei dem bewusst ästhetische Kriterien eingesetzt werden, das mit fiktiven Personen und Orten operiert, und bei dem die autobiographische Komponente zumindest nicht im Zentrum steht – oder gar nicht existiert. Interessant ist hierbei die Darstellung des Exils aus der Perspektive von Kinderfiguren. Dazu zählt etwa Irmgard Keuns lange verkannter Roman »Kind aller Länder«,[25] der bereits mit literarischen Mitteln darstellte, wofür die Psychoanalyse erst später Begriffe fand. Die zehnjährige Protagonistin Kully als Ich-Erzählerin, die mit ihren Eltern von Land zu Land und von Stadt zu Stadt flüchtet, sagt über ihre hilflose und überforderte Mutter: »Und ich musste auch immer an meine Mutter denken, die nie im Leben allein war, nur manchmal ohne meinen Vater. Aber jetzt hatte sie noch nicht einmal mehr mich zum Beschützen. Ich habe mir vorgestellt, wie sie weint und aufgeregte Dinge tut. [...] Wer wird bei ihr schlafen? Nachts hat sie immer so viel Angst, und nachts muss auf jeden Fall jemand bei ihr sein.«[26] Dies ist eine exakte Beschreibung des Phänomens der *Parentification*, wobei ein Kind die Elternrolle über die eigenen traumatisierten Eltern übernimmt; also eine Umkehrung des Generationenverhältnisses. Anhand von Keuns Buch lässt sich auch gut die Weiterentwicklung der in der Literatur

sonst zu anderen Zwecken eingesetzten Kinderperspektive zeigen. Sie wurde hier gewählt, um durch die Kombination aus der bedrohlichen Verfolgungssituation, die alles Geschehene gleichsam aus dem Hintergrund dominiert, und der Arglosigkeit des Mädchens die Unerträglichkeit jener Verhältnisse für die besser als das Kind informierten Leser plastischer als jede sachliche Beschreibung nachvollziehbar zu machen.[27]

Insbesondere die innerfamiliären Veränderungen durch das Exil beleuchtet ein Roman von 1995, der außerordentlichen Erfolg hat und in den Bestsellerlisten rangiert: Stefanie Zweigs Roman »Nirgendwo in Afrika«.[28] Er beruht wiederum auf autobiographischen Erlebnissen als Kind im Exil in Afrika. Im Roman begibt sich ein renommierter jüdischer Rechtsanwalt aus Oberschlesien mit seiner Frau und seiner fünfjährigen Tochter Regina ins Exil nach Kenia, wofür sie Visa erhalten haben. Dort bleibt ihm keine andere Wahl, als auf einer abgelegenen Farm harte körperliche Arbeit zu verrichten, was er nicht gewohnt ist. Seine Ehefrau hat große Schwierigkeiten, sich auf das neue einfache Leben umzustellen. Beide trauern den vergangenen Zeiten in Deutschland nach, leiden unter dem Exil und erschweren sich durch nervenaufreibenden Streit das Leben. Reginas Akklimatisierungsprozess verläuft genau entgegengesetzt. Vom ersten Moment an gefallen ihr das neue Land und seine Bewohner. Sie gewöhnt sich rasch ein, erlernt erst Swahili, danach Kikuyu und Englisch. Auch in diesem Roman ist nicht die Mutter im Exil die »Säule«, von der Rita Thalmann einmal sprach,[29] sondern der kenianische *Farmboy*, der Reginas bester und verständnisvollster Freund wird. Später weitgehend auf sich allein gestellt, durchsteht sie alle Anfeindungen in diversen Schulen und Internaten und lässt sich auch nicht demoralisieren, als sie und ihre Familie nach Kriegsausbruch zu unerwünschten Ausländern im britisch kolonialisierten Kenia werden.

Der Autorin gelingt es, die gegenseitige Entfremdung zwischen Eltern und Kindern im Exil plastisch zu verdeutlichen. Das Mädchen schämt sich zutiefst für seine so unbritisch agierenden Eltern und ist wütend auf sie, weil sie wie alle anderen Kinder sein und nicht ständig als Fremde auffallen möchte. Damit behandelt auch diese Autorin die Generationenproblematik im Exil, welche durch die im Exil geborenen Kinder, die bereits ganz selbstverständlich in die Kultur des Exillandes hinein-

wuchsen, noch verstärkt wurde. »Why can't they be like us?«[30], lautet der Titel einer Publikation zu der wachsenden Kluft zwischen der Nachfolgegeneration und den Immigranten der ersten Generation in den USA, wo dieses Thema zu einem in der neueren US-Migrationsliteratur ganz wesentlichen Topos geworden ist. Eine Relektüre der vorhandenen Exilliteratur nach diesem Gesichtspunkt könnte ergiebig sein.
Was es bedeutet, irgendwo neu anzukommen und mit den dort üblichen kulturellen Codes nicht vertraut zu sein, lässt sich bei der US-amerikanischen Schriftstellerin Lore Segal nachlesen, die selbst eines der ehemaligen Kindertransport-Kinder aus Wien ist und darüber auch geschrieben hat.[31] In literarischer Verfremdung und thematischer Verschiebung schildert sie in ihrem Roman »Ihr erster Amerikaner« [32] aus auktorialer Erzählerperspektive, wie die junge jüdische Österreicherin Ilka Weissnix zu Beginn der fünfziger Jahre in die Vereinigten Staaten emigriert. Ilka wird als 21-Jährige dargestellt; ihre Emigration geschieht zudem freiwillig; demnach scheint in dem Roman weder das Kindheits- noch das Exilthema vordergründig eine Rolle zu spielen. Dafür behandelt Lore Segal ausführlich den Kulturschock, der auf die Protagonistin wartet. Ihr erster Amerikaner nämlich, auf den sie in den Südstaaten trifft, ist ein Riese von Gestalt, ein älterer Mann mit grau melierten Haaren, die »merkwürdig kurz geschnitten und glatt an den großen Schädel gepresst (waren). Das Gesicht des Mannes hatte eine gelbliche Tönung, die Nase war flach und der Mund breit – wie bei einem Frosch, wäre wohl Ilkas Eindruck gewesen, hätte er nicht irgendwie schwer, gewichtig ausgesehen. Wie ein römischer Senator, dachte Ilka.«[33] Mit diesen merkwürdigen Analogien wird demonstriert, dass Ilka anfangs nicht einmal im Entferntesten ahnt, dass sie einem Afroamerikaner gegenübersitzt. Sie behandelt ihn nicht ungewöhnlich, und genau das ist bereits das Ungewöhnliche. Ihr fehlt völlig der kategorisierende Blick ihrer Umwelt, so dass sie die hasserfüllten Reaktionen auf ihn gar nicht fassen kann. Alle anderen Weißen ordnen ihren Gesprächspartner dagegen ohne Umschweife als Schwarzen ein und reagieren unmittelbar mit offener rassistischer Diskriminierung und sogar Bedrohung.
In gewisser Weise nimmt Ilka Weissnix mit ihrer sprichwörtlich grenzenlosen Unvoreingenommenheit und Naivität die in der Erzähltechnik dafür vorgesehene Kinderperspektive in der Rolle einer Schülerin ein.[34]

Aus der flüchtigen Bekanntschaft in der Bar entwickelt sich schließlich eine Liebesgeschichte, in deren Verlauf Ilka die USA aus der Perspektive eines schwarzen Intellektuellen sehen lernt. Die Probleme und Sensibilitäten einer diskriminierten und gedemütigten Minorität werden anhand der afroamerikanischen Bevölkerung der USA – und nicht der jüdischen – dargestellt. Aber die Parallele zur Verfolgung und Vernichtung der europäischen Juden ist implizit allgegenwärtig. Das Buch speist sich aus den Erfahrungen des Kindheitsexils, thematisiert den rassistisch legitimierten Abgrenzungswahn innerhalb einer Gesellschaft, die Akkulturation von Emigranten und transferiert die eigene substanzielle Thematik meisterhaft in einen anderen Kontext, in eine andere Zeit, ein anderes Land und in andere historisch gewachsene soziale und politische Verhältnisse. Auch dies ist eine Art und Weise, mit den frühen Verletzungen produktiv umzugehen.

Die Beispiele zeigen, dass in der Exilliteratur und der Literatur über das Exil allerlei verdeckte und offene Hinweise auf die Auswirkungen von Verfolgung, Flucht und Exil auf Minderjährige vorhanden sind. Das betrifft sowohl die schriftlichen Aufzeichnungen ehemaliger Flüchtlingskinder als auch die gesamte übrige Exilprosa, die einer neuen Lektüre nach aufschlussreichen Aspekten altersspezifischer Besonderheiten unterzogen werden müsste. Ein komparativer Ansatz, der Werke der zweiten und dritten Einwanderergeneration mit dazu heranzieht, könnte wie in den Vereinigten Staaten zu äußerst interessanten Ergebnissen führen. Eine andere wichtige Aufgabe der Exilliteraturwissenschaft bleibt die Ermutigung ehemaliger Exilkinder zu weiterer Verschriftlichung ihrer Erfahrungen. Dies hieße auch, aktiv dazu beizutragen, dass ein gesellschaftliches Klima stabilisiert wird, in dem die Leidtragenden der *Manmade Desaster* des 20. Jahrhunderts sich öffnen können und Gehör und Empathie finden.

Anmerkungen

1 Vgl. Claus-Dieter Krohn/Erwin Rotermund/Lutz Winckler/Wulf Koepke, Vorwort, in: dies. (Hg.), Exilforschung. Ein internationales Jahrbuch, Band 18: Exile im 20. Jahrhundert, München 2000, S. 9–13, hier S. 10.

2 Vgl. hierzu ebenda, S. 9. Erwähnt wird darin beispielsweise, dass die Exilforschung über lange Jahre hinweg eine Außenseiterforschung war, in der zumeist

Einzelne mit hohem Eigenaufwand am Rande des wissenschaftlichen *Mainstreams* recherchiert und gearbeitet hatten. Eine komparatistische Forschung, die eine echte Überwindung nationalgeschichtlicher Denkmuster, breite interdisziplinäre Zusammenarbeit und aufwändige internationale Recherchen beinhaltet, »kann die Kapazitäten und finanziellen Möglichkeiten selbst großer Forschungsgruppen schnell übersteigen« (ebenda). Zudem existieren für andere historische Exile zum Teil weit weniger schriftliche und mündliche Überlieferungen. Der analytische Blick auf gegenwärtige Prozesse erzwungener Migration bedarf darüber hinaus zusätzlicher Kriterien und Kategorien und ist grundsätzlich schwieriger als die rückblickende Aufarbeitung, dennoch besteht darin eine neue Zielsetzung der zukünftigen Exilforschung: »zunächst eine über die bisherige Praxis hinausreichende engere Zusammenarbeit zwischen der Migrationsforschung und einer Exilforschung, die sich in komparatistischer Asicht Gegenständen auch außerhalb des durch das NS-Regime erzwungenen Exils zuwenden würde«. (Karl Holl, Exil und Asyl als Gegenstand universitärer Lehre. Erfahrungsbericht über ein Projekt an der Universität Bremen, in: Exilforschung. Ein internationales Jahrbuch. Band 18, S. 262–269, hier S. 262 f.).

3 Minderjährige Flüchtlinge in Deutschland beispielsweise bekommen die volle Härte des Ausländergesetzes zu spüren: Ab einem Alter von bereits sechzehn Jahren – also viel früher als Jugendliche mit deutschem Pass – gelten jugendliche Flüchtlinge per Gesetz als »verfahrensmündig« und werden wie Erwachsene behandelt. Häufig werden allein eingereiste Flüchtlingskinder aufgrund zweifelhafter und teilweise gesundheitsgefährdender Untersuchungsmethoden (wie wiederholtes Röntgen vor allem des Kopfbereiches) von Ärzten als älter eingeschätzt, als sie es selbst angeben, und von den Behörden dementsprechend behandelt. Doch sind Begriffe wie der »ethnische Einfluss auf die Skelettreife« (Anke Schwarzer, Ich sage dir, wie alt du bist, in: Jungle World 15, 3. April 2002, S. 9), die in dieser Altersdiagnostik gehandhabt werden, äußerst spekulativ. Nicht selten werden Heranwachsende unbetreut in großen, überfüllten Sammellagern untergebracht. Immer wieder werden 16- und 17-Jährige in Abschiebungshaft genommen, die sich wochen- oder gar monatelang hinziehen kann (vgl. PRO ASYL [Hg.], Flüchtlinge haben keine Wahl. Broschüre zum Tag des Flüchtlings: 4. 10. 2002, April 2002, S. 11).

4 Ernst Papanek, Die Kinder von Montmorency, Frankfurt am Main 1983, S. 36.

5 Sämtliche Zahlenangaben aus Inge Hansen-Schaberg, Kindheit und Jugend, in: Claus-Dieter Krohn/Patrik von zur Mühlen/Gerhard Paul/Lutz Winckler (Hg.), Handbuch der deutschsprachigen Emigration 1933–1945, Darmstadt 1998, S. 81–94, hier S. 81 ff. Die Angaben beziehen sich teilweise nur auf Minderjährige aus Deutschland und Österreich, teilweise auf solche aus deutschsprachigen Ländern und Gebieten – worunter auch die Tschechoslowakei fiel – und zum Teil auf die vom NS-Regime okkupierten Staaten. Trotz akribischer Recherchen von Inge Hansen-Schaberg war aufgrund der bisherigen Quellenlage keine größere Eindeutigkeit zu erlangen.

6 Leo Eitinger, Die Jahre danach. Folgen und Spätfolgen der KZ-Haft, in: Dachauer Hefte 8 (1992), Überleben und Spätfolgen, S. 3–17, hier S. 9.

7 Mirjam Pressler, Malka Mai, Weinheim/Basel 2001, S. 268.

8 Guy Stern, US-amerikanischer Professor für deutsche Literatur und Sprache, der 1922 in Deutschland geboren wurde und selbst als unbegleiteter Jugendlicher 1937 in die USA flüchtete, verweist zu diesem Phänomen auf den polnischen Schriftsteller Joseph Wittlin, der in Anlehnung an den spanischen Begriff des destierro, eines Menschen, dem man sein Land entzogen hat, den Begriff des destiempo, eines Menschen, dem man die Zeit entzog, schuf; vgl. Guy Stern, Was heißt und zu welchem Ende studiert man Exilliteratur?, in: JUNI 21 (1994), S. 67–77, hier S. 74.

9 Ruth L. David schildert einen solchen Fall aus dem britischen Kinderheim, ein sechsjähriges Mädchen, das seine Fröhlichkeit nicht verlor. Sie erklärte dies folgendermaßen: »Ihre Eltern hatten ihr versprochen, zu ihr zu kommen, und dass sie sich auf eine Zeit des Wartens einstellen müsse, aber sie würden kommen. Sie glaubte immer daran und hoffte auf diesen besonderen Tag, von dem sie wusste, dass es ihr Tag sein würde.« (Ruth L. David, Ein Kind unserer Zeit. Frankfurt am Main 1996, S. 96.).

10 Die Begriffe »Kindheitsexil« und »Kindheitsexilanten« prägte Hanna Papanek; vgl. Hanna Papanek, Reflexionen über Exil und Identität, Staat und Menschenrechte, in: Exilforschung. Ein internationales Jahrbuch. Band 17: Sprache – Identität – Kultur: Frauen im Exil, München 1999, S. 24–37, hier S. 24 bzw. 26.

11 Hansen-Schaberg, Kindheit, S. 89.

12 Dies trifft jedoch weniger auf die Erfahrungen der Kindertransport-Kinder zu, die in der Regel sehr rasch dazu gedrängt wurden, ihre Ausbildung zu beenden und sich Arbeit in gering entlohnten Berufssektoren zu suchen.

13 David, Kind unserer Zeit, S. 9: »Ich war vier Jahre alt, als dieser Diktator 1933 in Deutschland an die Macht kam, so daß fast all meine Kindheitserinnerungen von der Angst und Verzweiflung dieser Zeit geprägt sind.«; S. 152: »Wir hätten gerne eine andere Entwicklung unseres Lebens vorgezogen.«; S. 158: »Wir waren allgemein der Auffassung, daß es sieben schwere Jahre unserer Jugend waren.«

14 Vgl. vor allem den Aufsatz von Wolfgang Frühwald, Die »gekannt sein wollen«. Prolegomena zu einer Theorie des Exils, in: Hermann Haarmann (Hg.), Innen-Leben. Ansichten aus dem Exil. Ein Berliner Symposium, Berlin 1995.

15 Viktoria Hertling, Bericht über die Konferenz in Reno vom 2.–5. Oktober 1996, in: Barbara Bauer/Waltraud Strickhausen (Hg.): »Für ein Kind war das anders.« Traumatische Erfahrungen jüdischer Kinder und Jugendlicher im nationalsozialistischen Deutschland, Berlin 1999, S. 64–72, hier S. 67.

16 Für diese Annahme sprechen einige retrospektive Berichte der ehemaligen Flüchtlingskinder selbst; aber auch beispielsweise die Erfahrungen des Exilpädagogen Ernst Papanek aus den OSE-Kinderheimen in Frankreich, deren Zielsetzung – anders als das Verschweigen etwa der schwierigen Lage der Kindertransportees in britischen Heimen und Pflegefamilien – lautete: »Wir wollten die Kinder glücklich machen, aber wir mussten vermeiden, dass die Heime zu ›Inseln des Glücks‹ wurden. So wie wir es ablehnten, die Tatsache zu verbergen, dass ihre Eltern in Todesgefahr waren und auch ihre Lage sehr prekär war, machten wir ihnen ständig bewusst, dass das Kinderheim nur eine Episode in ihrem Leben war, ein vorübergehender Ruhepunkt, der ihnen die Chance geben sollte, sich auf das neue Leben, das ihnen bevorstand, vorzubereiten.« (Papanek, Kinder, S. 100.) Hierin zeigt sich ein wichtiger Unterschied. Wenn die Heime von

kompetentem und liebevollem pädagogischen Personal geführt wurden, wenn die Kinder mit Schicksalsgenossen zusammen sein konnten, wenn ihr früheres Leben nicht tabuisiert wurde und ihnen überdies Trost in schwierigen Momenten und ein minimales Gefühl von Sicherheit gewährt wurde, dann trugen diese Kinderheime im Exil offensichtlich wesentlich dazu bei, dass die jeweiligen Traumata abgeschwächt und integriert werden konnten und sich die Minderjährigen auf ihre neue Umgebung und ihre weitere Zukunft einlassen konnten, ohne die Vergangenheit zu verdrängen. Mit diesem kollektiven Ansatz, der auf politischen Idealen beruhte, haben solche Exilkinderheime einen wesentlichen Beitrag zur psychosozialen Stabilität der Flüchtlingskinder geleistet.

17 Es lässt sich nicht von der Hand weisen, dass das Forschungsinteresse stets auch von dem Horizont und der emotionalen und psychologischen Bedürfnislage der Forschenden abhängig ist. In Bezug auf das allgemeine geistige und politische Klima in der Bundesrepublik Deutschland hatten diejenigen Exilanten, die schon früh die »Zeichen der Zeit« erkannt hatten und die zunehmende Verfolgung und den Krieg rechtzeitig voraussahen, anfangs durchaus etwas Heldenhaftes und einen enormen Vorbildcharakter für die politisierten Nachgeborenen der Täter- und Mitläufergeneration. Hier spielten eben auch innerhalb der Wissenschaft nationalstaatliche Befindlichkeiten eine große Rolle. Nach einer intensiven Beschäftigung mit der NS-Vernichtungspolitik und den Leiden der jüdischen Opfer kam in Folge wieder ein breiteres Bedürfnis nach Positivem auf und mündete beispielsweise in das Paradigma »Exil als Chance« der persönlichen Weiterentwicklung oder in den neuen Blick auf die sinnstiftenden, erfolgreichen weiteren Lebenswege im Aufnahmeland. Möglicherweise hat diese allgemeine Bedürfnislage in Deutschland – zusätzlich zu den unbewussten Anteilen der innerfamiliären Loyalitäten – auch die Befassung mit den ehemaligen Zwangsarbeitern erschwert und verzögert, denn aus deren zerstörter Jugend mit zum Teil bleibenden gesundheitlichen Schäden war wahrlich nicht viel Positives für sich selbst abzuleiten. Die Motive der Forschenden zur Wahl ihres Forschungsgegenstandes auch innerhalb der Exilforschung wären selbst wohl ein spannendes Thema für sich.

18 Judith S. Kestenberg, Kinderen die de oorlog overleefden en kinderen van overlevenden, in: ICODO INFO 2 (1993), S. 5–27, hier S. 5. Im Original ist diese Passage auf Niederländisch, die Übersetzung ins Deutsche wurde von der Verfasserin vorgenommen.

19 Rebekka Göpfert, Der jüdische Kindertransport von Deutschland nach England 1938/39, Frankfurt am Main/New York 1999, S. 192.

20 Kein Zufall scheint mir, dass Lind und Goldschmidt, aber auch andere Autoren wie Edgar Hilsenrath eine obsessive Sexualität bei verfolgten männlichen Jugendlichen in der Pubertät beschreiben. Auf die Verbindung von sexueller Aktivität und existenzieller Angst ist bisher noch zu wenig eingegangen worden.

21 Hier einige Beispiele: Eine der frühesten Publikationen war die kollektive Autobiographie von Karen Gershon (Hg.), Wir kamen als Kinder. Eine kollektive Autobiographie, Frankfurt am Main 1988 (englisches Original: We came as Children, London 1966). Weiter gibt es Veröffentlichungen von Olga Levy Drucker, Kindertransport. Allein auf der Flucht, Göttingen 1995; Gernot Römer, In der Fremde leben meine Kinder … . Lebensschicksale kindlicher jüdischer Auswanderer aus Schwaben unter der Naziherrschaft, Augsburg 1996; Vera Gissing,

Heimkehr in die Fremde. Die Geschichte der Rettung jüdischer Kinder aus der besetzten Tschechoslowakei, erzählt von einer Überlebenden, Hamburg 1999; Mark Jonathan Harris/Deborah Oppenheimer (Hg.), Kindertransport. In eine fremde Welt, München 2000; Ruth Gerechter, Langer Weg zur Freiheit, Wuppertal 1991; Anja Salewsky, Der olle Hitler soll sterben. Erinnerungen an den jüdischen Kindertransport nach England, München 2000; Barry Turner, Kindertransport. Eine beispiellose Rettungsaktion, Gerlingen 1994; Göpfert, Kindertransport; Martha Blend, Ich kam als Kind. Erinnerungen, Wien 1998; sowie, als jüngste Publikation: Gideon Behrendt, Mit dem Kindertransport in die Freiheit, Frankfurt am Main 2001.

22 Monique Köpke, Nachtzug nach Paris. Ein jüdisches Mädchen überlebt Hitlers Frankreich, Erkelenz 2000.

23 Rachel Ron, Mond über der Uhlandstraße, Berlin 1999.

24 Hans Schafranek, Kinderheim Nr. 6, Wien 1998.

25 Irmgard Keun, Kind aller Länder, München 1989.

26 Ebenda, S. 111.

27 Vgl. dazu auch Sem Dresden, Holocaust und Literatur, Frankfurt a. M. 1997, S. 124.

28 Stefanie Zweig, Nirgendwo in Afrika, München 1995.

29 »Was die Töchter betrifft, so sagte die Historikerin Rita Thalmann einmal, die Mütter seien die ›Säulen‹ gewesen, auf denen alles geruht habe. Einerseits vermittelten sie ihren Töchtern einen Verlust, für den es keine Kompensation mehr gab, andererseits aber auch ein ›Modell der Emanzipation‹, hinter das ihre Töchter nicht mehr zurückfallen wollten.« Sibylle Quack, Die Aktualität der Frauen- und Geschlechterforschung für die Exilforschung, in: Exilforschung. Ein internationales Jahrbuch. Band 14: Rückblick und Perspektiven, München 1996, S. 31–43, hier S. 39.

30 Andrew M. Greeley, Why Can't They Be Like Us? New York 1971.

31 Lore Segal, Wo andere Leute wohnen, Wien 2000 (englisches Original: Other people's houses, New York 1958).

32 Lore Segal, Ihr erster Amerikaner, Frankfurt am Main 1996 (englisches Original: Her first American, New York 1985).

33 Ebenda, S. 16.

34 Dazu zwei Beispiele: »Ilka berichtete: ›Abgesehen von der Frau in der Stellenvermittlung sind Sie mein erster echter Amerikaner.‹ – ›Zweiter Klasse‹, schränkte der Mann ein. Ilka schüttelte den Kopf, lächelte. – ›Ich verstehe immer weniger.‹ – Jetzt stellte Carter Bayoux sich vor. Er sagte: ›Ich bin ein großartiger Lehrer.‹ – ›Ich bin Ilona Weissnix‹, entgegnete Ilka. ›Und ich will all das hier‹ – jetzt vollführte auch sie eine alles umfassende Geste – ›lernen.‹« (Segal, Amerikaner, S. 22). »›Sie sind Lehrer? Sie sehen nicht wie ein solcher aus‹, stellte Ilka fest [...] Der Amerikaner starrte sie aus seinen hellbraunen Augen an und fragte: ›Wie sehe ich denn aus?‹ – ›Eben das‹, erwiderte Ilka, ›verstehe ich nicht. [...] ›Sie wollte sagen, sein Haarschnitt sei ungewohnt, und sein großer Mund und sein Lachen passten nicht zu der weltläufigen Art, wie er sein Handgelenk abwinkelte und seine Füße überkreuzte; der teure Tweed seines Jacketts stehe im Widerspruch zu seiner plattgedrückten Nase mit der kleinen Wucherung auf dem Rücken, die das Mädchen auf verhängnisvolle Missgeschicke, aufwühlende Erlebnisse in seiner Jugend schließen ließ.« (ebenda, S. 23).

Rebekka Göpfert

Kindertransport

Geschichte und Erinnerung

In memoriam Erna Nelki

Die Erfahrungen der Kindertransport-Teilnehmer unterscheiden sich erheblich von denen der Erwachsenen, die geflohen sind: Ein Kind konnte in der Regel nicht selbst über seine Emigration entscheiden, oftmals wurde den Kindern erst am Bahnhof bekannt, dass sie ihre Eltern verlassen mussten; die Emigration fand in der längst noch nicht abgeschlossenen Phase der Kindheit statt, in der eine vertraute Umgebung mit bekannten Menschen eine notwendige Entwicklungsvoraussetzung ist. Zudem sind Kinder immer angewiesen auf Hilfe und Unterstützung von anderen; ganz besonders gilt dies in der Fremde.

Mit der unter der Bezeichnung »Kindertransport« bekannten Aktion wurden im Jahr 1938/39 knapp 10 000 jüdische und nichtjüdische Kinder aus Deutschland, Österreich und der Tschechoslowakei nach Großbritannien gerettet.[1] Da diese Aktion sich auf Kinder und Jugendliche bis 16 Jahre beschränkte, mussten die meisten ihre Eltern zurücklassen – nur ein kleiner Teil der Geretteten wurde nach Kriegsende mit den Eltern wiedervereinigt.[2] Da die meisten derer, die durch den Kindertransport gerettet wurden, sich heute noch, auch auf Englisch, *Kind* nennen, verwende ich diese Bezeichnung ebenfalls, auch für die inzwischen erwachsenen *Kinder*, die nun zwischen 65 und 80 Jahren alt sind.

Nachdem die britische Regierung von jüdischen Organisationen auf die Vorgänge in Deutschland, insbesondere die Pogromnacht des 9. November, aufmerksam gemacht worden war, gab es mehrere Gründe für sie, Sammelvisa für eine zunächst unbegrenzte Anzahl von Kindern auszustellen: Zum einen fühlte das Land eine besondere Verantwortung gegenüber den Flüchtlingen aus Europa, da Palästina unter britischem Protektorat stand, man jedoch in Hinsicht auf die arabischen Staaten die diplomatischen Beziehungen nicht gefährden wollte und daher strenge Einwanderungsbeschränkungen verfügte.[3] Überdies hoffte die Regierung – in ihrem Selbstverständnis als die Weltmacht des *British Empire* –, mit dieser Aktion eine gewisse Vorbildfunktion auszuüben und andere Länder zur Nachahmung anzuregen. Nicht zuletzt war man sich der Verantwortung gegenüber der eigenen jüdischen Gemeinde bewusst, der man sich nicht entziehen wollte.

Dennoch war die grundsätzliche Einstellung gegenüber den jüdischen Flüchtlingen aus Europa eher zurückhaltend.[4] Die Ergebnisse der Konferenz, die im Juli 1938 in Evian-les-Bains stattfand, deckten sich ungefähr mit der britischen Haltung zur Flüchtlingsfrage. Man wollte auf keinen Fall den Eindruck erwecken, Großbritannien habe seine Türen weit geöffnet, um nicht noch mehr Flüchtlinge anzuziehen und um zu vermeiden, dass sich die deutsche Regierung zu weiteren potenziellen Vertreibungen ermutigt fühlen würde. Die drohende Gefahr, mit einer zu freizügigen Flüchtlingspolitik nur weitere Verfolgungen beziehungsweise die Vertreibung der jüdischen Bevölkerung zu provozieren, war ein Argument, das sowohl vor Kriegsausbruch als auch während des Krieges immer wieder herangezogen wurde, um die britische Asylpolitik zu rechtfertigen.

Die Entscheidung, Sammelvisa an jüdische Kinder auszustellen, entsprach in etwa dieser Haltung und war überdies vor der britischen Öffentlichkeit verhältnismäßig leicht durchzusetzen: Kinder rufen bei dem größten Teil der Bevölkerung Mitleid hervor; von ihnen geht – zumindest für einen absehbaren Zeitraum – keine Gefahr für den Arbeitsmarkt aus; überdies war der Aufenthalt der Kinder zunächst nur als vorübergehend geplant, da man zum Zeitpunkt ihrer Ankunft fest davon ausging, dass sie später entweder in ihre Heimatländer zurückkehren oder aber in die USA oder nach Palästina weiteremigrieren würden. Aus heutiger Sicht mag es überdies befremdlich erscheinen, mit welcher Selbstverständlichkeit die Kinder in der Visafrage von ihren Eltern getrennt wurden. Für einen großen Teil der Briten jedoch, die auf eine lange Tradition von *Boarding Schools*, also Internatsschulen, zurückblicken, war es ein völlig alltäglicher Vorgang, wenn Kinder bereits von jungen Jahren an nicht im Haus ihrer Eltern aufwuchsen.

Die Anzahl der Visa war zu Anfang begrenzt, danach gab es, hauptsächlich als Reaktion auf kritische Anfragen hinsichtlich der Menge der zu erwartenden Kinder, unterschiedliche Angaben, die zwischen 5000 und 50000 schwankten. Dass es am Ende etwa 10000 Kinder und nicht mehr waren, ist vorwiegend auf den Kriegsbeginn zurückzuführen – England hätte wahrscheinlich noch mehr Kinder aufgenommen, wäre nicht am 1. September 1939 der Krieg ausgebrochen.

In für heutige Verhältnisse atemberaubendem Tempo wurde die Zulassung der Kinder beschlossen und wurden die formalen Voraussetzungen geschaffen, so dass der erste Transport bereits am 1. Dezember – also nur zwei Wochen, nachdem der Vorschlag durch die jüdische Delegation unterbreitet worden war – Berlin verlassen konnte. In Großbritannien wurde die Organisation der gesamten Aktion zunächst vom *Council for German Jewry* übernommen; recht bald, nachdem die ersten Kinder eingetroffen waren, wurde das *Refugee Children's Movement (RCM)* gegründet, das für sämtliche Belange der Kinder, Pflege- und leibliche Familien, Aufnahmeheime usw. zuständig war. Auf deutscher Seite kümmerten sich die einzelnen Kultusgemeinden um die Bekanntmachung der Ausreisemöglichkeit sowie um Vorbereitung und Organisation der Abreise.

In England angekommen, wurden die Kinder erst in Aufnahmelagern untergebracht und dann auf Gastfamilien und Heime verteilt. Anfänglich durften die Gasteltern sich »ihre« Kinder direkt in den Aufnahmelagern wie *Dovercourt Camp* selbst aussuchen, was dazu führte, dass hauptsächlich jüngere Mädchen ein neues Zuhause fanden, während die halbwüchsigen Jungen immer wieder das Nachsehen hatten. Da von den Betreuern erkannt wurde, wie erniedrigend dieses Verfahren für die Kinder sein musste – ein *Kind* spricht im Rückblick von »Viehmarktstimmung«[5] –, wurde es geändert, und das *RCM* übernahm, wenn möglich, die Zuordnung von Pflegeeltern und -kindern.

Bei der Verteilung der Kinder versuchte man darauf zu achten, dass religiös erzogene Kinder in jüdischen Familien untergebracht werden konnten. Dies gelang nicht immer, und es gab wiederholt Fälle von versuchten Missionierungen, allerdings auch zahlreiche christliche Familien, die sich sehr stark bemühten, die Tradition der ihnen anvertrauten Pflegekinder aufrechtzuerhalten, indem sie sie beispielsweise regelmäßig zum jüdischen Religionsunterricht schickten und ihnen, wenn auch nicht koschere, so doch wenigstens vegetarische Nahrung anboten.

Trotz der Bemühungen des *RCM*, für jede Familie ein passendes Kind zu finden, gab es zahlreiche Pflegeeltern, die – aus welchen Gründen auch immer – um die Versetzung der Pflegekinder baten; interessanterweise waren es sehr viel seltener die Kinder selbst, deren Bitten zu Versetzungen führten. Es gab noch weitere Anlässe für den Wechsel des neuen Zuhauses: Nach Kriegsausbruch wurden die Kinder, die das 16. Lebensjahr erreicht hatten, als *Enemy Aliens* interniert – die meisten von ihnen wurden jedoch bald wieder entlassen. Auch wurden, aus Angst vor Bombardierungen, britische Schulen aus Ballungsräumen aufs Land evakuiert; dies galt natürlich auch für die Kinder des Kindertransportes.

Die angesprochenen Faktoren waren die Hauptgründe für zahlreiche Versetzungen der Kinder – für sie bedeutete dies immer, einen Platz zu verlassen, der ihnen zumindest für eine Weile vertraut geworden war. Die Folge daraus war eine erneute enorme Verunsicherung der Kinder – wieder mussten sie sich an ein neues Umfeld gewöhnen, wieder mussten Beziehungen neu aufgebaut werden, und meistens konnte keiner der Beteiligten sagen, wie lange der Aufenthalt diesmal dauern würde.

Es ist leicht, die Arbeit des *RCM* aus heutiger Sicht kritisch zu beurteilen: Psychologische und pädagogische Überlegungen wurden kaum in Erwägung gezogen, und die Liste der Kränkungen und Verletzungen, die die Kinder durch ungeeignete Pflegefamilien erfuhren, ist lang. Dennoch sollte man bei der kritischen Bewertung der Tätigkeit des *Refugee Children's Movement* bedenken, unter welchen Umständen die gesamte Operation durchgeführt wurde: Da eine der Bedingungen für die Genehmigung der Aktion war, dass keinerlei staatliche Mittel beansprucht würden, musste die gesamte Operation aus eigenen Mitteln bestritten werden. Die finanzielle Belastung des *RCM* gliederte sich in zwei Bereiche: den Unterhalt der Kinder und die administrative Arbeit. Zwar wurde der Lebensunterhalt des größten Teils der Kinder von den Familien und Vereinigungen, die sie aufgenommen hatten, finanziert, dennoch musste das *RCM* für etwa jedes achte Kind selbst aufkommen. Dazu kam Geld für Kleidung, die bei allen Kindern vom *RCM* bezahlt wurde. Auch für die administrative und organisatorische Arbeit fielen etliche Kosten an: Gehälter für die Angestellten (wenngleich der größte Teil der Beteiligten ehrenamtlich tätig war) sowie Ausgaben für die Infrastruktur eines großen Büros – insgesamt betrug der Aufwand für Ver-

waltung und Gehälter zwischen 40 und 45 Prozent der Summe aus Unterhalt und Versorgung der Kinder.
So fehlte trotz einer groß angelegten Spendenaktion und der Unterstützung durch wohlhabende jüdische Familien und Unternehmen (darunter das Warenhaus *Marks & Spencer*) das Geld an allen Enden. In der Zentrale des *Refugee Children‹s Movement* am Bloomsbury Square herrschte akuter Personalmangel, und auch für die Besuche bei den einzelnen Kindern standen häufig nicht genügend Helfer zur Verfügung. Überdies war das *RCM* stark angewiesen auf Pflegefamilien, die bereit waren, Kinder kostenlos bei sich aufzunehmen. Es ist anzunehmen, dass das *RCM* in manchen Fällen Kinder eher in einer ungeeigneten Familie ließ, als auf den Pflegeplatz zu verzichten. Zu diesen Problemen gesellten sich die seit Kriegsausbruch erschwerten Kommunikationswege, die dazu führten, dass zahlreiche Kinder nicht mehr regelmäßig besucht werden konnten, und dass auf eventuell auftretende Schwierigkeiten nur mit großer Verspätung reagiert werden konnte.
Für die *Kinder* – dies war eine der häufigsten Aussagen, die sich in Interviews[6] herauskristallisierten – ist es bis heute schwierig, im Rückblick für sich selbst zu entscheiden, was für sie am wichtigsten war: dass ihr Leben gerettet wurde, dass ihre Würde bewahrt wurde oder dass ihre jüdischen Wurzeln respektiert und gepflegt wurden. Ganz explizit wurde diese Frage selten angesprochen, doch das Dilemma zwischen Dankbarkeit und Verbitterung tauchte in den meisten Interviews auf und spielte für die Erinnerung an die eigene Lebensgeschichte eine prägende Rolle. Besonders deutlich wird dies bei dem bei Holocaust-Überlebenden oft auftretenden und in der Forschung mittlerweile ausreichend bekannten Phänomen *Survivor Guilt* – die Schuld der Überlebenden. Gerade bei den *Kindern* ist diese häufig zu beobachten, wurden sie doch gerettet, weil ihre Eltern die Stärke aufbrachten, sie wegzuschicken; die wenigsten der Eltern haben den Holocaust überlebt.
Dennoch haben die *Kinder* heute – wie übrigens auch die *Hidden Children*, die untergetauchten Kinder, die den Holocaust im Versteck überlebten – mit anderen Gefühlen zu kämpfen als die Überlebenden der Konzentrations- und Vernichtungslager: Angesichts der Gräuel in den Lagern wurde und wird den *Kindern* nicht so recht zugestanden, über ihre Erlebnisse und Verluste zu trauern. Die Umwelt und das eigene Bewusstsein schienen zu sagen, dass nur die aus den Vernichtungslagern

Befreiten »wahre Überlebende« – *Real Survivors* – seien, während den *Kindern* doch eigentlich nichts passiert sei, da sie ja die schlimmste Zeit im sicheren Großbritannien zugebracht hätten, ohne Hunger und Schmerzen zu leiden.

Diese Form der *Survivor Guilt* schlägt sich nicht nur in einem Schuldgefühl gegenüber den Ermordeten nieder, sondern mehr noch gegenüber den Angehörigen und Freunden, die das Konzentrationslager überlebt hatten. Daher ist es kein Zufall, dass die ersten großen Kindertransport-Treffen (wie auch die ersten Treffen der *Hidden Children*) zu einem Zeitpunkt, nämlich gegen Ende der achtziger Jahre, stattfanden, als der größte Teil der Überlebenden der Konzentrationslager schon verstorben war: Man kann darin auch ein Heraustreten aus dem Schatten der Auschwitzüberlebenden sehen, das vielen *Kindern* zum ersten Mal ermöglichte, für sich und ihre Umwelt zu formulieren, dass auch sie traumatische Erfahrungen überlebt haben, über die sie trauern und mit denen sie bis heute zurechtkommen müssen.

In den Interviews wurde bestätigt, dass die Umstände des Kindertransportes – die Erinnerungen an Verfolgungen und Erniedrigungen durch die Nationalsozialisten, die frühe Trennung von den Eltern, der teilweise wiederholte Wechsel von nahen Bezugspersonen, Evakuierung und Internierung, die Erfahrung als Außenseiter im fremden Land, der Verlust von Familienangehörigen und *Survivor Guilt* – traumatische Erlebnisse sind, die bis in die Gegenwart fortwirken. Die damit verbundenen Unsicherheiten und psychischen Störungen machten die *Kinder* während ihres gesamten Lebens sehr viel verletzlicher gegenüber weiteren Traumatisierungen, gegen die sie sich nur schwer wehren konnten. Hans Keilson hat am Beispiel von jüdischen Kriegswaisen in den Niederlanden dafür einen Begriff geprägt, der sich auch auf die Angehörigen des Kindertransportes übertragen lässt: die »sequentielle Traumatisierung«.[7]

Eine im Jahr 1985 in Großbritannien vorgelegte Studie,[8] für die etwa 300 *Kinder* befragt wurden, führt Depressionen, Bindungsunfähigkeit, extreme Unsicherheit, Verlassensängste, Ruhe- und Rastlosigkeit sowie Misstrauen gegenüber der Umwelt als unter *Kindern* häufig auftretende psychologische Schwierigkeiten an. Die Studie weist aber auch darauf hin, dass im Vergleich zur in Großbritannien geborenen Bevölkerung keine signifikant erhöhte Rate an stationärer Behandlung psychischer

Beschwerden festgestellt werden kann. Lediglich physische Krankheiten sowie ambulante und stationäre Krankenhausaufenthalte zur Behandlung der genannten Störungen traten weitaus häufiger auf als unter gebürtigen Briten derselben Altersgruppe.
Besonders interessant an dieser Studie sind die Unterschiede, die zwischen Männern und Frauen sowie zwischen Angehörigen verschiedener Altersgruppen festgestellt werden konnten: Frauen schienen im Allgemeinen mit ihrem späteren Lebensweg weniger zufrieden und glücklich zu sein und fühlten sich häufiger benachteiligt, was ihren beruflichen Werdegang anbelangt. Eine Erklärung dafür mag sein, dass Männer die Chance hatten, im britischen Militär zu kämpfen, was ihnen unter der Bevölkerung Ansehen und Respekt einbrachte und ihren Flüchtlingsstatus zumindest teilweise kompensieren konnte. Interessanterweise fiel es offenbar den orthodoxen Kindern am leichtesten, sich in ihre neue Umgebung einzuleben, da sie es von jeher gewohnt waren, eine gewisse Außenseiterrolle einzunehmen.
In Gesprächen mit den *Kindern* hat sich eine weitere Besonderheit herausgeschält: *Kinder*, die in die USA oder nach Israel weitergewandert sind, verfügten häufig über einen leichteren beziehungsweise versöhnlicheren Zugang zu ihrer eigenen Lebensgeschichte als die, die in Großbritannien blieben.[9] Zum einen mag eine Rolle spielen, dass die Weiterwanderung häufig verbunden war mit der Zusammenführung von Verwandten und Freunden, während die in England Verbleibenden sehr viel seltener mit überlebenden Angehörigen wiedervereinigt wurden. Noch wichtiger scheint jedoch der jeweils unterschiedliche Status: In Großbritannien sind die *Kinder* bis heute, wenngleich weitgehend integriert und mit einem britischen Pass ausgestattet, zwar *British Subjects*, aber doch nur *Refugees* – Flüchtlinge –, während die amerikanischen *Kinder Immigrants* – Einwanderer – sind, und zwar neben vielen anderen Gruppen von Einwanderern, mit denen zusammen sie zu vollwertigen *American Citizens* wurden. Englisch mit einem fremdländischen Akzent zu sprechen ist in den USA fast die Regel, während dies in Großbritannien nach wie vor als Unterscheidungsmerkmal gilt; ähnlich verhält es sich mit fremdländischen Namen.
Dazu kommt die Tatsache, dass der Holocaust im amerikanischen kollektiven Gedächtnis eine weitaus prominentere Rolle spielt als im britischen. Besonders deutlich wurde dies 1995 bei den Feiern zur Erinne-

rung an den 8. Mai 1945: In der britischen Presse und in der britischen Öffentlichkeit wurde das Ende des Krieges vorwiegend als letzte große militärische Leistung des *British Empire* gefeiert, während der Aspekt, dass dieser Tag auch das Ende des Holocaust bedeutete, sehr stark im Hintergrund blieb. Dies ist umso erstaunlicher, als Großbritannien das Land ist, das zwischen 1933 und 1945 bei weitem die meisten Flüchtlinge, die den Nazis entkommen konnten, aufgenommen hat und mittlerweile die größte jüdische Gemeinde in Europa beherbergt.[10] In den USA hingegen hat der Holocaust im öffentlichen Bewusstsein schon länger einen ganz anderen Stellenwert: Man denke nur an das *Holocaust Memorial* in Washington, D. C., sowie an die Rolle, die Amerika in der Verhandlung über die Entschädigungszahlungen an Zwangsarbeiter gespielt hat – um lediglich zwei Beispiele zu nennen.

Die beiden großen Organisationen, die britische *Reunion* of *Kindertransport* sowie die nordamerikanische *Kindertransport Association*, spielen für die Bewahrung und das Fortleben der Erinnerung an den Kindertransport eine bedeutende Rolle. Ihnen ist zu verdanken, dass seit den achtziger Jahren regelmäßige Treffen auf lokaler wie auch auf internationaler Ebene stattfinden, auf denen *Kinder* sich nach langen Jahren wiedertreffen können. Für zahlreiche *Kinder* boten diese Treffen zum ersten Mal die Gelegenheit zum Austausch mit anderen *Kindern*; viele wussten bis dahin nicht, dass sie mit ihrem Schicksal nicht allein standen und dass es anderen genauso ergangen war wie ihnen selbst.

Die Aktivitäten der *Second Generation*, der zweiten Generation, die sich in den USA zur *KT2* zusammengeschlossen hat, tragen ebenfalls viel zur Bewältigung und zum weiteren Umgang mit der Geschichte ihrer Eltern bei: Sie hat sich sowohl den Dialog zwischen den Generationen als auch das weitere Erinnern des Kindertransportes zur Aufgabe gemacht. Beispielsweise bietet *KT2* auf den jeweiligen Treffen an, in Form einer Videoaufnahme die Erinnerungen interessierter *Kinder* zu dokumentieren – zum einen, um die Lebensgeschichten aufzubewahren, zum anderen, um es dem jeweiligen Betroffenen leichter zu machen, mit seinen Kindern und Kindeskindern über seine Erfahrungen zu sprechen. Überdies hat *KT2* begonnen, ein Archiv anzulegen, in dem Fotos, Zeitungsartikel, Briefe und andere Dokumente, die mit dem Kindertransport zusammenhängen, gesammelt werden.

Doch auch außerhalb der Gruppe der Betroffenen nimmt die Beschäftigung mit dem Kindertransport zu: Vor etwa zehn Jahren war über die gesamte Aktion, zumindest in Deutschland, noch so gut wie gar nichts bekannt; inzwischen ist sie bereits etwas stärker ins öffentliche Bewusstsein vorgedrungen. Es gibt mittlerweile einige Veröffentlichungen zu dem Thema, die großen *Reunions* wurden in den Medien dokumentiert – ein nächster Schritt wäre die Aufnahme des Begriffs »Kindertransport« in einschlägige Wörterbücher und Gesamtdarstellungen.[11] In Großbritannien ist die Aktion einem wissenschaftlichen Fachpublikum schon längst, der breiten Öffentlichkeit zumindest seit einigen Jahren bekannt – nun wurde ihr ein Denkmal gesetzt mit einer Statue am Londoner Bahnhof Liverpool Street; vor zwei Jahren wurde im britischen Unterhaus eine Plakette enthüllt, die ebenfalls an den Kindertransport erinnert. Beide Denkmäler erinnern an diese beispiellose Rettungsaktion – und regen jetzt und in Zukunft vielleicht auch zur Nachahmung in ähnlichen Notfällen an.

Anmerkungen

1 Explizit mit dem Kindertransport beschäftigen sich folgende Studien: Esther Judith Baumel, The Jewish Refugee Children in Great Britain 1938–45 (unpubl. Magisterarbeit), 1981; Vernon Hamilton, A Retrospective Study of Child Refugees from Nazi Germany. Antrag des Department of Psychology der University of Reading an das ESRC (Economic and Social Research Council, Award Reference Number A 402264004), 1985; Jenny Kreyssig, Nur ein Foto von den Eltern – Mit dem jüdischen Kindertransport nach England, in: Wolfgang Benz (Hg.), Das Exil der kleinen Leute. Alltagserfahrung deutscher Juden in der Emigration, München 1991, S. 203–215; Jacob Newman, Kindertransports. A Study of Stresses and Traumas of Refugee Children, o. O., o. J. (ca. 1992); Ruth Barnett, The other Side of the Abyss. A Psychodynamic Approach to Working with Groups of People Who Came to England as Children on the Kindertransporte, in: British Journal of Psychotherapy 12 (1995), S. 175–194; Rebekka Göpfert, Der jüdische Kindertransport von Deutschland nach England 1938/39. Geschichte und Erinnerung, Frankfurt am Main/New York 1999.

2 Vgl. Göpfert, Kindertransport.

3 Zur Palästinafrage und der britischen »White-Paper-Politik« vgl. Nicholas Bethell, The Palestine Triangle. The Struggle between the British, the Jews, and the Arabs, 1935–1948, London 1980.

4 Vgl. Louise London, Whitehall and the Jews, 1933–1948. British Immigration Policy, Jewish Refugees and the Holocaust, Cambridge 2000.

5 Karen Gershon, Wir kamen als Kinder. Eine kollektive Autobiographie, Frankfurt am Main 1988.

6 Meine Erkenntnisse basieren auf Interviews, welche ich zwischen 1993 und 1997 mit etwa 35 *Kindern* geführt habe. Vgl. Göpfert, Kindertransport.

7 Hans Keilson, Sequentielle Traumatisierung bei Kindern. Deskriptiv-klinische und quantifizierend-statistische Follow-up-Untersuchung zum Schicksal der jüdischen Kriegswaisen in den Niederlanden, Stuttgart 1979. Vgl. auch den Beitrag von Ute Benz in diesem Band.

8 Hamilton, A Retrospective Study.

9 Vgl. Göpfert, Kindertransport.

10 Vgl. hierzu auch Tony Kushner (Hg.), The Jewish Heritage in British History. Englishness and Jewishness, London 1992.

11 Erstmals geschehen in: Wolfgang Benz (Hg.), Lexikon des Holocaust, München 2002.

Susan Kleinman und Chana Moshenska

Klassenzugehörigkeit als Faktor der sozialen Adaption*

Sozialmilieus im deutschen Judentum

Menschen in verschiedene soziale Milieus oder Klassen einzuteilen ist stets schwierig, hier aber extrem hilfreich, denn der Begriff der »sozialen Klasse« ist grundlegend, um die britische Geschichte zu verstehen. Das Konzept der »Rasse« hat eine Schlüsselrolle für das Verständnis amerikanischer Geschichte; das der »sozialen Klasse« spielt eine vergleichbare Rolle in der britischen Geschichtsschreibung.

In den deutsch-jüdischen Gemeinden, aus denen die Kinder kamen, waren ebenso wie in den britischen ganz verschiedene soziale Schichten vertreten, was sich auch in der sozialen Herkunft der Interviewpartner widerspiegelte. Sie waren in orthodoxen ostjüdischen Arbeiterfamilien oder in assimilierten, gebildeten und kultivierten deutsch-jüdischen Familien aufgewachsen. Nach ihrer Ankunft in England war das Umfeld ebenfalls durch verschiedene Klassen und religiöse Orientierungen geprägt. Akkulturation und Bindung an die englische Gesellschaft nahmen bei den Flüchtlingen ganz unterschiedliche Formen an. Unsere Annahme ist, dass die Klassenzugehörigkeit der Kinder und das Milieu, in das sie in England kamen, sehr wichtig für Erfolg oder Misslingen der Assimilation waren.

David Jedwab und Harry Bibling entstammten ostjüdischen Arbeiterfamilien, die erst zur Zeit des Ersten Weltkrieges aus Polen nach Deutschland gekommen waren. Die Familien waren religiös, und zu Hause wurde Jiddisch gesprochen. Dadurch waren sie von der assimilierten Mehrheit der Juden in Deutschland isoliert. Nach Ankunft der beiden Jungen in England fanden sie sich in einer jüdischen Gemeinde wieder, die sozial und kulturell ihren Elternhäusern glich. Die Mehrheit der britischen Juden hatte einen ostjüdischen Hintergrund, und die meisten Fa-

* Übersetzung aus dem Englischen: Claudia Curio

milien waren erst zwischen 1888 und 1904 aus Osteuropa eingewandert.
Auch durch ihre Berufe und die soziale Schicht, der sie angehörten – David Jedwabs Vater war Vertreter für Stoffe und als solcher nicht wohlhabend, Harrys Vater hatte ein Herrenbekleidungsgeschäft und gehörte der unteren Mittelschicht an –, waren Davids und Harrys Eltern typische Vertreter des Ostjudentums.
Auch der Wiener Tischlersohn Robert Sugar stammte aus einfachen Verhältnissen. In dem Film »Into the Arms of Strangers«[1] erzählt er: »Ich wohnte mit meiner Großmutter in einer Mietskaserne. Sie war sehr arm. Sie hatte ein Zimmer, eine Küche und eine Kammer, in der mein Onkel wohnte. Die Toiletten waren im Treppenhaus. Wir waren so arm, dass uns in der ›Kristallnacht‹ niemand behelligte. In dieser Nacht holte mich mein Vater und nahm mich mit zu einem Job für einen vermutlich christlichen Kunden. Mein Vater baute Schaufensterauslagen für Läden und arbeitete für jemanden, für den er nicht mehr hätte arbeiten dürfen, und er wollte seinen Lohn holen. Ich erinnere mich, wie wir durch die Scherben gingen, durch all das zerbrochene Glas auf den Straßen. Für mich war mein Vater ein Kriegsheld. Er hatte im Ersten Weltkrieg gekämpft, und so hatte ich keine Angst, und er auch nicht. Ich hielt ihn für sehr stark. Meine Großmutter meinte, dass es Wahnsinn sei, in dieser Nacht auf die Straße zu gehen. Er sagte, es würde schon nichts passieren. Er hat das Ganze irgendwie nicht wahrhaben wollen und ich ging mit ihm. So überstand meine Familie den Pogrom unbeschadet.«
Der proletarische Hintergrund von Sugars Familie verhinderte, dass sie vom Novemberpogrom direkt betroffen waren. Ein solcher Bericht ist ungewöhnlich, denn die üblichen Erinnerungen an die »Kristallnacht« stammen von Juden aus der Mittelschicht, deren Wohnungen und Besitztümer beschädigt oder zerstört wurden. Es ist eine interessante Frage, warum die Nazis nicht in den proletarischen Wohngegenden nach Juden suchten, sondern nur in den bürgerlichen Häusern, und in diesem Zusammenhang wäre es lohnend, dem Einfluss des antisemitischen Stereotyps vom »reichen Juden« nachzugehen.
Die anderen befragten Personen entstammten assimilierten Mittelstandsfamilien. Bea Greens Vater war Rechtsanwalt, ihre Mutter hatte die Kunsthochschule besucht und arbeitete als Buchbinderin. Lisa Vincent war die Tochter eines Architekten und Hella Pick und Vera Gissing

kamen aus Familien von Geschäftsleuten. Wie assimiliert waren diese säkularen jüdischen Familien? Für sie bedeuteten der Nationalsozialismus, die »Kristallnacht« und die Notwendigkeit, ihre Kinder im Ausland in Sicherheit zu bringen, einen größeren Schock als für die proletarischen und religiösen polnischen Einwanderer. Möglicherweise war all dies für die Ostjuden wegen der noch nicht lange zurückliegenden Migrationserfahrung weniger traumatisch. Wir gehen davon aus, dass diese außerdem durch ihre Klassenzugehörigkeit flexibler und offener für Veränderungen waren. Außerdem identifizierten sie sich weit weniger mit dem deutschen Nationalismus als die alteingesessenen assimilierten Juden.

Bea Greens Großeltern väterlicherseits waren orthodox gewesen, sie selbst wuchs jedoch säkular auf. Sie beschreibt ihr Elternhaus als eher intellektuell denn religiös. Der Vater liebte Sport und Opern, er fuhr Ski und ritt, außerdem war er Mitglied des Königlich-Bayerischen Alpenvereins. Bis heute sieht sich Bea als Bayerin: »Ich bin eine bayerische jüdische Britin. Ich identifiziere mich nicht mit Deutschland. Letztes Jahr (1999) war ich das erste Mal in Berlin und weißt du, mir war ziemlich unbehaglich. Schließlich war dies Preußen und ich, ich bin eine Bayerin. Ich bin zuallererst eine Bayerin und dann erst eine Jüdin.«[2]

Hella Pick bezeichnete ihre Familie als eine »typische jüdische Wiener Mittelschichtsfamilie«.[3] Man ging in die Oper und zu anderen kulturellen Veranstaltungen und war in die Wiener Gesellschaft integriert. Auch Vera Gissings Familie war sehr assimiliert und so säkular, dass die Synagoge nur bei Hochzeiten aufgesucht wurde.

Sozialmilieus in Großbritannien

Die so verschiedenen religiösen und sozialen Prägungen der Kinder durchs Elternhaus machen es schwer zu beurteilen, in welchem Ausmaß die Art ihrer Unterbringung in England den Eingliederungsprozess der Kinder beeinflusste. Wir behaupten jedoch, dass ihre Interaktionen mit Organisationen in Großbritannien und ihre allgemeine Assimilation in die aufnehmende Gesellschaft durch ihren sozialen Hintergrund behindert oder beschleunigt werden konnten. Bei der Platzierung der Kinder wurde darauf geachtet, dass Pflegefamilie und Kind zusammenpassten.

Die Frage ist, welche Rolle Erwägungen über den sozialen Hintergrund des Kindes bei der Suche nach einer geeigneten Unterbringung gespielt haben.
Aus den Berichten entsteht der Eindruck, dass das Sozialmilieu ein wichtigerer Faktor als die Religion gewesen ist. Kinder aus wohlhabenden, gebildeten und kultivierten Familien wurden in nichtjüdische englische Familien ähnlichen Milieus gegeben, Kinder aus der Arbeiterschicht steckte man in nichtjüdische und jüdische Arbeiterfamilien. Sicher gab es auch Fälle, in denen der soziale Hintergrund von Kind und Pflegefamilie nicht identisch war, doch ist uns ein solcher Fall nicht begegnet.
Bea Green beschreibt in ihrem Interview, wie sie einen Platz auf einem Kindertransport bekam. Das Beispiel zeigt, dass Kontakte innerhalb der eigenen Klasse wichtig für das Finden finanzieller Unterstützung und von Bürgschaften waren: »Wir hatten keine Angehörigen in England, deshalb baten wir jeden, der nach England ausreiste, ob er dort einen Bürgen für mich finden könne. Jedes Kind musste einen Bürgen vorweisen, der 50 Pfund zahlen konnte. Das war 1939 eine Menge Geld. Schließlich verschlug es eine gewisse Familie Ulrich nach Sevenoaks in Kent, wo sie einer der Frauen vom Komitee von Waley-Cohen begegneten. Sie fragten, ob irgendwer ein bayerisches Kind nehmen könnte. Sie sagten, dass die alte Mrs. Williams bereits ein Kind aus Hamburg aufgenommen habe und sicher noch ein weiteres nehmen würde, gesetzt den Fall, jemand könne die 50 Pfund zahlen. Mit Hilfe von Freunden gelang es Papa, sein Geld über die Schweiz nach England zu bringen.«[4]

Welche Rolle spielte Antisemitismus bei der Aufnahme der Kinder?

In der öffentlichen Meinung wurde die Rettung der Kinder aus Deutschland insgesamt positiv beurteilt. Der Antisemitismus jedoch war während der dreißiger Jahre angestiegen und erregte die Besorgnis der Regierung ebenso wie von jüdischen Organisationen. George Orwell behauptete in seinem Essay »Antisemitism in Britain«, dass es mehr Antisemitismus gab, als man zugeben wollte.[5] Obwohl Rassismus und Vorurteile geäußert wurden, die in ihren Absichten durchaus »bösartig«

waren, kam es jedoch nicht zu Gewalttaten. Orwell meinte, die Judenfeindlichkeit würde durch den Krieg verschärft.[6] Gemäß der britischen Zurückhaltung würde sie in der Öffentlichkeit versteckt und zensiert, steige im Privaten aber selbst »unter sensiblen und intelligenten Leuten« an.[7]

Diese Ansicht wurde bestätigt durch Meinungsumfragen, die von 1938 bis 1941 im Londoner East End vom *Mass Observation Archive (MOA)*, Brighton[8] durchgeführt wurden. Einige dieser Umfragen zeigten ein gewisses Maß an »Alltags«-Antisemitismus. Viele ärmere Angehörige der Arbeiterschicht sympathisierten mit faschistischen Parteien wie der *British Union of Fascists (BUF)*, die eine große Anhängerschaft in den traditionellen Arbeitergegenden des East End hatten. Ein Stauer aus dem East End behauptete: »Die Juden, die sind überall. Die Hafenarbeiter hier verabscheuen die. Neulich wurden ein paar Juden, die dieses kommunistische Schmutzblatt *Daily Worker* gelesen haben, ins Wasser geschmissen.«[9] Über die *BUF* sagte der Mann: »Ob ich denke, dass Mosley gewinnen wird? Ich bin überzeugt davon. Gerade hat er 20000 Stimmen in Poplar, Limehouse und Stepney erhalten. Diese Bezirke sind voll mit Juden.«[10]

Die Auswertung der Umfrage ergab, dass Juden eher »linke politische Orientierungen« hatten, mehr lasen, stärker an Politik und am Weltgeschehen interessiert waren, außerdem ein größeres soziales Bewusstsein hatten als die Durchschnitts-*Cockney*-Bevölkerung,[11] die durch die Umfrage erfasst wurde.[12]

Der Befragung zufolge hatten die *Cockneys* den Eindruck, dass die Juden sich als etwas Besseres empfanden und dass »der *Cockney* den Juden beneidenswert und deshalb verachtenswert findet«. Leute, die noch nie im Leben einem Juden begegnet waren, hielten Juden für »protzig, prahlerisch, laut und parasitär«.[13]

Die Angst vor dem anwachsenden Antisemitismus wird auch deutlich in einer Broschüre, die bei ihrer Ankunft in England an jüdische Flüchtlinge verteilt wurde. Sie gibt bestimmte Richtlinien für das Verhalten, das die Flüchtlinge nach ihrer Ankunft in England an den Tag legen sollten, »um dem Anwachsen des Antisemitismus« vorzubeugen. Eine Empfehlung lautete beispielsweise: »Der Engländer mag Prahlerei, lautes Sprechen, Lärm und Nachlässigkeit in Kleidung und Benehmen sowie Gestikulieren mit den Händen nicht.« [14]

Außerhalb der Gegenden mit hohem jüdischen Bevölkerungsanteil war der Antisemitismus nicht so sichtbar. Laut Umfrage hatten Vereine in Watford und anderen Vororten im Nordwesten von London Geldsammlungen für jüdische Flüchtlinge veranstaltet. Eine Befragte aus der Mittelschicht gab jedoch an: »Ich mag die jüdische Rasse nicht, aber ich habe viele jüdische Freunde, die ich sehr mag. Wir wollen nicht noch mehr Juden, denn sonst übernehmen sie die Finanzen, und wir kriegen Zustände wie in Deutschland.«[15] Diese Aussage veranlasste den Interviewer zu der Notiz: »Obwohl sie behauptet, keine Antisemitin zu sein, ist sie doch insgeheim eine!«[16]

Diese schleichende, sublime Form des Antisemitismus, Vorurteile nach dem Motto »Einige meiner besten Freunde sind Juden« waren sehr verbreitet.[17] Lisa Vincent zitiert ihren ersten Ehemann, der im Scherz Dinge wie »Hitler hat keine ganze Arbeit geleistet«[18] und Ähnliches von sich gab. Sie sagt, er wäre schockiert und bestürzt gewesen, wenn man ihn als Antisemiten bezeichnet hätte, hatte er doch eine jüdische Frau geheiratet. Allerdings wird rückblickend klar, dass er keinerlei Interesse an ihrem kulturellen Hintergrund hatte und sich auch nicht dafür interessierte, dass sie physisch und psychisch Heimat und Familie verloren hatte. Seiner Meinung nach sollte die Vergangenheit am besten vergessen werden.[19]

Die Fragebögen des *MOA*, die von Angehörigen der Mittelschicht ausgefüllt wurden, zeigten eine größere Bandbreite an Einstellungen, einige zeigten allerdings das gleiche Maß an verstecktem Antisemitismus. Ein Oxforder Student schrieb, er sei »schockiert über Antisemitismus«. Obwohl »jüdische Studenten nicht ausgeschlossen werden, so haben sie doch nicht wirklich engen Umgang mit nichtjüdischen Studenten. Allerdings gibt es Ausnahmen unter den Studenten mit eher linken Einstellungen. Ich habe den Eindruck, dass es einen Zusammenhang zwischen Konservatismus und Judenfeindlichkeit gibt.«[20]

Ein Apotheker gab zu, dass er ungeachtet der Tatsache, dass er kein Antisemit war und Geld für jüdische Angelegenheiten spendete, manchmal dachte, Juden seien verschlagen, aber er versuche, solche Gedanken zu unterdrücken.[21] Ein junger Bauer gab einen sehr guten Einblick in die Höhen und Tiefen des britischen Antisemitismus im Jahre 1939: »Ich habe den Eindruck, dass die Leute in Gegenden ohne Juden nicht antisemitisch sind, stattdessen unterstützend und mitfühlend. In Gegenden, in denen eine große Zahl von Juden lebt, haben die Leute mehr Vorurteile und stereotype Ansichten.«[22]

Eine jüdische Frau aus der Mittelschicht notierte: »Natürlich bin ich keine Antisemitin, aber ich habe Vorurteile gegenüber ärmeren Juden. Eine bestimmte Gruppe macht sich selber durch ihre Kleidung und ihr Verhalten verdächtig. Selbst Juden sagen, dass die Flüchtlinge die Arbeitslosigkeit verschlimmern und ärgern sich über sie.«[23] Nach Ansicht einer Journalistin kam der Antisemitismus aus den »unteren Klassen«, denn diese informierten sich in »verantwortungslosen Zeitungen«.[24]

1940 führte das *MOA* eine Umfrage zu Ausländern *(Aliens)* und Flüchtlingen *(Refugees)* im Londoner East End durch. Es wurde kein großer Anstieg des Antisemitismus gemessen, dafür aber Feindseligkeit gegenüber allen neuen Flüchtlingen. Der Bericht bezeichnete dies als »typisch britische Fremdenfeindlichkeit«.[25] Die Forscher fanden, dass das Wort *»Alien«* eher nach »Feind« klang, während *»Refugee«* gefühlvolle, mitleiderregende Bilder auslöste, etwa das einer »tragischen Figur im Schnee«.[26]

Die Kinderflüchtlinge, die aus Nazideutschland nach England kamen, lösten eine Welle der Sympathie in der gesamten Bevölkerung aus. »Kinder erzeugen Mitgefühl. Deshalb stand der Durchschnittsbrite der Aussicht, Kinder und Jugendliche zu beherbergen, aufgeschlossener gegenüber als der Aussicht, erwachsenen Flüchtlingen Zuflucht zu gewähren.«[27] Ganz eindeutig verkörperten diese Kinder für viele Menschen die »tragische Figur im Schnee«, die der *MOA*-Mitarbeiter so treffend beschrieben hatte.

Die Berichte über Antisemitismus, die sich im *MOA* befinden, sind zum einen *Directives*, zum anderen *File reports*.

Um *File reports* zu erstellen, gingen die Interviewer auf die Straße und befragten Leute über ihre Einstellungen zu bestimmten Tagesereignissen. Diese Umfragen wurden hauptsächlich unter Personen mit proletarischem Hintergrund durchgeführt, die Interviewer suchten sich die zu Befragenden aus. Die *Directives* dagegen waren geschriebene Berichte auf der Grundlage von Fragen, die das *MOA* ausgearbeitet hatte. Das *MOA* hatte eine Liste von Personen, die bereit waren, sich schriftlich zu aktuellen Fragen zu äußern, meist waren dies Personen aus der Mittelschicht. Dieses selektive Vorgehen ist ein Problem, das beim

Umgang mit Informationen dieser Art stets berücksichtigt werden muss. Solange dies der Fall ist, kann das Material trotzdem von Nutzen sein.

Unterbringung bei Nichtjuden

Die Kinder kamen aus unterschiedlichen Milieus und sprachen verschiedene Sprachen. Einige waren orthodox, andere vollkommen assimiliert und areligiös. Manche Kinder waren noch vor ihrer Ankunft in England zum Christentum konvertiert,[28] andere hatten einen jüdischen und einen christlichen Elternteil.

Die Kinder aus polnischen Immigrantenfamilien sprachen Jiddisch und etwas Deutsch, so wie David Jedwab, während Kinder aus kultivierten und assimilierten Berliner oder Wiener jüdischen Kreisen, wie Hella Pick oder Bea Green, ausschließlich Deutsch und überhaupt kein Jiddisch sprachen.

Bea erzählte, wie sie bei ihrem englischen Vormund ankam:

»Margot, das andere *Kind*, kam herunter und ich begrüßte sie auf bayerisch. Sie verstand nicht, was ich da sagte, denn sie kam aus Hamburg. Das war ziemlich schwierig, denn sie war wirklich deutsch und ich war bayerisch.«[29]

Harry Biblings Vater bestand darauf, dass seine Kinder zu jüdischen Pflegefamilien kommen würden. Harry brauchte einen Bürgen in England, der Vater kannte dort aber niemanden. Vor Jahren hatte er allerdings in einem Sanatorium eine jüdische Engländerin getroffen und ihre Adresse aufgehoben. Er schrieb ihr und sie erklärte sich bereit, für die Kinder zu bürgen. Von Harry war nur sehr wenig über seine Erfahrungen mit der Pflegeadresse zu erfahren: »Sie haben uns das Leben gerettet, und es fällt mir sehr schwer, etwas Nachteiliges über sie zu sagen. Aber weißt du, sie begriffen, dass meine Schwester 15 Jahre alt war und sicher im Haushalt von Nutzen sein würde. [...] Sie warfen also das Kindermädchen für ihr Baby raus und meine Schwester sollte nun Kindermädchen sein. [...] Ich ging bis zum Ausbruch des Krieges zur Schule. Dann wurde ich mit der ganzen Schule nach Peterborough evakuiert. [...] Das war ein weiteres Trauma. [...] Ich wurde bei dem Direktor der örtlichen Schule einquartiert, er war sehr provinziell und

hatte noch nie im Leben einen Juden gesehen. Es hätte noch gefehlt, dass er nach Hörnern gesucht hätte. [...] Man hätte ja erwartet, dass er als Schuldirektor über Juden informiert wäre, aber er wusste gar nichts. [...] Doch wir hatten lange Unterhaltungen. Er war ein sehr gläubiger Christ und gab mir ein gutes Gefühl. Ich fühlte mich willkommen.«[30]
David Jedwab wurde von entfernten Verwandten in London aufgenommen und in die Nähe von Bedford evakuiert. Er machte ganz andere Erfahrungen: »Die Zeit, die ich auf dem Land verbrachte, war wahrscheinlich die glücklichste in meinem Leben. Sie [die Pflegeeltern] waren wunderbar, sie war eine liebe Pflegemutter, sie waren nicht jüdisch, sondern englisch. Ich möchte ihre Namen festhalten, Mr. und Mrs. Wilfred Sharp. Sie war ein Schatz, sie pflegte zu sagen: ›Jungs, es ist Samstag, ihr müsst in die Synagoge.‹ Ich meine, sie hatte noch nie zuvor Juden getroffen, außer vielleicht auf dem Markt von Bedford, aber sie passte auf uns auf, und wir hatten eine wunderbare Zeit. Wir knüpften Teppiche im Winter, wir malten Bilder, rahmten sie ein und verkauften sie. Wir lernten, wie man den Garten umgräbt, wie man Kohl pflanzt, Sie wissen schon, *›Dig for Victory‹* und all diese Sachen. [...] Ja, es war eine sehr, sehr glückliche Zeit, und ich blicke voller Nostalgie zurück.«[31]

Zionismus, Hachscharah

Die Liebe zum Landleben führte dazu, dass David und seine Schwester sich schließlich einer zionistischen Jugendorganisation anschlossen.[32] David wurde gemeinsam mit anderen deutschen und österreichischen Flüchtlingen Mitglied einer Gruppe in Shropshire. David entging der Internierung, weil er als polnischer Staatsbürger zu den *Friendly Aliens* gezählt wurde. Er wurde sogar ein *Bevan Boy*[33] in den Kohleminen. »Die *Alijah*-Gruppe meldete sich freiwillig zur Arbeit in den Kohleminen, als *Bevan Boys*. Wir wandten uns an das Ministerium für Treibstoff und Energie und sie sagten ja [...] und schickten uns nach Staleybridge. Wir waren unten in den Minen fast 18 Monate lang. Nach dem Krieg kamen die ehemaligen Minenarbeiter zurück, und wir sagten, dass wir gern zurück in die Landwirtschaft gehen würden. [...] *ORT* stellte uns eine Farm [...] in der Nähe von Bedford zur Verfügung.«[34]
Wie groß war die Rolle, die Davids proletarische Herkunft für seine Be-

reitschaft spielte, auf dem Land und als Bergarbeiter zu arbeiten? Er demonstrierte damit ein Zugehörigkeitsgefühl zur britischen Arbeiterklasse.

Mimi Ormond kam mit einer der Jugend-*Alijah* nahe stehenden zionistischen Organisation nach England und wurde auf die *Great Engeham Farm* geschickt. »Wir lebten und arbeiteten auf der Farm und hatten Unterricht in Landwirtschaft, aber auch in Englisch. Jemand spendete einen alten Eisenbahnwaggon für uns und wir wohnten darin, denn das Bauernhaus wurde nur für Mahlzeiten, Unterricht und als Krankenstation benutzt.«[35]

Mimi wollte mehr lernen; sie verließ die Farm und zog zu einem entfernten Onkel in Cheltenham. »Ein Professor, der selbst Flüchtling war, gab mir Privatstunden, und als ich 16 wurde, meldete ich mich für ein staatlich finanziertes Programm an, das für die Erziehung von Vorschulkindern ausbildete. Vormittags hatten wir Unterricht, nachmittags arbeiteten wir in den Kindergärten. Ich liebte die Kinder und das ganze Programm. Das war der Anfang meines langen Berufslebens im Bereich der Kindererziehung.«[36]

Die Erfahrungen jener Kinder, die sich zionistischen Jugendgruppen anschlossen oder bereits in Deutschland Mitglieder solcher Gruppen gewesen waren, waren recht speziell. Die *Hachscharah*-Zentren, die die Jugendlichen auf das Kibbuzleben in Palästina vorbereiten sollten, standen gewissermaßen außerhalb der sozialen Strukturen der jüdischen Gemeinden, denn sie vereinten junge Juden verschiedenster sozialer Hintergründe durch eine sozialistische Idee.

1938 fand in Prag eine zionistische Konferenz statt. Vertreter der englischen *Habonim* und des mitteleuropäischen *Hechaluz* trafen sich, um Möglichkeiten einer *Alijah* nach Palästina zu diskutieren.[37] Sie waren sich sowohl der Gefahr, in der die europäischen Juden schwebten, als auch der Schwierigkeiten, die die britischen Behörden einer Einwanderung nach Palästina entgegensetzten, bewusst. Auf dieser Konferenz wurde entschieden, junge Zionisten nach England zu schicken, damit sie sich dort auf die illegale Einwanderung nach Palästina vorbereiten konnten.

Bei ihrer Ankunft in England wurden diese jungen Menschen von Angehörigen der *Habonim* in Empfang genommen und direkt zur *David Eder Farm* in der Nähe von Horsham in Sussex oder zu anderen Ausbildungsfarmen geschickt.[38] Interviews mit *Kibbuzniks*, die sich in diesen Ausbildungsfarmen kennen gelernt hatten, zeigen, dass die wichtigsten Bestandteile ihrer Identität damals die gemeinsame Arbeit und sozialistisch-zionistische Ideale waren.[39] Sowohl Freundschaften als auch Beziehungen basierten nicht auf Klassenidentitäten, sondern auf dieser politischen Ideologie. Häufig kam es zu Eheschließungen zwischen Menschen unterschiedlicher sozialer Herkunft.

Individuelle Unterbringungen

Bea Green und Hella Pick entstammten kultivierten Münchner beziehungsweise Wiener Mittelstandsmilieus. Zunächst hatten sich Beas Eltern geweigert, sich an die Nürnberger Gesetze zu halten. »Wir Juden durften beispielsweise nicht in die Oper gehen, meine Eltern gingen trotzdem. Wenn man in einem Land lebt, in dem der Terror regiert, in diesem Falle Terror kombiniert mit Pomp, was sehr verführerisch ist, und wenn man zu denjenigen gehört, die den Terror zu spüren bekommen, dann gibt es zwei mögliche Reaktionen: Entweder du widersetzt dich, oder du ziehst den Kopf ein. Meine Familie widersetzte sich, und das hat mir gut getan.«[40]

Ihr Vater sicherte ihr einen Platz auf einem Kindertransport, während ihr Bruder bereits seit dem vorangegangenen März in England war.[41] Obwohl Beas Vater keinen Bürgen für sie hatte finden können, nahm sie eine wohlhabende Frau, Mrs. Williams, auf.

Im *Bloomsbury House*, dem Sitz des *Refugee Children's Movement*, gab es eine Auswahlprozedur, und viele Leute reagierten auf die diversen Spendenaufrufe in Radio und Presse. Bea erinnert sich klar an den Moment ihrer Ankunft: »Sie holte mich mit einem Wagen mit Chauffeur vom Bahnhof Liverpool Street ab, und wir fuhren zu ihrer piekfeinen Wohnung am Portland Place. Später fuhren wir zu ihrer Schwester nach *Braystead Hall* in der Nähe von Sevenoaks, Kent. Ja, sie waren Landadel, und ich habe auch das überstanden. [...] Ich erinnere mich an einen Moment, als wir im Salon von *Braystead Hall* Chamberlains Kriegserklärung lauschten.«[42]

Nach ein paar Monaten erkrankte ihr Vormund schwer und starb. Sie wurde zu einem pensionierten Oberst und seiner »recht aristokratischen

schottischen Ehefrau«[43] geschickt, die in der Nähe von Winchester lebten. »Man wollte mich zu einem netten kleinen englischen Mädchen machen, sie waren adlig, Mittelstand und sehr ländlich. [...] Ich glaube, Sie würden sie Großgrundbesitzer nennen, ich nannte sie Onkel und Tante. Onkel hatte nichts übrig fürs Jagen, er schrieb Gedichte und veröffentlichte sie. [...] Zusammen lasen wir Shakespeare. [...] Er hing an mir, [...] das beruhte auf Gegenseitigkeit. Sie waren beide großartig, sie passten auf mich auf, kauften mir Kleidung, schickten mich zur Universität,[44] aber nie umarmte mich jemand [...], sehr englisch. [...] Sie liebten mich schrecklich, aber sie konnten es nicht zeigen. [...] Sie liebten mich so sehr, dass sie wollten, dass ich ihren Sohn heirate. Er war in der *Air Force*, aber alkoholabhängig, damit konnte ich nicht umgehen.«[45]
Dass Bea aus einer Familie der oberen Mittelschicht kam, hatte sie offensichtlich gut für ein solches Leben vorbereitet. Ihre Klassenidentität wog in den Augen ihrer Gastfamilie mehr als ihr ethnischer oder religiöser Hintergrund.

Hella Pick war im März 1939 angekommen, ihre Mutter folgte ihr im Juni als *Domestic Servant*. Hellas Eltern hatten sich scheiden lassen, als sie klein war. Die Mutter lebte das Leben einer wohlhabenden Frau, sie war hochintelligent, aber ihre Welt war die von Frauen gewesen, die weder das Bedürfnis noch das Verlangen hatten, sich ihren Lebensunterhalt selbst zu verdienen. Zum Glück war sie eine gute Köchin. Dies erwies sich als unschätzbar bei ihrer Suche nach Asyl außerhalb Deutschlands.[46]

Die ersten Monate in England verbrachte Hella in einer jüdischen Mittelstandsfamilie in London. Nach ihrer Auskunft war es üblich unter Familien dieser Schicht, freiwillig ein Flüchtlingskind aufzunehmen, denn sie verfügten über die notwendigen Mittel, um ein solches Kind zu unterstützen.

Weil eine Position als *Domestic Servant* keine Kinder zuließ, konnte Hella nicht bei ihrer Mutter bleiben. Ihre ersten Pflegeeltern waren Geschäftsleute, sie nahmen sie sehr freundlich auf. Sie waren nicht religiös und schickten sie an die örtliche Schule, »wo sie genug Englisch lernte, um die Halbjahresprüfungen zu bestehen«.[47] Die Mutter fand bald eine neue Stellung bei einer Familie Chorley. Theo Chorley war Professor an der *London School of Economics*, hatte ein Haus in Nordlondon und ein Feriendomizil im Lake District.

Nach Ausbruch des Krieges schickten die Chorleys ihre Tochter in eine Privatschule im Lake District, Theo Chorley persönlich sorgte dafür, dass auch Hella einen Platz erhielt. »Meine Mutter fand dort einen neuen Job und blieb bei mir, aber die Chorleys blieben immer eine Ersatzfamilie für mich. [...] Sie waren kultiviert und machten mich mit britischen Werten vertraut. Sie lehrten mich, die Welt zu verstehen, in der ich mein Leben verbringen würde, und auch, wie ich mich einzugliedern hatte.«[48]
Während ihrer Schuljahre hatte sie Probleme, ihre jüdische Identität anzuerkennen, es war ihr peinlich, wenn ihre Mutter oder Freunde vor Fremden Deutsch sprachen. Die neue Arbeit ihrer Mutter war hart, Hella wurde von den Leuten im Haushalt schlecht behandelt. »Es war ein großes Haus mit einem alten Bedienstetenflügel. Man gestattete mir nicht, durch den Hauptteil des Hauses zu gehen, was nicht sehr angenehm für ein Kind ist, das Schulfreunde mit nach Hause bringen will. Ich schämte mich zu sehr. Das war eine andere Art von Spannung, aber analytisch betrachtet nicht so schrecklich wie manche Emotionen, durch die andere Kinder hindurch mussten.«[49]
Hella hatte großes Glück, dass ihre Mutter in ihrer Nähe sein konnte. Es scheint, als habe die Erfahrung ihrer Mutter in zwei so verschiedenen britischen Mittelstandshaushalten sie gewissermaßen klassenlos gemacht. Als Haushälterin hatte sie einen proletarischen Status, aber ihr eigentlicher Hintergrund war der der intellektuellen Mittelschicht. Sie hatte die Klassenidentität, die ihre Arbeitgeber ihr zuwiesen. Das heißt, dass Hellas Mittelschichtsidentität durch die Pflegefamilien aufrechterhalten wurde, nicht durch ihre Mutter.
Bei Gottesdiensten in Grasmere fand sie Trost, außerdem freundete sie sich mit einem bekannten Maler der Gegend, Heaton-Cooper, und seiner Frau an.[50] Später studierte sie mit Hilfe der Chorleys an der *London School of Economics* und arbeitete schließlich als Journalistin und später Korrespondentin des *Guardian*. Sie glaubt, dass die Wunden der Entwurzelung niemals wirklich heilen können. Wie integriert man auch sein möge, gewisse Schäden blieben, sagt sie.[51]
Die Rolle der Kirchen und die Reaktion der jüdischen Gemeinden auf die Aussicht, dass viele jüdische Kinder bei Christen leben und möglicherweise zum Christentum bekehrt würden, ist ein wichtiger Aspekt der Kindertransporte. Die Debatte zwischen Rabbi Schönfeld und Nicholas Winton illustriert dies. Vera Gissing schreibt: »Schönfeld fuhr

mehrmals nach Deutschland und nach Prag, um Kinder herauszuholen. Er ließ sie ausschließlich zu orthodoxen Familien gehen, etwas anderes hätte er nicht zugelassen. Eher hätte er sie zurückgelassen [...], während mein Retter, Nicky Winton, die Kinder zu jedem gehen ließ, der ihnen ein Zuhause bot. Er sagte: ›Mir geht es darum, Leben zu retten, nicht Seelen. Lieber ein bekehrtes Kind als ein totes Kind‹, und ich denke, das ist sehr, sehr wahr.«[52]

Hella Picks Kirchenbesuche in Grasmere bedeuten wohl nicht, dass sie sich dem Christentum wirklich zuwandte. Christlichkeit spielte in dem Milieu, in dem sie lebte, eine Rolle. Für sie war es einfach Teil der englischen Kultur, ebenso wie Lyrik, Musik und Kunst. Die Christlichkeit der englischen Mittelschichten, die ihr in ihrer Erziehung vermittelt wurde, und die freundliche Aufnahme, die sie von Familien aus diesem Milieu erfahren hatte, spielten hierbei eine Rolle, nicht aber eine Faszination vom Christentum.

Schlussfolgernd behaupten wir, dass die soziale Klasse eine nützliche Kategorie ist, wenn die Erfahrungen der Kindertransport-Teilnehmer eingeschätzt werden sollen. Natürlich ist diese Kategorie nicht ohne Probleme und wirft Fragen der Definition auf. Es ergeben sich methodische Schwierigkeiten, die mit den Schnittstellen zwischen Klasse und Ethnizität zu tun haben, also mit den Bereichen, wo sich diese Konzepte überschneiden, sowie mit der Komplexität von Klasse, religiöser Zugehörigkeit und kultureller Identität – umso mehr, wenn zwischen dem Herkunfts- und dem Aufnahmeland politische Spannungen bestehen, wie es damals der Fall war.

In den Interviews fanden wir, dass die soziale Klasse einen Einfluss auf die Adaption der Kinder hatte. Kinder aus jüdischen Mittelschichtsfamilien, die in englischen Familien ähnlichen Milieus platziert wurden, ermunterte man, zur Universität zu gehen. Sie wurden oft über das Alter von sechzehn Jahren hinaus – wenn die Verpflichtung zu einer Unterstützung der Mündel endete – von ihren Bürgen und Wohltätern finanziell unterstützt. Die englischen Familien hielten ihren Klassenhintergrund aufrecht und boten den Kindern aus Deutschland die Möglichkeiten, die sie als englische Mittelschichtskinder oder, unter anderen historischen Bedingungen, als Angehörige ihrer Klasse in Deutschland gehabt hätten. Klassensolidarität wog alle Unterschiede in Religion, Kultur oder Sprache auf.

Anmerkungen

1 Deutsche Version »Kindertransport. In eine fremde Welt«.
2 Interview mit Bea Green, 26. 9. 2000.
3 Interview mit Hella Pick, 15. 11. 2000.
4 Interview mit Bea Green, 26. 9. 2000.
5 George Orwell, Antisemitism in Britain, in: ders., The Penguin Essays of George Orwell, London 1994, S. 279–293, hier S. 285 (zuerst publiziert in Contemporary Jewish Record, April 1945).
6 Ebenda, S. 279.
7 Ebenda, S. 282.
8 Mass Observation Archive, University of Sussex, Brighton (England), im Folgenden zitiert als MOA.
9 MOA, FR A12, Dez. 1938, Anti-Semitism Survey.
10 Ebenda.
11 Cockney: Einwohner des Londoner East End.
12 MOA, FR A12, Dez. 1938, Anti-Semitism Survey.
13 Ebenda.
14 British Board of Deputies Archive, ACC/312/E01/037.
15 MOA, FR A12, Dez. 1938, Anti-Semitism Survey.
16 Ebenda.
17 Vergleichbar mit dem aktuelleren Rassismus à la »Einige meiner besten Freunde sind schwarz«.
18 Interviews mit Lisa Vincent, 16. 12. 2000 und 17. 4. 2001.
19 Ebenda. Dies ist eine interessante Aussage. Viele Holocaustüberlebende haben erst zwei Jahrzehnte nach dem Krieg begonnen, über ihre Erfahrungen zu reden. Sie waren der Auffassung, dass die Vergangenheit lieber vergessen werden sollte, und dass ohnehin niemand bereit oder in der Lage war, ihnen zuzuhören; siehe Shoshana Felman/Dori Laub, Testimony: Crisis of the Witnessing in Literature, Psychoanalysis and History, London 2000, S. 57–73.
20 MOA, Directive: Anti-Semitism; Februar/März 1939, Rolle 2, DR Nr. 2005, Student Undergraduate.
21 Ebenda, DR 1194, Male Chemist, 31.
22 Ebenda, DR 1326, Male Farmer, 24.
23 Ebenda, DR 1076, Female.
24 Ebenda, DR 1638, Female Journalist, 31.
25 MOA, File Report 79: Public Feelings about Aliens, 25. 4. 1940, Limehouse, East London.
26 Ebenda.
27 Esther Judith Baumel, The Jewish Refugee Children in Great Britain 1938–45 (unpubl. Magisterarbeit), 1981.
28 Die Barbican Mission hatte von den Kindern den Übertritt zum Christentum noch im Herkunftsland verlangt; siehe Interview mit Vera Gissing 26. 11. 2000 und Vera Gissing, Pearls of Childhood, London 1988.
29 Interview mit Bea Green 26. 9. 2000. Während des Interviews erklärte Bea, dass es einen großen Unterschied machte, dass sie selbst Bayerin und Margot Preußin war.

30 Ebenda.
31 Interview mit David Jedwab, 25. 9. 2000.
32 Damals galten die Zionisten als linksgerichtet und revolutionär.
33 Bezeichnung für die während des Zweiten Weltkrieges zur Arbeit in den Kohleminen dienstverpflichteten britischen Jugendlichen.
34 Interview mit David Jedwab, 25. 9. 2000.
35 Brief von Mimi Ormond an die Autorinnen, 29. 8. 2000. Zur Great Engeham Farm siehe auch Fred Jordan in diesem Band.
36 Ebenda. Mimi heiratete einen amerikanischen Soldaten und lebt und arbeitet seit 45 Jahren in den USA.
37 Interview mit Rita Titelbaum-Naveh, 2. 9. 2000.
38 Interview mit Margo Gorem, 2. 9. 2000.
39 Interview mit Essie Salkie, 19. 5. 2001.
40 Interview mit Bea Green, 26. 9. 2000.
41 Bea gab im Interview an, dass ihr Vater den britischen Konsul in München bestochen hatte, um ein Visum für den Jungen zu erhalten. Mit 17 Jahren war er zu alt für einen Kindertransport. In Liverpool arbeitete er als Filmvorführer.
42 Interview mit Bea Green, 26. 9. 2000.
43 Ebenda.
44 Das war eher ungewöhnlich, denn normalerweise hörte die Verantwortung des Vormundes dem Flüchtling gegenüber auf, wenn dieser 16 geworden war. Dann wurde erwartet, dass er seinen Lebensunterhalt selber verdienen würde. Colonel Williams unterstützte Bea finanziell während der gesamten Studienzeit an der Londoner Universität.
45 Interview mit Bea Green, 26. 9. 2000.
46 Hella Pick, My family and other enemy aliens, in: The Guardian, 17. 11. 2000.
47 Ebenda.
48 Interview mit Hella Pick, 15. 11. 2000, sowie The Guardian, 17. 11. 2000.
49 Interview mit Hella Pick, 15. 11. 2000.
50 Hella Pick, The Guardian, 17. 11. 2000.
51 Hella Pick, A kind of homecoming, in: The Guardian, 11. 7. 2000.
52 Interview mit Vera Gissing, 26. 11. 2000.

Claudia Curio

»Unsichtbare« Kinder

Auswahl- und Eingliederungsstrategien der Hilfsorganisationen

Aus autobiographischen Quellen ehemaliger Kindertransport-Flüchtlinge wird immer wieder die Ratlosigkeit deutlich, mit der viele der Frage gegenüberstehen, warum eigentlich gerade ihnen die Flucht gelang. Nur die allerwenigsten kennen die Zusammenhänge, die hinter ihrem eigenen Fall standen, sie berichten von Verwandten oder Freunden in England, die ihnen eine Bürgschaft gaben, von Personen, deren Protektion sie ihr Überleben verdanken. Dem weitaus größeren Teil der ehemaligen Kinderflüchtlinge erscheint die eigene Rettung wie eine Fügung des Zufalls.

Es soll an dieser Stelle gezeigt werden, dass es – über den Zufall hinaus, der bei jeder gelungenen Auswanderung hineinspielte – durchaus Erklärungen dafür gibt, warum das eine Kind nach England fliehen konnte, das andere aber nicht, und dass das Vorhandensein einer britischen Bürgschaft nicht die einzige Bedingung war. Bei der Zusammenstellung der Kindertransporte gab es Grundmuster, die sich schlüssig in das Gesamtbild der jüdischen Emigration aus Deutschland und in das der britischen Flüchtlingspolitik einfügen.[1] Zugleich rückt bei der Beschäftigung mit den Bedingungen, die Kinder für die Emigration erfüllen mussten, eine Besonderheit des Kindheitsexils ins Blickfeld: Kinder konnten ihre Eignung weder durch Kapital noch durch Berufsqualifikation nachweisen, es muss für sie also andere Kriterien gegeben haben. Der Blick auf die Gesamtemigration aus Deutschland zeigt ja, dass jedes Aufnahmeland bei der Aufnahme von Flüchtlingen auf die Wahrung von Eigeninteressen bedacht war, was natürlich Auswirkungen auf die Arbeit der Auswanderungs- und Flüchtlingshilfsorganisationen hatte.[2]

Zur Beantwortung der Fragen, welche Kinder warum ausgewählt wurden und nach welchen Entscheidungs- und Handlungsmustern die Organisatoren verfuhren, sind die Akten aufschlussreicher als die Erinnerungen ehemaliger Kindertransportflüchtlinge – ohne dass damit die Wichtigkeit der Perspektive der Betroffenen geschmälert werden soll. Die Entscheidungen – wie die wenigsten ahnten, waren es Entscheidungen über Leben und Tod – fanden unter Ausschluss der eigentlichen Hauptpersonen statt, wie das bei bürokratischen Vorgängen häufig der Fall ist.

So bleiben zum einen die Akten der in Deutschland und Österreich beteiligten Institutionen, zum anderen die Unterlagen, die das *Refugee Children's Movement (RCM)* auf englischer Seite über die Kinder führte. Aus ihnen sind die im Folgenden angeführten, repräsentativen Einzelbeispiele entnommen. Vereinzelt sind außerdem Berichte von Personen erhalten, die damals an der Organisation der Kindertransporte beteiligt waren, auch sie sind aufschlussreich für die hier interessierenden Fragen.

Aufgrund der Quellenlage – nur für Wien sind umfangreiche und detaillierte, wenn auch lückenhafte[3] Unterlagen über die Kinderauswanderung nach England erhalten – muss an dieser Stelle eine Beschränkung auf die Verfahrensweisen der Wiener Israelitischen Kultusgemeinde (IKG) stattfinden. Immerhin ist fast ein Viertel aller durch die Kindertransporte nach England geretteten Kinder durch die IKG abgefertigt worden. Nach welchen Kriterien die Reichsvertretung der Juden, die in Zusammenarbeit mit den Wohlfahrtsämtern der jüdischen Gemeinden im »Altreich« die Kindertransporte zusammenstellte, entschieden hat, muss ebenso offen bleiben wie die Frage, ob die verschiedenen Hilfsstellen für »nichtarische« Christen,[4] die christlichen oder konfessionslosen Kindern jüdischer Abstammung zur Ausreise nach England verholfen hatten, wiederum andere Prioritäten bei der Auswahl der Kinder setzten als die jüdischen Hilfseinrichtungen.[5]

In den herangezogenen Akten haben sich so gut wie keine Hinweise auf die häufig vermuteten Protektionen und Schmiergelder gefunden, mit denen Nominierungen für die Kindertransporte nachgeholfen worden sein soll.[6] Dies freilich liegt in der Natur der Sache, denn niemand wird ein Interesse daran gehabt haben, über derartige Vorgänge Buch zu führen. Dieser nur allzu menschliche Aspekt der Rettungsaktion, der wohl mangels Transparenz der Vorgänge von Zeitgenossen überschätzt wurde, muss hier ebenfalls unberücksichtigt bleiben.

Organisation und Zusammenstellung der Kindertransporte aus Wien

Sobald nach dem Anschluss Österreichs an das nationalsozialistische Deutschland die Arbeit der IKG wieder möglich war, hatte man in deren Fürsorgezentrale begonnen, Kataster für die Kinderauswanderung anzulegen. Die Nachfrage nach Möglichkeiten der Kinderauswanderung war in Wien aufgrund der besonders schlimmen Ausschreitungen bereits vor dem Novemberpogrom sehr hoch – wenige Wochen nach der Wiedereröffnung des IKG-Büros lagen bereits etwa 10000 Anträge vor[7] –, aufgrund des geringen Umfanges von Auswanderungsaktionen für Kinder konnten bis Ende November 1938 jedoch nur 26 Kinder mit Hilfe der Fürsorgezentrale nach Großbritannien auswandern.[8] Dies änderte sich erst mit der Genehmigung der britischen Regierung, unbegleitete verfolgte Kinder ins Land zu lassen, wenn für ihren Lebensunterhalt und ihre Weiteremigration gesorgt war.

Die Abteilung Kinderauswanderung der Fürsorgezentrale war für alle glaubensjüdischen Kinder mit Wohnsitz in Österreich zuständig. Insgesamt wurden durch sie zwischen Dezember 1938 und August 1939 2364 Kinder nach England gebracht. Vielen Kindern gelang die Flucht jedoch nicht. Im Juni 1939 waren bei der Fürsorgezentrale noch 8000 Kinder für die Auswanderung registriert.[9] Ihre Chancen, noch vor Kriegsbeginn mit einer der Kinderauswanderungsaktionen ins Ausland zu kommen, waren zu gering, die meisten wurden im Holocaust ermordet.

Aus den Akten der Fürsorgezentrale über die Kinderauswanderung nach Großbritannien von Dezember 1938 bis August 1939 wird deutlich, dass es ungefähr im März 1939 zu einer Veränderung der Auswahlkriterien bei der Zusammenstellung der Kindertransporte gekommen war. Für die Teilnehmer der ersten Kindertransporte – vom 10. Dezember 1938 bis etwa März 1939 – stellte das *Refugee Children's Movement* in der Regel eine Gruppengarantie bereit. Etwa 3000 Kinder wurden insgesamt mit einer Bürgschaft durch das *RCM* nach England gebracht. Die Organisation richtete außerdem mehrere Aufnahmelager an der englischen Ostküste ein, das größte war Dovercourt. Innerhalb kürzester Zeit konnten so Transporte mit besonders dringenden Fällen zusammengestellt und nach England geschickt werden. Bei den Entscheidungen über Dringlichkeit und Eignung der einzelnen Fälle bedienten sich die Fürsorgerinnen der IKG des seit dem Anschluss geführten umfangreichen Kinderauswanderungskatasters und der im Dezember 1938 bereits für einen Großteil der verarmten jüdischen Bevölkerung geführten Fürsorgeakten. Zusätzlich kamen täglich viele neue Anträge herein, die gesichtet, bewertet und nach England weitergeleitet werden mussten. Niemand war auf diesen plötzlichen Ansturm eingerichtet, so dass in der Abteilung Kinderauswanderung Tag und Nacht unter großem Zeitdruck gearbeitet wurde. Die Leiterin der Fürsorgezentrale, Rosa Schwarz, erinnerte sich: »Aus dem Wust von Anmeldungen brachte ich die Kinder in Vorschlag, deren Ausreise aus gesundheitlichen, seelischen und materiellen Gründen am dringendsten war. Wir testeten die Kinder, sie wurden ärztlich untersucht, Pässe beschafft, Gepäck vorgeschrieben und nachgesehen, [...] unbeschreiblich viel Kleinarbeit.«[10]

Als dringliche Fälle galten staatenlose Kinder, die täglich von Ausweisung bedroht waren, außerdem Insassen von Waisenhäusern oder Kinderheimen, denn diese Einrichtungen waren den Nationalsozialisten bekannt und boten ein leichtes Ziel für gewalttätige Attacken. Ebenfalls mit Priorität behandelt wurden Anträge von Kindern, die ohne Eltern dastanden, weil diese verhaftet worden waren – in der Korrespondenz hieß dies aus Gründen der Zensur, sie seien »nicht zu Hause« – oder weil man sie ausgewiesen hatte. Auch Kinder, deren Familien sich in besonders verzweifelter sozialer Lage befanden, wurden bevorzugt in Erwägung gezogen. Von der alltäglichen antisemitischen Gewalt auf der Straße und von der Verschleppung in ein Konzentrationslager in besonderem Maße bedroht waren ältere Jungen. In einigen Fällen bemühte sich die Kultusgemeinde, Jugendliche aus der Haft freizubekommen, indem sie sie für einen Kindertransport nominierte.

Die Kindertransporte, die bis März 1939 Wien verließen, bestanden mindestens zur Hälfte, meist jedoch fast zu zwei Dritteln aus halbwüchsigen Jungen.

Ohne die durch das *Refugee Children's Movement* pauschal gegebenen Bürgschaften und die Auffanglager wäre es nicht möglich gewesen, so viele dieser Jungen nach England zu retten, denn wie sich zeigte, war es ausgesprochen schwierig, für Jugendliche männlichen Geschlechts private Unterkünfte und Bürgschaften in England zu finden.

Bei den ersten Kindertransporten wurde in der Tat noch entsprechend dem Prinzip »Rettung in letzter Minute« verfahren. So viele Kinder wie möglich sollten erst einmal aus der Gefahrenzone Wien nach Großbritannien geschafft werden; die gefährdetsten Fälle zuerst; was dann weiter geschah, würde man sehen. Nach einer Vorbereitungszeit von nicht ganz einer Woche wurden am 10. Dezember 1938 400 Kinder auf die Reise geschickt; insgesamt gelangten in diesem Monat 851 Kinder aus Wien nach England.[11] Der Umfang der ersten Transporte und der Mangel an langfristiger Planung lösten bei Zeitgenossen Skepsis aus: »Die Auswanderung aus Österreich nimmt in den letzten Tagen ein besonders starkes Tempo an, da viele Kinder nach England und Holland gebracht werden. [...] Ich will [...] unterstreichen, dass eine derartige Kopflosigkeit in der Durchführung dieser Aktion herrscht, dass ich befürchte, wir werden in Kürze im Ausland vor einer Katastrophe stehen«, berichtete der zionistische Funktionär Leo Goldhammer Anfang Dezember 1938 nach Jerusalem. Er hatte bei seiner Einschätzung vermutlich die bereits seit 1932 durchgeführte und straff organisierte Jugend-*Alijah* vor Augen.[12]

So überstürzt die ersten Kindertransporte waren, so sehr Dringlichkeit vor Vermittelbarkeit ging – bereits in dieser Phase waren als geistig oder körperlich krank bzw. »nicht normal« geltende Kinder von den Transporten ausgeschlossen. So stand der Name von Hans Reich,[13] dem seine bereits vor ihm nach England emigrierte Mutter eine Bürgschaft bieten konnte, bereits auf der Liste für einen der ersten Transporte. Ganz kurzfristig wurde er jedoch wieder gestrichen, weil der Arzt ihn im vorgeschriebenen Gesundheitszeugnis als »nicht ganz normales Kind« bezeichnet hatte, was sich auf seinen geistigen Zustand bezog. Im Frühjahr 1939 musste auch der Vater Wien verlassen und ließ das Kind allein in einer Pension zurück. Über das weitere Schicksal von Hans ist nichts bekannt.[14]

In der zweiten Phase der Kindertransporte etwa ab März 1939 ist eine weitaus differenziertere Vorschlags- und Auswahlpolitik zu erkennen. Dies hatte verschiedene Ursachen. Nach den ersten chaotischen Wochen der Kindertransporte bildete sich in der Fürsorgezentrale und auf Seiten der englischen Organisatoren eine bürokratische Routine heraus, durch die eine gründlichere Einschätzung der Eignung der Kinder möglich wurde.

Um sich für die »Kinderaktion nach England«[15] registrieren zu lassen, musste jedes Kind mit einem Elternteil mindestens einmal auf der Fürsorgezentrale vorstellig werden. Die Fürsorgerin führte dann ein Gespräch mit dem Kind, anhand dessen sie sich ein Bild über dessen Charakter, seine Fähigkeit, sich in eine Gemeinschaft einzufügen, und über andere Wesenszüge ebenso wie über die äußere Erscheinung des Kindes machte. Außerdem musste ein Fragebogen ausgefüllt werden, der nach Persönlichkeit, Begabungen und familiärem Hintergrund fragte. Für jedes Kind wurde eine Akte angelegt. Die Fürsorgerin Franzi Danneberg-Löw beschrieb später ihren Umgang mit den jungen Kandidaten so: »Ich fragte ein vierjähriges Kind: ›Wofür hast du Augen?‹ Sie guckte mich an und sagte ›Um zu sehen!‹ ›Und wofür hast du deine Ohren?‹ Sie antwortete: ›Um zu hören!‹ Dann fragte ich ›Wofür hast du deine Mami?‹ Und sie schaute ihre Mutter mit großen Augen an und sagte: ›Ich habe Mami zum Liebhaben.‹ So versuchte ich, über jedes Kind etwas Besonderes für die Pflegeeltern zu schreiben. Ob das Kind zum Beispiel scheu war oder ob es sich gut in eine Gemeinschaft einfügte. Oder ob es widerspenstig war. All dies schrieb ich in die Fragebögen, damit die Kinder von den richtigen Menschen aufgenommen würden.«[16]

Bei älteren Kindern wurden besondere Fertigkeiten oder Preise hervorgehoben, die sie erhalten hatten. Rosa Schwarz, als Leiterin der Fürsorgezentrale ganz wesentlich an der nichtzionistischen Kinderauswanderung aus Wien beteiligt, war zudem dafür bekannt, dass sie »tatsächlich ein immenses Gedächtnis« hatte und »fast alle Kinder Wiens« kannte, so dass sich auch Funktionäre der Jugend-*Alijah* an sie wandten, wenn sie Auskunft über ein bestimmtes Kind haben wollten.

Spätestens ab Ende Februar schränkte das *RCM* die von ihm gegebenen Bürgschaften stark ein.[17] Am 21. Februar 1939 gab die IKG im Jüdischen Nachrichtenblatt die vorübergehende Einstellung der Kindertransporte bekannt, weil nur noch Kinder mit Garantie akzeptiert würden. Dem *Refugee Children's Movement* gingen die Geldmittel aus, und es hatte sich gezeigt, dass die Unterbringung der zunächst in den Auffanglagern befindlichen jungen Flüchtlinge sowie die Übertragung der Bürgschaft auf Privatpersonen sich schwieriger gestaltete als zunächst angenommen. Eine Beibehaltung des bisherigen Stils war nicht mehr möglich. Das *Movement* entschied, nur noch ein bestimmtes Kontingent an Bürgschaften bereitzustellen, so dass eine neue Bürgschaft erst dann verfügbar wurde, wenn sich für ein bisher von der Organisation unterstütztes Kind eine anderweitige Bürgschaft gefunden hatte. Außerdem wurden die Auffanglager an der Ostküste geschlossen, so dass die Unterbringung der Kinder vor ihrer Ankunft in England geregelt werden musste.

Die Kinder hatten nun individuellen Ansprüchen potenzieller Bürgen zu genügen, so dass die Auswahl gründlicher und nach strengeren Kriterien erfolgte. Es konnten auf diese Art und Weise wesentlich weniger Kinder nach England geschickt werden als zu Beginn der Transporte, die Bedürftigkeit des einzelnen Kindes hatte auch nicht mehr Vorrang. Natürlich sind aus heutiger Sicht alle Fälle dringend gewesen, doch gab es durchaus unter all den gefährdeten Kindern die ganz besonders gefährdeten, von denen viele nun keine Möglichkeit des Entkommens mehr hatten.

Diese Tatsache bereitete den Verantwortlichen Sorge und Kopfzerbrechen. In einem internen Bericht der Israelitischen Kultusgemeinde vom Frühjahr 1939 heißt es: »Die Abfertigung jener Kinder, die nicht in der Lage sind, einen Garanten zu finden, bildet [...] ein Problem, welches in kurzer Zeit gelöst werden muss.«[18] Es gab zwar vielfältige Bemühungen, diesem Problem zu begegnen, doch hatten sie meist wenig Aussicht auf Erfolg. Beispielsweise stellte die Kultusgemeinde im Mai 1939 aus den vorliegenden Anträgen eine Liste mit 146 besonders dringenden Fällen zusammen und schickte sie am 1. Juni nach England. Man hoffte, dass diese Kinder möglicherweise von potenziellen Bürgen bevorzugt aus ihrer Notlage erlöst werden würden oder dass es dem *RCM* gelingen würde, anhand dieser Liste von irgendwoher eine oder mehrere Gruppenbürgschaften zu bekommen. Die Hoffnung erfüllte sich nicht. Bis Kriegsausbruch konnten nur 28 dieser Kinder nach England geschickt werden. 66 wurden später deportiert, das Schicksal der anderen 50 Kinder ist unbekannt, möglicherweise konnten sie auf andere Weise das Land verlassen oder den Naziterror im Versteck überleben.[19]

Größere Aussicht auf Erfolg hatten Kinder, die der Nachfrage von Seiten potenzieller englischer Pflegeeltern entsprachen. In einigen Fällen – sicher halfen hier Beziehungen – wurde schon einmal ein einzelnes Kind in einem Brief von der Kultusgemeinde den Zuständigen in England besonders ans Herz gelegt. Meist suchte man in Wien die Kinder, deren detaillierte Unterlagen nach England weitergeleitet wurden, jedoch entsprechend den aus England kommenden Anfragen aus. Pflegeeltern, die sich an das *Movement* wandten, konnten sich dort in einer Kartei mit Fotos ein Kind aussuchen. Falls sie dort keines fanden, das ihren Vorstellungen entsprach, formulierte das Londoner Büro eine detaillierte Anfrage entsprechend den Wünschen des Interessenten und sandte diese nach Wien, in der Hoffnung, dass die Kultusgemeinde dort ein passendes Kind finden würde. Typisch waren Vorstellungen wie diese: »Wir haben eine Anfrage auf ein vier- bis sechsjähriges Mädchen, nicht orthodox, wenn möglich ein Waisenkind und allein stehend (ohne Mutter), das die betreffende Familie recht lange bei sich behalten kann. Wir bitten Sie, uns geeignete Unterlagen mit Passbildern sofort (im Original unterstrichen) [...] zuzusenden, damit sich die betreffende Dame ein Kind aussuchen kann.«[20]

Auswahlkriterien

Obwohl letztendlich die Nachfrage aus Großbritannien entscheidend dafür war, welche Kinder emigrieren konnten, hatte doch auch die Fürsorgezentrale ihren Anteil an der Auswahl der Kinder, indem sie die Unterlagen bestimmter, nicht geeignet erscheinender Kinder zurückhielt, so dass diese nie eine Chance hatten, in England aus der Kartei ausgesucht zu werden. Manchmal scheiterte die Vermittlung eines Kindes an einen Interessenten auch daran, dass die aus London angeforderten ausführlichen Informationen Negatives enthielten, etwa ungünstige Gutachten des ehemaligen Kindergartens oder Lehrers oder ein nicht einwandfreies Gesundheitszeugnis.

Für welche Kinder – und dies waren bei weitem nicht die meisten – konnte schließlich eine Bürgschaft gefunden werden? Alter, Geschlecht, die äußere Erscheinung und bestimmte Charakterzüge spielten eine große Rolle für den Erfolg eines Antrages. Dem idealen Kandidaten recht nahe kam Hilde Zeiss, die laut Fragebogen der Israelitischen Jugendhilfe Köln hübsch, hellblond, anschmiegsam, zutraulich, in der Schule sehr beliebt und intelligent war. Auch ihr Geschlecht und ihr Alter – sie war 1939 sechs Jahre alt – machten den Erfolg ihres

Antrages recht wahrscheinlich, denn kleine Mädchen galten als unproblematische Pflegekinder. Tatsächlich konnte sie nach Birmingham vermittelt werden und verließ im Juli 1939 Deutschland mit einem Kindertransport.[21]

Trevor Chadwick, einer der Organisatoren der Kindertransporte aus Prag, erinnerte sich: »Ich musste vor allem auf die Wünsche der Bürgen Rücksicht nehmen. Die meisten wünschten sich Mädchen im Alter zwischen sieben und zehn Jahren, nach Möglichkeit blond. Jungen ab zwölf Jahren waren schwer unterzubringen.«[22] Solche Präferenzen auf Seiten der Familien, die ein Kind aufnehmen wollten, waren jedoch nicht der einzige Grund für die strenge Vorauswahl durch die Wiener und die Londoner Seite. Auch Erwägungen allgemeinerer Natur lagen deren Auswahlkriterien zugrunde. Sowohl die Israelitische Kultusgemeinde als auch das *Refugee Children's Movement* behielten sich das Alleinrecht auf die Vermittlung von Kindern vor und reagierten unwillig, wenn Kindseltern auf eigene Initiative ihnen Unbekannte – namens- oder berufsgleiche Personen, die sie aus dem Telefonbuch herausgesucht hatten – anschrieben, um ihren Kindern eine Bürgschaft zu verschaffen.[23] Sämtliche Garantien mussten, um Gültigkeit zu erlangen, auf das *Refugee Children's Movement* übertragen werden, auch dies war eine Möglichkeit der Kontrolle.

Es sollten nur Kinder nach Großbritannien gelangen, die in der Lage sein würden, sich dort gut zu integrieren, einen positiven Eindruck zu geben und so mittelfristig die weitere Kinderauswanderung zu fördern. Ein Artikel im »Jüdischen Nachrichtenblatt« von Mai 1939 reagierte wohl auf die ersten Berichte über auf englischer Seite aufgetretene Schwierigkeiten mit unglücklichen und auf die neue Umgebung widerspenstig reagierenden Kindern:

»Unter den Kindern gibt es ja so manches, das durch seinen Charme und seinen Liebreiz für die Zurückgebliebenen wirbt. Aber leider zeigen nicht alle diese tadellosen Manieren, die geeignet wären, den jüdischen Kindern in England Freunde zu werben. Es wäre daher gut, wenn jedem Kind [...] von den Eltern eingeschärft würde, wie ungeheuer wichtig es ist, sich durch tadellose Führung beliebt zu machen, denn die gute Meinung [...] gereicht [...] auch den vielen Tausenden der Zurückgebliebenen zum Vorteil, die sehnsüchtig auf eine Gelegenheit warten, ins Ausland zu kommen.«[24]

War der Kandidat bereits einmal im Kindergarten oder in der Schule verhaltensauffällig geworden – aus heutiger Perspektive eine verständliche Reaktion auf die herrschenden Verhältnisse und zudem im Rahmen normaler Entwicklung altersadäquat –, reagierten die Zuständigen alarmiert. Sie lehnten einen solchen Kandidaten selbst dann ab, wenn er oder sie bereits eine Bürgschaft und eine Unterbringungsmöglichkeit in Großbritannien hatte.

Martha Hochs Name etwa stand bereits auf der Liste für einen Kindertransport im Juni 1938, als das Londoner Büro die Unterlagen kurzfristig mit folgendem Vermerk nach Wien zurückschickte: »Wir senden Ihnen die Papiere [...] zurück, da wir keine Kinder nehmen können, die die geringsten Erziehungsschwierigkeiten machen. Wir sind Ihnen dankbar für Ihren Hinweis.« Die Fürsorgezentrale hatte aus einem Gutachten des Kindergartens der Israelitischen Kultusgemeinde erfahren, dass das Mädchen vor einiger Zeit verhaltensauffällig gewesen war, und dies nach England mitgeteilt. Ohne diesen Hinweis wäre das Mädchen gerettet worden. Über sein weiteres Schicksal ist nichts bekannt. Im selben Zusammenhang schrieb das *Movement*: »Schwer erziehbare Kinder, die hier Ungelegenheiten machen, gefährden die Unterbringung der durchaus normalen noch nicht platzierten Kinder.«[25]

Die Entscheidung erscheint grausam, doch war die ihr zugrundeliegende Annahme, dass schwierige Kinder weitere Bürgen verschrecken würden, wohl realistisch. Lebenserinnerungen und andere Quellen sprechen ja immer wieder vom Unverständnis und der Ungeduld, die englische Pflegefamilien im Umgang mit den Flüchtlingskindern an den Tag legten.[26] Die meisten teilten wohl die Erwartungen jenes Birminghamer Paares, das sich ein »wohlerzogenes« und »attraktives« Kind wünschte, welches sich in den Lebensstil der Pflegeeltern »einfügen« würde.[27] Der Altruismus der zur Aufnahme eines Pflegekindes bereiten Menschen hatte enge Grenzen.

Neben eigennützigeren Absichten, die viele mit einem solchen Kind hatten – zur Genüge sind sie in Erinnerungen und anderen Quellen dokumentiert[28] –, hegten nicht wenige die Hoffnung, dass auf solche Weise ein lang gehegter Adoptionswunsch in Erfüllung gehen könnte. Oft machten sie die Möglichkeit einer späteren Adoption zur Bedingung ihrer Offerte. Diese Menschen erwarteten, dass das Kind entweder keine Familie hatte oder dass die Familie bereit wäre, sich für immer von dem Kind zu trennen. Deshalb wurde von Interessenten in England immer wieder nach Waisen gefragt. Man hätte also annehmen können, dass Kinder aus Waisenhäusern der Wiener Kultusgemeinde besonders gute Chancen gehabt hätten, nach England zu fahren.

Dem war aber nicht so. Etwa im März 1939 reichte die Direktion des Israelitischen Knabenwaisenhauses eine Liste mit Namen von 31 Jungen für die Kinderaktion nach England ein. Nur neun der Kinder gelang die Flucht mit einem Kindertransport. Elf der Kinder wurden deportiert und ermordet, der Verbleib der restlichen elf Kinder ist unklar.[29] Auch von den vielen anderen durch die Waisenhäuser erstellten und durch die Kultusgemeinde nach England geleiteten Vorschlagslisten konnten nur sehr wenige Kinder vermittelt werden.

Viele Kinder entsprachen vermutlich nicht den Vorstellungen der Interessenten. Die einen waren keine Waisen, sondern nur für die Zeit der Trennung von ihren bereits emigrierten Eltern im Waisenhaus untergebracht worden. Diese Eltern würden in den allermeisten Fällen gar nicht daran denken, ihre Einwilligung zur Adoption zu geben, sondern strebten eine Wiedervereinigung der Familie im Ausland an. Die anderen waren zwar echte oder zumindest halbe Waisen, entstammten aber, wie aus den Unterlagen hervorgeht, nicht den sozialen Verhältnissen, die sich die mittelständischen Interessenten in England wünschten. Viele kamen aus Familien der Unterschicht, sofern die Herkunft überhaupt bekannt war, oder waren unehelich geboren. Hinzu kamen die bis heute verbreiteten Vorbehalte gegen »Heimkinder«, so dass Zweifel gehegt wurden, ob sich die Kinder in England wunschgemäß einfügen würden. Das Angebot an Waisen mit den erforderlichen Referenzen war hingegen sehr klein.

Ein Großteil der Eltern, die ihre Kinder anmeldeten, hatte die Absicht, den Kindern in die Emigration nachzufolgen, und gab dies auf den Fragebögen auch an. Damit sank wiederum die Chance für die Kinder, einen privaten Bürgen zu finden. Nicht nur einmal wurde eine bereits gegebene Bürgschaft zurückgezogen, nachdem sich herausgestellt hatte, dass die Eltern des Kindes ebenfalls beabsichtigten, nach England zu kommen. Nur wenige der Eltern waren bereit, ihre elterlichen Rechte an den Kindern aufzugeben, also auf jeglichen weiteren Kontakt zu verzichten. Als die Kultusgemeinde im März 1939 5000 jüdische Eltern mit Kindern zwischen einem und sieben Jahren mittels

Rundschreiben über Adoptionsmöglichkeiten in die Vereinigten Staaten informierte, war die Resonanz verschwindend gering: Nur 20 Familien meldeten sich, aus denen nur vier Kinder überhaupt in Frage kamen.[30]

Auch ansonsten ist festzustellen, dass jene Kinder, die oder deren Eltern am meisten an einer sofortigen Emigration interessiert waren, nicht unbedingt die besten Aussichten auf eine Berücksichtigung hatten.

Halbwüchsige Jungen galten aufgrund ihres Alters und auch des Geschlechts als selbständig genug, um ohne die Eltern ins Ausland zu gehen. Für diese Gruppe von Kindern lagen besonders viele Anträge vor. Für sie gab es aber leider die geringsten Aussichten, eine Bürgschaft in England zu bekommen.

Auf der anderen Seite konnte die Nachfrage, die in England nach Kleinkindern, insbesondere nach Mädchen, bestand, nicht gedeckt werden. Deren Eltern waren verständlicherweise besonders zögerlich, ihre Kleinen allein ins Ausland zu schicken. Viele stellten gar nicht erst einen Antrag, andere ließen in letzter Minute den Namen ihres Kindes von der Kindertransportliste streichen. Die Mutter der vierjährigen Susanne Katz konnte sich nicht von ihrem Kind trennen und wurde später mit ihm zusammen nach Theresienstadt deportiert.[31]

Veranschaulicht wird die damals herrschende Stimmung unter den Verfolgten, die trotz des Ernstes der Lage immer noch an so etwas wie Normalität festzuhalten versuchten und nicht bereit waren, alle Grundsätze von Familie und Kindeswohl fahren zu lassen, durch einige Äußerungen Martha Wertheimers im »Jüdischen Nachrichtenblatt« vom 19. April 1939: Man könne »nicht über die Kinderverschickung sprechen, ohne immer von neuem zu betonen: Kinder gehören so lange zu ihren Eltern, solange es irgend angeht. Wer noch Brot und Dach für seine Kinder hat, sollte nicht mit allen Kräften sich um eine Auslandsgarantie für die Kinder bemühen. Wer da weiß, dass seine eigene Auswanderung in wenigen Monaten erfolgen kann, sollte die Familie nicht auseinander reißen. [...] Kinder und Eltern gehören zusammen [im Original gesperrt geschrieben], sollten zusammen auswandern, von allen anderen pädagogischen Problemen abgesehen.«

Alter, soziale Herkunft, Charakter und Geschlecht waren die Faktoren, aus denen die Organisatoren und die potenziellen Pflegeeltern zu erkennen versuchten, wie wahrscheinlich eine reibungslose Integration in England sein würde. Daneben spielte ihr gesundheitlicher Zustand eine entscheidende Rolle. Häufig wurden Kinder von einem Transport zurückgestellt, weil sie plötzlich akut erkrankt waren. Meist gelang nach der Genesung die Eingliederung in den nächsten Transport, jedoch nicht immer. Schwerer wogen chronische Erkrankungen und Behinderungen. Sie machten die Berücksichtigung für einen Kindertransport ganz unmöglich.

Der taubstumme Heinz Gastler, der sich in mehreren Briefen persönlich an Prominente in Großbritannien wandte, hatte keine Aussicht, auch nur zur Auswahlprozedur zugelassen zu werden. Einer der von dem Kind Angeschriebenen, Lord Stead, leitete die Briefe des Jungen an das *Refugee Children's Movement* weiter. Dieses sandte sie mit folgendem Vermerk nach Wien an die Fürsorgezentrale zurück: »Wir bedauern, für diesen Jungen nichts tun zu können, da wir im Rahmen unserer Organisation nur 100 % geistig und körperlich gesunde Kinder nach England nehmen dürfen.« Heinz wurde später nach Theresienstadt deportiert; er überlebte den Holocaust nicht.[32]

Während bei der Ablehnung von sozial auffälligen Kindern die Fürsorgezentrale und die Londoner Organisation ähnlich strikt waren, drückte man auf Wiener Seite bei physischen Gebrechen der Kandidaten eher einmal ein Auge zu, um auch ihnen eine Chance zur Emigration zu geben. Für den kleinen an der Mangelkrankheit Rachitis erkrankten Isidor Feuer, dessen Antrag bereits lange vor Dezember 1938 vorlag, bemühte sich die Fürsorgezentrale über Monate hinweg um eine Ausreisemöglichkeit, ohne Erfolg. Das Kind wurde im Alter von zwölf Jahren ermordet.[33]

Die Verantwortlichen auf englischer Seite lehnten auch Kinder mit gut behandelbaren chronischen Beschwerden, etwa leichtem Asthma oder Diabetes, oder auch schielende Kinder grundsätzlich ab. In London war man in dieser Hinsicht so kompromisslos, dass es zu Spannungen in der Zusammenarbeit kam. Wiederholt beschwerten sich die Zuständigen auf englischer Seite, weil man aus Wien Unterlagen körperlich kranker Kinder geschickt hatte. Sowohl die Fürsorgezentrale als auch die von ihr mit der Untersuchung der Kinder beauftragten Ärzte versuchten offensichtlich in Gutachten und Gesundheitszeugnissen, das Ausmaß von Erkrankungen herunterzuspielen. Beim *Refugee Children's Movement* wurde man misstrauisch und versuchte, möglicherweise verschwiegene Krankheiten aus Gesundheitszeugnissen oder auch Fotos zu erkennen. So forderte es im Frühjahr 1939 für ein Geschwisterpaar, das eine private Bürgschaft aufweisen konnte – für die Finanzierung war also bereits gesorgt –, ein weiteres, ausführlicheres Gesundheitszeugnis an, denn »nach den Photographien sieht der Junge depressiv aus und das Mädchen geistig zurückgeblieben«.[34] Während die beiden – vermutlich aufgrund des letztlich doch zufrieden stellenden Gesundheitszeugnisses – nach England fahren konnten, wurde Sarah Hochheim aus dem Waisenhaus der Kultusgemeinde nicht akzeptiert, weil sie sichtbare Operationsnarben im Gesicht hatte. Später wurde sie im Alter von zwölf Jahren ermordet.[35]

Abgesehen davon, dass Kinder mit körperlichen Anomalien schwerer vermittelbar waren, spielte sicher die Befürchtung eine Rolle, dass sie früher oder später erhöhte Kosten für die medizinische Betreuung verursachen würden. Äußerliche Unauffälligkeit galt ebenso wie ein gefälliger Charakter als der wohlwollenden Aufnahme in der englischen Gesellschaft förderlich.

Nicht nur bei den Kindern, bei allen Verfolgten aus Deutschland, die Aufnahme in Großbritannien suchten, wurde auf einen einwandfreien Gesundheitszustand Wert gelegt – eine Bedingung, die von den in immer desolatere Verhältnisse Gezwungenen kaum erfüllt werden konnte. Einiges spricht dafür, dass die treibende Kraft bei der Errichtung von Hürden für Kranke nicht etwa die britische Regierung war, sondern die Flüchtlingshilfsorganisationen selber. So wandte sich im Juni 1939 ein Mitarbeiter des *German Jewish Aid Committee* an das britische Innenministerium. Er schlug vor, nur solchen Antragstellern ein Visum zu erteilen, die sich einer gründlichen ärztlichen Untersuchung unterzogen hatten. Diese Untersuchung sollte noch auf deutscher Seite durch von der britischen Regierung beauftragte Ärzte stattfinden. Man befürchtete in den Hilfsorganisationen und jüdischen Gemeinden Großbritanniens, dass die immer größere Zahl von Flüchtlingen mit angegriffener Gesundheit zu große Kosten verursachen würden.[36]

Otto Schiff, Gründer und Vorsitzender des *Jewish Refugee Committee*, wurde in dieser Hinsicht im August 1939 noch deutlicher: Es sei unmöglich, alle Juden aus Deutschland zu retten, und sein Komitee erachte es als sehr unklug, gerade den »Hinkenden und den Lahmen« die

Flucht zu ermöglichen.[37] In diesem bemerkenswerten Kontext ist die Strenge zu sehen, mit der das *Movement* Gesundheitszeugnisse forderte und überprüfte.

Erwünscht: unauffällige Integration in Großbritannien

Während die Israelitische Kultusgemeinde nach der Abreise der Kinder nach England nur noch äußerst selten bei auftauchenden Problemen intervenierte – so wandte sie sich in Einzelfällen an das *Refugee Children's Movement*, wenn sich Kinder in Briefen an die Eltern über die Pflegestelle beschwert hatten –, zeichnete das *Movement* für alle Belange verantwortlich, sobald die Kinder englischen Boden erreicht hatten.
Es blieb bis zur Volljährigkeit für alle Kinder zuständig, die durch seine Vermittlung nach England gekommen waren, ob sie nun bei Pflegeeltern oder im *Hostel* lebten. Der eigene Anspruch wurde in einem internen Rundschreiben von Mai 1940 formuliert: Das *Refugee Children's Movement* solle für die Kinder »eine angemessene Unterbringung gewährleisten und dafür sorgen, dass sie eine geeignete Erziehung und religiöse Ausbildung erhalten und dass sie, wenn die Zeit kommt, einen nützlichen Beruf erlernen. Es soll ihnen helfen, finanziell unabhängige und verantwortungsbewusste Bürger in diesem oder einem anderen Land zu werden.«[38]
Welchen Platz innerhalb der britischen Gesellschaft die Kinder beanspruchten und fanden, wurde also auch durch die verantwortliche Organisation mitbestimmt. Die ganze Vielfalt der Aufgaben, Verdienste und Fehler des *Movement* kann hier nicht Thema sein.[39] An dieser Stelle soll nur dargestellt werden, welche Zielvorstellungen man bezüglich der Integration der Flüchtlingskinder hegte und auf welche Weise man diese umzusetzen versuchte. Es ist deutlich, dass der Auswahlpolitik der Kultusgemeinde und des *Refugee Children's Movement* bei der Durchführung der Rettungsaktion und der späteren Eingliederungspolitik dieselben Grundannahmen über den den Kindern zustehenden Platz innerhalb der britischen Gesellschaft zugrunde lagen. Grundsatz aller durch die Hilfsorganisation getroffenen Entscheidungen war es, mit den Kindern möglichst wenig Aufsehen zu erregen, um bestehende feindselige Gefühle gegen Flüchtlinge und Juden nicht noch weiter zu

provozieren. Dieser Grundsatz ist in allen Bereichen der Arbeit des *RCM* zu erkennen.
Die bevorzugte Unterbringung der Kinder in Pflegefamilien war sicher die kostengünstigste Variante und wohl auch die, welche man damals generell für kindgemäß hielt. Man konnte auf diese Weise die Kinder allerdings auch gut über das ganze Land verteilen. So fielen die Kinder nicht auf, und die bei Gemeinschaftsunterbringung eher bestehende Möglichkeit, dass sie sich länger, als für gut erachtet wurde, den britischen Einflüssen ihrer Umgebung entziehen könnten, wurde eingeschränkt. Das Hineinwachsen in eine britische Familie war der schnellstmöglichen Anglisierung ebenfalls förderlich.
Aus denselben Gründen wurde darauf geachtet, dass nicht zu viele Flüchtlingskinder ein und dieselbe Schule besuchten, und man legte in Broschüren und Gesprächen den Kindern die auch erwachsenen Flüchtlingen wohl bekannten Verhaltensmaßregeln ans Herz. Sie sollten in der Öffentlichkeit möglichst nicht deutsch sprechen und nicht durch Klagen oder Beschwerden die Aufmerksamkeit auf sich ziehen.
Die Mitarbeiter des *Refugee Children's Movement* berieten die dem Pflichtschulalter entwachsenen Kinder bei der Berufsfindung und hielten sie zur Qualifikation für solche Berufe an, in denen Arbeitskräftemangel herrschte. Akademische Ambitionen wurden in der Regel nicht gefördert.[40] Es galt, »jede Möglichkeit zu vermeiden, dass die Einstellung von Flüchtlingen einen nachteiligen Effekt auf Lohn und Arbeitsbedingungen britischer Arbeitnehmer haben könnte und damit ein neues Feld für antisemitische Ressentiments und solche gegen Flüchtlinge eröffnen würde.«[41]
Die eigenen Wünsche der Kinder wurden nur innerhalb des durch solche Prioritäten gesetzten engen Rahmens berücksichtigt. Ein Blick in die Fürsorgedossiers des *RCM*, in denen die Fürsorger halbjährlich Bericht über die Entwicklung der Kinder erstatteten, zeigt, dass auch im täglichen Umfeld der Pflegefamilie und der Schule Anpassung verlangt wurde. Eigenwilligkeit und Selbstbewusstsein vermerkte man mit Missbilligung und Sorge. Mitunter kamen dabei auch antisemitische Argumentationen zum Zuge. Über die 1932 geborene Hilde Zeiss hieß es 1944:
Die Pflegeeltern »erzählten mir, dass sie ganz gute Fortschritte macht. [...] Aber sie ist zu selbstsicher und arrogant, um ihre Freunde über län-

gere Zeit zu halten. [...] Sie ist frech und widerspricht und ist nicht besonders willig, gelegentlich im Haushalt zu helfen. Sowohl Mr. als auch Mrs. Davis[42] [die christlichen Pflegeeltern, d. V.] betonten, dass diese Besonderheiten Hildes die eher unerfreulichen ›jüdischen‹ Züge seien, und dass sie sich bemühten, diese zu beseitigen. H. ist ein sehr frühreifes und starkes Kind, das sehr sorgsam behandelt werden muss.« Über dasselbe Kind merkte die Schuldirektorin kritisch an: »Sehr bald nach ihrer Ankunft wussten alle anderen Kinder bereits, dass Hilde eine Jüdin ist, von wem wohl, wenn nicht von ihr selbst.«[43]

Das Beispiel veranschaulicht auch, dass die vor der Emigration der Kinder gegebenen Einschätzungen über den Charakter der Kinder nicht viel taugten. Es handelt sich nämlich um das Mädchen, das von der Kölner Israelitischen Jugendhilfe als recht ideale Kandidatin vorgestellt worden war.

Während Hilde als ein selbstbewusstes Mädchen erscheint, dessen Problematik einzig darin lag, dass es sich nicht unauffällig verhielt, sondern beispielsweise seine Identität als Jüdin stolz verkündete, gab es eine große Zahl von Kindern, die auf die Umstände mit ernsthaften seelischen oder mentalen Problemen reagierten. Bettnässen, Zurückgezogenheit und Lernprobleme kamen vor, ebenso »abweichendes Sozialverhalten« wie etwa kleine Diebstähle oder Lügen. Dem Druck, der seit Beginn der Verfolgung durch die Nationalsozialisten auf den Kindern gelastet hatte und der sich nun in der neuen Umgebung, wenn auch in abgeschwächter Form fortsetzte – nur Unauffälligkeit würde vor Feindseligkeiten schützen, vermittelte man ihnen –, zeigten sich nicht alle gewachsen.

Übergeordnetes Ziel: Langfristige Sicherung der Kinderauswanderung

Beiden hier näher betrachteten Institutionen lag in erster Linie die Rettung möglichst vieler Kinder am Herzen. Hinter all ihren Entscheidungen stand diese Absicht, auch hinter der spätestens ab März 1939 verfolgten Strategie, möglichst nur solche Kinder nach England zu bringen, die zu unauffälliger, unproblematischer Integration in ihre neue Umgebung fähig und bereit sein würden. Die Organisatoren überließen es

nicht dem Zufall oder den Präferenzen der Bürgen, welche Kinder nach England kamen.
Dieser auf die längerfristige Fortführung der Kinderauswanderung beziehungsweise der Flüchtlingsarbeit in Großbritannien angelegten Strategie lag ein gemeinsames Motiv zugrunde: Sowohl *Refugee Children's Movement* als auch Israelitische Kultusgemeinde wünschten sich eine weitgehende »Unsichtbarkeit« der Kinder in der britischen Gesellschaft. Diese Eigenschaft wurde durch die Auswahlpolitik antizipiert und durch die Arbeit des *RCM* in England gefördert.
Mit dem Begriff »Unsichtbarkeit« hat der britische Historiker Tony Kushner beschrieben, welche Rolle die britische Regierung, aber auch die Flüchtlingshilfsorganisationen in ihrer permanenten Angst vor Antisemitismus und vor einem Umschlagen der öffentlichen Meinung zuungunsten der Flüchtlinge den Emigranten aus Deutschland und Österreich nach ihrer Ankunft zudachten.[44] Es sei hier nur die Abwehr gegen die Einwanderung oder Berufsausübung von Ärzten und anderen Akademikern aus Angst vor dem Konkurrenzneid britischer Kollegen genannt, oder das *Domestic Permit*, das eine gute Methode darstellte, Flüchtlinge in unpopulären, nichtöffentlichen und über das Land verstreuten Arbeitsplätzen »verschwinden« zu lassen.
So fügt sich die Behandlung der Kinderflüchtlinge, ja, bereits die Regierungsentscheidung über deren Aufnahme logisch in die allgemeine Flüchtlingspolitik innerhalb Großbritanniens ein.
Die Fürsorgezentrale hingegen war an einer »Unsichtbarkeit« der nach England geschickten Kinder deshalb interessiert, weil sie sich davon eine Sicherung der weiteren Kinderauswanderung versprach. Auf den Kindern lastete die Aufgabe, nicht nur ihren in Deutschland zurückgebliebenen Angehörigen zur Auswanderung zu verhelfen – einige haben die meist erfolglosen Bemühungen beschrieben, eine Einreisemöglichkeit für Eltern oder Geschwister zu finden[45] –, sondern sich ihrer Rettung als »würdig« zu erweisen und Sympathien für die unzähligen zurückgebliebenen Kinder einzuwerben.
Trotz der Austreibungspolitik der Nazis, trotz des großen Andrangs in den Auswanderungsabteilungen, trotz der miserablen Perspektiven in Deutschland für Juden bemühte man sich zu diesem Zeitpunkt noch, soweit es ging, um eine geordnete Auswanderung. Man wollte unter allen Umständen vermeiden, dass die Flüchtlinge im Gastland negativ auf-

fielen. Außerdem waren die meisten in der Auswanderungshilfe Tätigen auf eine strikte Befolgung aller legalen Vorgaben von Seiten der Behörden bedacht.[46] Natürlich wurde diese auf Langfristigkeit angelegte Vorgehensweise – niemand konnte damals schon die Katastrophe in ihrem ganzen Ausmaß erahnen – in steigendem Maße durch die nationalsozialistische Austreibungspolitik unmöglich gemacht. Deutlich ist jedoch, dass nach wie vor der Wille zu einer kontinuierlichen und über einen längeren Zeitraum erfolgenden Auswanderung bestand. Wie Dan Diner schreibt, hatten die Funktionäre der Auswanderungsabteilungen 1938 zwar erkannt, dass bisherige, langfristig kalkulierende Auswanderungsstrategien zum Scheitern verurteilt waren, sie verfügten jedoch über keine neuen, der Situation angemessenen Modelle. Keine bisherige Erfahrung habe auf die Notwendigkeit einer »dramatischen Evakuierung« hinweisen können, so dass diese erst erkannt werden konnte, als es bereits zu spät war.[47]

Dass in der Erinnerung und auch in der Historiographie die Kindertransporte fast ausschließlich den Charakter einer »dramatischen Evakuierung« verliehen bekommen haben, ist sicher der Nachkriegsperspektive geschuldet. Mit dem nachträglichen Wissen über den Holocaust ist die Erkenntnis, dass mit gewagterem, weniger abwägendem Vorgehen möglicherweise mehr Kinder hätten gerettet werden können, schwer zu ertragen. Wenn man gewusst hätte, dass die Kindertransporte so bald durch den Kriegsausbruch ohnehin ihr Ende finden würden, wäre die Angst vor einem Stopp der Aktion von Seiten der britischen Regierung überflüssig gewesen.

Anmerkungen

1 Zu den verschiedenen Phasen der Emigration aus Deutschland zwischen 1933 und dem Auswanderungsverbot 1941 vgl. Wolfgang Benz, Flucht aus Deutschland. Zum Exil im 20. Jahrhundert, München 2001, S. 62–77.

2 Vgl. Regine Erichsen, Fluchthilfe, in: Claus-Dieter Krohn u. a. (Hg.), Handbuch der deutschsprachigen Emigration, Darmstadt 1998, Sp. 62–78.

3 Während des Krieges zerstörte eine Bombe Franzi Löws Büro in der Fürsorgezentrale und vernichtete ihre Akten, von weiteren Verlusten ist auszugehen (von Doron Rabinovici im Mai 1993 durchgeführtes Interview mit Franzi Danneberg-Löw, S. 13; für die Bereitstellung dieses Interviews danke ich Melissa Hacker).

4 Die Quäker waren hierbei besonders engagiert. Die Wiener Niederlassung der Society of Friends konnte zwischen Dezember 1938 und August 1939 342 Kinder nach England schicken (Akten der Israelitischen Kultusgemeinde Wien in den Central Archives for the History of the Jewish People, Jerusalem, A/W 1934).

5 Die an dieser Stelle vorgelegten Befunde sind Zwischenergebnisse meines Dissertationsprojektes. In meine weitere Arbeit werde ich einen Vergleich zwischen der Auswahlpolitik jüdischer und nichtjüdischer Hilfsstellen einbeziehen sowie den geographischen Fokus, soweit es die Quellenlage gestattet, auf das »Altreich« erweitern.

6 Ein Kindsvater etwa schrieb Anfang 1939 einen Brief an den Leiter der IKG, Löwenherz, mit der Bitte um Einteilung seines Kindes für einen Kindertransport. Es täte ihm Leid, dass er »immer wieder um Protektion ersuchen [müsse], aber wo alles liebt, kann Karl allein nicht hassen«. (A/W 1987). Die Mutter eines Mädchens beschwerte sich bei Rosa Schwarz darüber, dass »die Wiener Fursorge nicht Interesse für sämtliche jüdische Kinder hätte«, sondern darauf bestehe, nur »spezielle und von ihr selbst ausgesuchte Kinder in die Transporte einzuteilen« (ebenda).

7 Herbert Rosenkranz, Verfolgung und Selbstbehauptung. Die Juden in Österreich 1938–45, Wien/München 1978, S. 182; Rosa Rachel Schwarz, Zwei Jahre Fürsorge der Gemeinde Wien unter Hitler (1938/40), S. 4 (Yad-Vashem-Archiv 01/73).

8 A/W 1961, Aufstellung der IKG vom 28. 10. 1938.

9 M. Mitzman, Report on visits to Germany, Austria and Poland, Juni 1939, S. 14 (Yad Vashem-Archiv 02/151). Mitzman war Mitarbeiter des American Jewish Joint Distribution Committee.

10 Schwarz, Fürsorge, S. 5.

11 Zum Umfang der Kindertransporte vgl. »Aufstellung über alle, von der Kultusgemeinde abgefertigten Kindertransporte in der Zeit vom 10. 12. 1938 bis 22. 8. 1939«, A/W 1964,1. Gertruida Wijsmuller-Meijer schilderte nach dem Krieg ihre Verhandlungen mit Adolf Eichmann, der seine Zustimmung zum ersten Kindertransport nur unter der Bedingung gab, dass er gleich am darauffolgenden Samstag abfahren sollte, was natürlich enormen Zeitdruck und außerdem für gläubige Juden ein Brechen des Sabbat bedeutete. Gertruida Wijsmuller-Meijer, Saving of Jewish Children, Amsterdam 1957 (Yad-Vashem-Archiv 02/626).

12 Brief Leo Goldhammers, Leiter des Wiener Keren Hayesot Anfang Dezember 1938 nach Jerusalem (Bestand der Jugend-Alijah in den Central Zionist Archives, Jerusalem, S 75, Akte 1141). Bedenken ideologischer Natur, die Goldhammer gegen die nichtzionistisch ausgerichteten Kindertransporte hegte, machten sein Urteil sicher nicht milder. Vgl. zu den Spannungen zwischen Jugend-Alijah und den Organisatoren der Kindertransporte, aber auch zu ihrer Kooperation Sandra B. Kadosh, Ideology vs. Reality. Youth Aliyah and the Rescue of Jewish Children during the Holocaust Era 1933–1945. (Dissertation an der Columbia University), New York 1995.

13 Alle Namen von Kindern, die mit den Kindertransporten nach England kamen, sind von der Autorin anonymisiert worden, während die Originalnamen der im Holocaust ermordeten Kinder beibehalten wurden.

14 A/W 1980, Brief IKG-RCM vom 9.2. 1939. Das Deportationsdatum von Kindern, denen die Flucht nicht gelang, konnte durch Abfragen in der Datenbank der österreichischen Opfer des Holocaust ermittelt werden (Dokumentationsarchiv des Österreichischen Widerstandes [Hg.], Die österreichischen Opfer des Holocaust, Wien 2001 [CD-Rom]). Da der Name des Jungen dort nicht aufscheint, bleibt zu hoffen, dass er auf andere Weise den Holocaust überlebt hat.

15 Unter dieser Bezeichnung firmierte das Unterfangen in den Akten und Publikationen der IKG.

16 Danneberg-Löw, Interview, S. 2, Rückübersetzung aus dem Englischen durch die Autorin.

17 Vgl. hierzu ausführlicher Rebekka Göpfert, Der jüdische Kindertransport von Deutschland nach England 1938/39, Frankfurt am Main/New York 1999, S. 90–96.

18 A/W 1987.

19 A/W 1974/4.

20 A/W 1970, Brief RCM-IKG vom 2.3. 1939.

21 Central British Fund, Archiv des Refugee Children's Movement, Birmingham Region 9, case files maintained by Mrs. Ruth Simmons (case work supervisor for refugee children), MF-Rolle 65, Akte 301, Dokument 1612.

22 Karen Gershon, Wir kamen als Kinder. Eine kollektive Autobiographie, Frankfurt am Main 1988, S. 19.

23 Ein ehemals wohletablierter Geschäftsmann versandte 25 Rundschreiben mit Fotos, um eine Pflegefamilie für seine Tochter zu finden. Er bat in diesen Schreiben darum, die IKG nicht ins Bild zu setzen, da er für seine Tochter selbst eine Familie aussuchen wolle. Die IKG erfuhr davon und war verärgert. Er rechtfertigte seine Eigeninitiative damit, dass auf den regulären Antrag hin nichts geschehen sei (A/W 1970).

24 Jüdisches Nachrichtenblatt, 9.5. 1939, S. 7.

25 A/W 1971/9, Brief vom 22.6. 1939.

26 Vgl. etwa den Bericht eines Flüchtlingsmädchens in Gershon, Kinder, S. 65 f.

27 CBF65/301/758, case files.

28 Dazu finden sich zahlreiche Beispiele in: Bertha Leverton/Shmuel Lowensohn (Hg.), I came alone. The stories of the Kindertransports, 9. Aufl., Sussex 2000, und in: Gershon, Kinder.

29 A/W 1963.

30 A/W 3017.

31 A/W 1970.

32 A/W 1971/11, Brief RCM-IKG vom 25.5. 1939, beiliegend zwei Briefe des Jungen an Lord Stead.

33 A/W 1969,1; 1971,5.

34 A/W 1980.

35 A/W 1971,9, Brief RCM-IKG vom 1.5. 1939; A/W 1980, Brief RCM-IKG vom 21.6. 1939.

36 Vom 21.6. 1939 datierter Brief B. Davidsons vom German Jewish Aid Committee an Ernest Napier Cooper, Mitarbeiter im Aliens Department des Innenministeriums, zitiert bei Louise London, Whitehall and the Jews, 1933–1948. British immigration policy, Jewish refugees and the Holocaust, Cambridge 2000, S. 129.

37 Otto Schiff, Korrespondenz 15.8.–29.9. 1939, zitiert ebenda, S. 130.
38 CBF 28/155/6, Instructions for the Guidance of Regional and Local Committees, London, Mai 1940, S. 5.
39 Hierzu ausführlicher Claudia Curio, Das Refugee Children's Movement. Ein Instrument der Integration deutsch-jüdischer Flüchtlingskinder in die britische Gesellschaft, in: Jahrbuch für Antisemitismusforschung 10 (2001), S. 287–308.
40 Es gab Ausnahmen, wie etwa die Bemühungen der in diesem Band von Sybil Oldfield vorgestellten Greta Burkill.
41 CBF 28/155/6, Instructions, S. 5.
42 Name anonymisiert.
43 CBF 65/301/1636, case files.
44 Tony Kushner/Katharine Knox, Refugees in an Age of Genocide. Global, National and Local Perspectives during the Twentieth Century, London/Portland 1999, S. 126–216.
45 Als ein erfolgreiches Beispiel sei Bertha Leverton genannt, die ihre Pflegeeltern überzeugen konnte, die jüngere Schwester Inge ebenfalls nach England zu holen (in: Dorit Bader Whitman, Die Entwurzelten. Jüdische Lebensgeschichten nach der Flucht 1933 bis heute, Wien/Köln/Weimar 1995, S. 216).
46 Allerdings kritisierten manche dieses Beharren auf Korrektheit aller Vorgänge, etwa Max Plaut, der über die Leiterin der Berliner Abteilung für Kinderauswanderung, Käte Rosenheim, sagte, sie sei zwar »sehr tüchtig, aber ohne jedes Verständnis für die Notwendigkeit der Stunde, sie war stets für legales Verhalten«. (Max Plaut, Interview mit Kurt Ball-Kaduri, o. O., o. J.; YVA 01/199, I., S. 2, zitiert nach Gudrun Maierhof, Selbstbehauptung im Chaos. Frauen in der jüdischen Selbsthilfe 1933–43, Frankfurt am Main/New York 2002, S. 215). Plaut, der ebenfalls an der Organisation der Kindertransporte beteiligt war, schmuggelte zusätzliche Kinder an der Gestapo und den ausländischen Einwanderungsbehörden vorbei auf die Kindertransporte und erntete dafür seinerseits heftige Kritik von Käte Rosenheim (ebenda, S. 216). Es ist durchaus möglich, dass das Geschlecht des jeweiligen Verantwortlichen eine Rolle dabei spielte, welche Wagnisse und Risiken bei der Organisation der Kindertransporte eingegangen wurden. In der Wiener Fürsorgezentrale ebenso wie im Londoner Bloomsbury House waren fast ausschließlich Frauen direkt mit den Kindertransporten befasst. Zum weiblichen Rollenverständnis in der jüdischen Fürsorge und Auswanderungshilfe sei auf das erwähnte Buch von Gudrun Maierhof verwiesen.
47 Dan Diner, Die Katastrophe vor der Katastrophe: Auswanderung ohne Einwanderung, in: Dirk Blasius/Dan Diner (Hg.), Zerbrochene Geschichte, Frankfurt am Main 1991, S. 138–160, hier: S. 158.

Sybil Oldfield

Meist war es eine »Sie«*
Die Rolle britischer Frauen bei der Rettung und Versorgung jüdischer Flüchtlingskinder

Alle großen sozialen Unternehmungen bedürfen politischer und finanzieller Unterstützung, und so wäre auch die Rettungsaktion für fast zehntausend meist jüdische Kinder aus Deutschland und Österreich von Dezember 1938 bis August 1939 ohne die Hilfe von einflussreichen Männern nicht möglich gewesen.
Der vermögende Börsenmakler Otto Schiff, Professor Norman Bentwich, der Verleger Dennis Cohen, Sir Wyndham Deedes vom *National Council of Social Service*, der Viscount Samuel, der Bankier Lionel de Rothschild, die Parlamentsmitglieder Philip Noel-Baker und Major Victor Cazalet, der Innenminister Sir Samuel Hoare, der ehemalige Premierminister Lord Baldwin sowie Sir Charles Stead, der erste Geschäftsführer des *Refugee Children's Movement* und andere – sie alle trugen dazu bei, der Organisation institutionelle Legitimität zu verleihen.[1]
Doch lag es in der Natur dieses auf das Wohlergehen von Kindern und Jugendlichen gerichteten Unterfangens, dass Frauen die Hauptverantwortung für die alltäglichen Erfolge und auch einige Fehlschläge der nächsten Jahre tragen würden. Mindestens acht der für die Organisation zuständigen Sekretäre der insgesamt 12 Regionalkomitees des *Refugee Children's Movement* waren Frauen, in London waren all jene, die mit der Leitung der acht Abteilungen der Quäkerflüchtlingshilfe betraut waren, weiblichen Geschlechts.[2] In den meisten der tausenden Pflegefamilien für Flüchtlingskinder war der »Haushaltsvorstand« während des Krieges faktisch eine Frau. Und Mrs. Norman Bentwich und Mrs. Dennis Cohen verdienen ebenfalls Anerkennung dafür, dass die Unternehmung vor allem von ihnen angeregt worden war.

* Übersetzung aus dem Englischen: Claudia Curio

Diese Abhandlung wird deshalb, statt die Organisationsgeschichte der Kindertransporte zu untersuchen,[3] die unentbehrliche Arbeit einiger typischer Frauenpersönlichkeiten hinter den Kulissen hervorheben. Die meisten Frauen, die mithalfen, blieben jedoch namenlos, während andere zu ihrer Zeit bekannt waren, aber nun weitgehend vergessen sind.

Die Politikerin

Eleanor Rathbone, parteilose Unterhausabgeordnete für die *Combined Universities*[4], spielte zwischen 1933 und 1945 eine indirekte, aber zentrale Rolle als unermüdliche Fürsprecherin aller verfolgten Flüchtlinge und solcher, die auf ihre Aufnahme als Flüchtlinge warteten. Wieder und wieder trat sie im Parlament für eine freizügigere Asylpolitik ein und griff die britische Regierung wegen ihrer Obstruktionspolitik, ihres Geizes und ihrer tödlichen Verzögerungstaktiken an. Bereits 1933 für die deutschen Opfer von politischer und rassistischer Nazityrannei engagiert, verfocht sie später die Sache der vor Franco geflohenen baskischen Flüchtlingskinder, der kommunistischen und sozialistischen Sudetendeutschen und Tschechen, um sich dann schließlich erneut der Hilfe für die zunehmende Zahl deutscher und österreichischer jüdischer Flüchtlinge zuzuwenden. Nach der »Kristallnacht« begründete sie das *Parliamentary Committee for Refugees* mit und unterstützte den *German Jewish Aid Fund.*

Sie hielt Universitätsvorlesungen über die britische Flüchtlingspolitik und veröffentlichte am 15. April 1939 ihre »persönliche Sicht des Flüchtlingsproblems« in *The New Statesman and Nation*: »Nie war ich mit einer herzzerreißenderen Angelegenheit als dem Flüchtlingsproblem befasst. Es ist ganz so, als stünde man Stunde für Stunde, Tag für Tag, mit einer kleinen Gruppe Menschen vor einer Barriere, hinter der unzählige Männer, Frauen und Kinder ganz bewusst zugefügte physische und mentale Qualen aller Art über sich ergehen lassen müssen. Wir feilen an dieser Sperre mit unseren kleinen Werkzeugen. Ein paar Opfer werden mühsam, eines nach dem anderen, durch Schlupflöcher (auf unsere Seite) gezerrt.« Die Regierung trage im Parlament stets nur die Hinderungsgründe vor: die Angst, Antisemitismus oder den Neid der Arbeitslosen zu erregen, oder die Befürchtung, andere Nationen könnten sich ermuntert fühlen, ihre Juden in Großbritannien abzuladen. Die Minister sollten wissen, dass die freiwilligen Organisationen mit der Last, die ihren Mitarbeitern aufgebürdet ist, überfordert seien. »Überfüllte Dienststellen mit zu wenigen Telefonen und Mitarbeitern haben den Effekt, dass die Helfer absurd lange Stunden arbeiten. Ruft man eine der Hauptfiguren so gegen neun Uhr morgens an, so wird man feststellen, dass sie (und gewöhnlich ist es eine »Sie«), bereits in ihr Büro gegangen ist. Ruft man noch einmal um elf Uhr nachts an, wird sie noch nicht wieder nach Hause gekommen sein. Schlimmer als die Überarbeitung muss für die Sensibleren das Wissen sein, dass die unter solchen Umständen unvermeidlichen wochenlangen Verzögerungen oder (im organisatorischen Chaos) fehlgeleitete Briefe schon oft dazu geführt haben, dass ein Opfer … in den Suizid getrieben wurde, oder von der Gestapo gefasst, oder in Dachau ist und dort die verfeinerten Foltern dieser Hölle ertragen muss, oder unauffindbar und vermutlich ins Versteck gegangen ist.«

Als 1940 die Internierung eingeführt wurde, protestierte Eleanor Rathbone gegen die Kategorisierung von Naziflüchtlingen – darunter auch die mit den Kindertransporten eingereisten Jugendlichen – als *Enemy Aliens* und arbeitete Tag und Nacht für ihre Entlassung. »Sie ging Einzelfällen nach, trat Komitees bei, entwarf Memoranda, formulierte Parlamentsanfragen, schrieb Briefe an die Presse, suchte Regierungsstellen auf, besuchte Gefängnisse und Internierungslager.«[5]

Bereits 1942 brachte Eleanor Rathbone im Unterhaus den Holocaust zur Sprache. Später beteiligte sie sich an der Gründung des *National Committee for Rescue from Nazi Terror*, warb für eine größere britische Unterstützung neutraler Länder bei der Aufnahme von Flüchtlingen. Eine ihrer eindringlichsten Reden hielt sie am 14. Dezember 1943: »Es gibt viele, die wie ich Tag und Nacht über diese schreckliche Frage nachdenken. Die ganze Zeit ist sie in unserem Bewusstsein, und wir sind nicht überzeugt davon, dass alles Mögliche für die Rettung getan worden ist. […] Visa werden nur überaus widerwillig und selten bewilligt.«[6]

1944 publizierte sie *Falsehoods and Facts about the Jews*,[7] um gegen die antisemitische Propaganda vorzugehen. Sie tat alles in ihrer Macht Stehende, um die britische Öffentlichkeit und die Regierung davon zu überzeugen, dass es unerlässlich war, den Gehetzten zu Hilfe zu kommen. Bekannt als »*M. P.* für Flüchtlinge«,[8] hatte sie unschätzbaren Einfluss.

Die engagierte Quäkerin

Bertha Bracey war nur eine von vielen britischen Quäkerinnen und Quäkern, die nach dem Ersten Weltkrieg ihre Pflicht darin gesehen hatten, im besiegten, hungernden Deutschland für Versöhnung und Wiederaufbau zu arbeiten. Wegen ihrer guten Deutschkenntnisse und der Jahre in Deutschland war sie für den Posten der Sekretärin des *Friends German Emergency Committee* prädestiniert, das 1933 in Großbritannien gegründet worden war, um verfolgten Opfern des Nazismus die Flucht zu ermöglichen.

1936 sprach Bertha Bracey beim *Meeting for Sufferings*, dem Jahrestreffen der britischen Quäker, über den dringenden Bedarf an zusätzlichen Geldmitteln, um mehr »Nicht-Ariern« die Flucht ermöglichen zu können. Als Sekretärin des *Friends Committee on Refugees and Aliens* stand sie einem Mitarbeiterstab von achtzig ehrenamtlichen, meist weiblichen Helfern vor, die bis 1938 die Akten von vierzehntausend Fällen aus Deutschland, Österreich und der Tschechoslowakei durcharbeiteten. Die Treppenaufgänge im *Friends House* und später im *Bloomsbury House* in London »waren verstopft mit Schlangen von Leuten, die bei Bertha Bracey und ihren Mitarbeitern vorsprechen wollten«.[9]

Nach der »Kristallnacht« fragte Wilfried Israel, der von Bertha Braceys Tätigkeit im Nürnberg der zwanziger Jahre gehört hatte, ob sie mit einer Quäkerdelegation nach Berlin reisen würde, um der britischen Regierung Bericht über die verzweifelte Lage junger Juden in Deutschland zu erstatten. Es galt als zu gefährlich für britische Juden, nach Deutschland zu fahren oder Kontakt mit deutschen Quäkern aufzunehmen. Nach ihrer Rückkehr gehörten sie und ein anderer Quäker, Ben Greene, zu einer Delegation, die am 21. November 1938 den Innenminister Sir Samuel Hoare gegen den Willen des Premierministers überzeugte, »erleichterte Einreise für alle Kinderflüchtlinge, deren Unterhalt entweder durch eigene Mittel oder durch andere Personen garantiert werden kann«, zu genehmigen.[10] Die Operation Kindertransport konnte beginnen.

Gleich von Anfang an waren in deutschen Städten und in Wien Quäker beteiligt: »Von all den herzzerreißenden Erfahrungen, die man gemacht hat«, schrieb die Quäkerin Ethel Houghton aus Wien, »war vielleicht die bewegendste jene, die Abfahrt des Kinderzuges zu beobachten, wenn man zwischen den Eltern stand, die ihre Kinder in Sicherheit schickten, wissend, dass sie sie wahrscheinlich nie wieder sehen würden. [...] Als die Eltern schweigend auseinander gingen, nachdem der Zug den Bahnhof verlassen hatte, wurde die Szenerie umso mitleiderregender.«[11]

Als 1940 die Internierung von *Enemy Aliens* begann, wurde Bertha Bracey die Vorsitzende *des Central Department for Interned Refugees* und hatte viele harte Auseinandersetzungen mit dem Chef des Militärnachrichtendienstes wegen der Bürgerrechte der *Enemy Aliens.*[12] So wie Eleanor Rathbone besuchte sie persönlich das Frauenlager auf der Isle of Man und brachte die Behörden dazu, die Bedingungen dort zu verbessern. Bertha Braceys letzte große Intervention kam 1945, als sie von 300 überlebenden Kindern in Theresienstadt erfuhr. Sie ging ins Kriegsministerium und brachte die Verantwortlichen dazu, Bombenvorrichtungen aus zehn britischen Bombern zu entfernen. Mit diesen Maschinen wurden die Kinder in ein Aufnahmelager am *Lake Windermere* ausgeflogen, wo sie endlich die Pflege erhielten, derer sie dringend bedurften. Danach kehrte sie zurück ins besiegte, hungernde Deutschland, um ein weiteres Mal für Versöhnung und Wiederaufbau zu arbeiten. Ihr Name ist in die von der israelischen Gedenkstätte Yad Vashem geführte Liste der »Gerechten unter den Völkern« aufgenommen worden.[13]

Die Grande Dame

Eva Marchioness of Reading, geborene Mond, war die vermögende Schwiegertochter eines früheren *Viceroy* von Indien[14] und in der Tradition der *noblesse oblige* erzogen worden. In den dreißiger Jahren zählte die Unterstützung von Mutterschafts- und Kinderfürsorge und Kindertagesheimen zu ihren wohltätigen Initiativen sowie, nach ihrer Rückkehr zum Judentum, das Eintreten für einen militanten Zionismus. Bis 1942, als sie als Regionalbeirätin des Gesundheitsministeriums nach Birmingham versetzt wurde, war sie stellvertretende Vorsitzende des *Refugee Children's Movement*. In den frühen Tagen der Organisation war sie eine zentrale Figur, und sie drängte viele Töchter ihrer Freunde, die nie zuvor mit Kindern zu tun gehabt hatten, zur ehrenamtlichen Arbeit für die Flüchtlingskinder.

»Selbstverständlich machten wir Fehler, und wir bekamen dafür die angemessene Kritik«, erinnerte sie sich. »Wir begannen mit einem behelfsmäßigen Büro, saßen auf Umzugskartons, suchten die Kinder aus, die herüberkommen sollten und versuchten, passende Unterkünfte für sie zu finden. Ich war erstaunt über die Reaktion und Großzügigkeit aller Klassen und Konfessionen in Großbritannien. Wir hatten Angebote von Taxifahrern, Geistlichen, von Privatschulen und Vorschulen, nur nicht von jüdischen Familien. Eines unserer Hauptprobleme war, ob wir nichtjüdische Angebote für diese Kinder annehmen sollten. Ich ... dachte, dass jede Hilfe willkommen sei ... Im *Bloomsbury House* richteten wir Abteilungen für die Registrierung, Unterbringung und Schulausbildung der Flüchtlingskinder ein. Wir machten Pläne für die Berufsausbildung der älteren Kinder, denen wir auch Jobs besorgten.«[15] Lady Reading war bekannt dafür, dass sie die Kinder aus Prinzip nicht zu gut behandeln wollte. Sie war überzeugt davon, dass die Flüchtlingskinder einer schwierigen Zukunft entgegenblickten und dass es am besten wäre, sie sofort an Entbehrungen zu gewöhnen. »Sie lehnte sogar ein Angebot von Seiten der Regierung ab, die Kinder mit zusätzlichen Bekleidungsmarken auszustatten, mit dem Argument, gebrauchte Kleidung sei gut genug für ihre Flüchtlinge.«[16] Sie waren »ihre« Flüchtlinge, und als Flüchtlinge hatten sie außerdem *per definitionem* zur Unterschicht zu gehören, mittellos und abhängig von anderer Leute Wohltätigkeit zu sein.

Die Pädagogin

Anna Essinger war in Ulm geboren worden, hatte aber in den Vereinigten Staaten ihre Ausbildung erhalten und war dann nach Deutschland zurückgekehrt. Sie war eine große und eindrucksvolle Frau, streng, aber Kindern zugetan, eine Freidenkerin und Anti-Nationalistin, Nicht-Zionistin mit vielen jüdischen Schülern in ihrer progressiven, 1925 gegründeten Schule in Herrlingen bei Ulm. Ihre Schüler wurden angehalten, unabhängig zu denken, sich auf sich selbst zu verlassen und kooperativ, kreativ und praktisch zu sein. Nach der Übersiedlung der Schule nach *Bunce Court*, Kent, wurde sie zu einem Zufluchtsort für gefährdete Kinder, die dort auf die Wiedervereinigung mit ihren Eltern warten konnten. Es sei nicht einfach gewesen, geeignete englische Mitarbeiter zu finden, die verständnisvoll genug waren, um auch auf die menschlichen Probleme der Kinder einzugehen, schrieb Anna Essinger später. Denn »1933 schien niemand um uns herum zu verstehen, warum wir mit all diesen Kindern fortgegangen waren«.[17]

Unter den Schülern herrschte ein ständiges Kommen und Gehen. Zwischen Oktober 1933 und Dezember 1938 kamen 319 Kinder an die Schule, und 195 Kinder verließen sie. 1939 kamen 126 neue Schüler, 104 Schüler gingen von der Schule ab, die auch vorübergehende Unterkunft für viele Flüchtlingskinder bot, die auf Dauer eher eine Pflegefamilie benötigten. Nur einer ganz auf ihre Arbeit konzentrierten Pädagogin konnte es gelingen, unter solchen Bedingungen eine lebensfähige Schule zu führen. Obwohl sie 1939 bereits 60 Jahre alt war, wandte sich das *Refugee Children's Movement* an sie, als die alarmierenden Bedingungen der gerade im eiskalten Dovercourt angekommenen eintausend Flüchtlingskinder sofortiges Handeln erforderten. Zusammen mit fünf ihrer Lehrer und zehn älteren Schülern sowie eilig rekrutierten Freiwilligen bemühte sie sich um annehmbarere äußere Bedingungen, außerdem um mehr erzieherische Anregungen und eine sinnvollere Organisation für die Kinder.

»Niemand von uns wird je jene herzzerreißenden Tage und Wochen dort vergessen. Tausende von Kindern waren gerettet, aber die Arrangements für sie waren zwangsläufig in Eile gemacht worden, und wahrscheinlich ließen sich schwere Fehler nicht vermeiden. Niemand von uns kannte die Kinder, in vielen Fällen waren uns nicht einmal die einfachsten Fakten über ihren Hintergrund bekannt, und kaum jemand kannte die Familien, die anboten, die Kinder in ihren Häusern aufzunehmen.«[18] Anna Essinger stellte sich erbittert gegen den »Sonntagsviehmarkt«, wenn potenzielle Pflegeeltern sich die noch nicht vermittelten Mädchen und Jungen nach der äußeren Erscheinung aussuchten, allzu viele Kinder in dem Wissen zurücklassend, dass sie – wieder einmal – abgelehnt worden waren. Anna Essinger wirkte daran mit, dass das Verfahren bald dahingehend geändert wurde, dass die Kinder ohne vorherige Begutachtung an Pflegefamilien vermittelt wurden.

Sie selbst wählte für *Bunce Court* Kinder aus, die ihrer Meinung nach am meisten von ihrer Schule profitieren würden, entweder weil sie – wie etwa der spätere Immunologe Leslie Brent und der zukünftige Maler

Frank Helmut Auerbach – begabt waren, oder weil sie aus einer ungünstigen Pflegefamilie weggeholt werden mussten. Die Schule überstand sowohl die Internierung einiger ihrer Lehrer als auch ihre Evakuierung ins ländliche Shropshire. Es war ebenso eine Ersatzfamilie wie auch eine Institution, die für ein hohes Maß an Selbstverwirklichung eintrat. »Wir waren von Anfang an überzeugt, dass Wärme und ein Gefühl von Sicherheit für das Aufwachsen dieser entwurzelten Kinder grundlegend waren.« Die Kinder sollten erkennen, dass sich trotz allem, was geschehen war, die menschlichen Werte nicht geändert hatten. Man wollte »sie lehren, zusammen zu leben, zusammen zu planen, und Dinge zusammen zu unternehmen; alle Aspekte ihres Menschseins zu entwickeln, egal wie verschieden die Kinder waren«, und ihnen das Gefühl geben, dass sie gebraucht würden.[19]

»Ich erkannte die Bunce-Court-Kinder, sobald sie mein Büro betraten. Sie waren selbstsicher, konnten sich gut ausdrücken, und sie waren höflich. Die meisten der Kindertransport-Kinder waren ängstlich und sprachen leise und undeutlich in ihrem Bemühen, niemandem zu nahe zu treten«, schrieb Veronica Gillespie, die damals im *Bloomsbury House* arbeitete, Jahrzehnte später.[20]

Einige Getreue im Hinterland

Aus verschiedenen Gründen – wegen der Regierungspolitik, die eine Verteilung der Flüchtlingskinder über das Land favorisierte, wegen der kriegsbedingten Evakuierung von Kindern aus den Städten und aufgrund der deutschen Luftangriffe auf London und der Furcht vor einer Invasion der Nazis – wurde bald entschieden, die Arbeit des *Refugee Children's Movement* zu dezentralisieren.

Zwölf Regionalkomitees mit einer beeindruckend langen Liste von administrativen Zuständigkeiten – inklusive Verbindungsarbeit mit 125 Lokalkomitees und diversen sozialen Einrichtungen – wurden ernannt. Die Regionalkomitees hatten eine Akte für jedes Kindertransport-Kind in ihrer Region zu führen und waren für sein Wohlergehen verantwortlich.

Mit den Lokalkomitees mussten Arrangements für die Betreuung der Kinder nach ihrer Unterbringung organisiert werden, was Hausbesuche in *Hostels* und bei Pflegefamilien durch Mitarbeiter der Lokalkomitees ebenso einschloss wie Ausbildungsberatung, Hilfe bei der Arbeitssuche und die Sorge für die religiöse Unterweisung der Kinder. Alle sechs Monate wollte das Verbindungsbüro in London einen Bericht über jedes Kind erhalten, das Hauptquartier im *Bloomsbury House* musste von Fällen unterrichtet werden, in denen juristische Schritte erforderlich waren, ebenso von ungenutzten Pflegeangeboten und von Arbeitsmöglichkeiten für die Jugendlichen.

Es gab oft deutliche Überschneidungen zwischen den Mitgliedschaften in den regionalen und in den Lokalkomitees, die ja alle sehr rasch eingerichtet worden waren und oft auf den existierenden Netzwerken jüdischer oder Quäkerfrauen aufbauten, die sich bereits vorher der Flüchtlingssache angenommen hatten. »Am 25. November beschlossen Mrs. Amery und ich, in Bath ein Kinderflüchtlingskomitee einzurichten. Die Reaktion war so prompt, dass am 28. November das Komitee vollständig war. [...] Ich hoffe, andere Städte werden dem Beispiel von Bath folgen. [...] Der Bedarf ist dringend«, hieß es in einem Leserbrief in *The Times* vom 3. Dezember 1938, verfasst von einer Miss Mary M. Adamson.

Greta Burkill war in Cambridge bereits seit den frühen dreißiger Jahren als Ein-Frau-Rettungsunternehmen für junge Juden aus Nazideutschland aktiv gewesen. Diese in Deutschland geborene und aufgewachsene Tochter eines linken Journalisten war mit einem Cambridger Universitätsdozenten verheiratet. Nicht nur, dass sie zwei Flüchtlingsjungen in ihre eigene Familie aufnahm, sie besorgte auch jüdischen Jungen Hilfsjobs in der Universität, damit sie ein Visum erhielten. Um zu verhindern, dass das unsägliche Konzept einer »rassischen Säuberung« das Potenzial begabter junger Menschen zunichte machte, hielt Greta Burkill »ihre« jungen Flüchtlinge dazu an, nach der täglichen Arbeit ein Abendstudium zu absolvieren. Währenddessen schlug sie selbst sich mit Collegeschatzmeistern, lokalen Ausbildungskomitees, dem Erziehungsministerium und dem Internationalen Studentendienst herum, um geeigneten Kandidaten eine Finanzierung des Studiums zu verschaffen. Dutzende ihrer Schützlinge wurden später herausragende Vertreter ihrer Fachrichtungen. Nachdem sie Vorsitzende des Flüchtlingskinderkomitees für Cambridgeshire geworden war, das seinen Sitz im Haus der Quäkerin Hilda Sturge hatte, trug Greta Burkill die Verantwortung für ganz East Anglia und musste achthundert junge Leute betreuen – zu Zeiten der Massenevakuierungen gar zweitausend. Für viele von ihnen sorgte sie bis ins Jahr 1947. Dass jedes dieser Kinder für sie einzigartig und kostbar war, kann man aus ihrem vom 13. Januar 1947 datierten Brief an die Cousine des kleinen Siegmar Koppold in den USA ablesen, die für den Jungen in ihrer Nähe eine neue, wohlhabende Pflegefamilie gefunden hatte:

»Liebe Vera!

Vielen Dank für deinen Brief vom 17. Dezember. Ich verstehe ja, dass du drauf erpicht bist, Siegmar bei Dir in Amerika zu haben; aber Du musst natürlich verstehen, dass die Trennung für Miss Mansfield und für Siegmar wirklich sehr hart sein wird. Ich glaube nicht, dass Miss Mansfield eine so alte Dame ist, wie du glaubst, aber ich erinnere mich, dass mir in deinem Alter jeder über 35 uralt erschien. Wie Du weißt, hat Miss Mansfield kein leichtes Leben hinter sich, und Siegmar bedeutet ihr schrecklich viel. Ich glaube, du und die Pflegeeltern, die du für Siegmar gefunden hast, müsst all das verstehen, und ihr müsst einen Schritt auf Miss Mansfield zugehen und ihr helfen, diesen großen Schmerz und Kummer zu überwinden, ihr das Gefühl geben, dass Siegmar zu Leuten kommt, die ihn ebenso lieben werden, wie sie ihn liebt, und die sich sowohl physisch als auch emotional genauso um ihn kümmern werden, wie sie es in Cambridge getan hat. Ich wäre deshalb sehr dankbar, wenn du die Pflegeeltern fragen würdest, ob sie persönlich an Miss Mansfield schreiben und ihr beschreiben, welche Art Zuhause und was für ein Leben sie Siegmar bieten können. Natürlich weißt Du, dass er ein sehr intelligentes und sehr sensibles Kind ist, und dass er großes Verständnis braucht. Ich würde sehr gern meine Cousine, Miss Herta Vogelstein, 527 Riverside Drive, New York 27, zu Besuch zu deinen Freunden schicken und mir dann von ihr einen persönlichen Bericht über ihre Eindrücke geben lassen. [...] Es wäre nicht nur für Miss Mansfield, sondern auch für mich eine große Beruhigung, wenn du mit diesen Leuten vereinbaren könntest, dass meine Cousine sie besuchen und mit ihnen reden kann. Was mir bei der ganzen Angelegenheit Sorge bereitet, ist, dass wir nicht eine Zeile von Paula erhalten haben, seit sie nach Detroit gegangen ist. Schließlich ist sie verantwortlich für die Koppold-Kinder, und sie hat uns nicht geschrieben, um mitzuteilen, was sie über Deine Pläne denkt. Ich bin mir sicher, dass sie sie gutheißt, aber ich denke ein-

fach, dass wir für die Kinder so lange verantwortlich sind, wie sie von den Eltern in die Obhut des *Movement*[21] gegeben wurden, und wir dachten immer, dass Paula die Älteste von euch allen ist und außerdem diejenige, die das engste Verhältnis zu den drei Koppold-Kindern hat. Dieser Brief soll nicht barsch klingen, Vera, aber Du weißt ganz genau, dass ich seit September 1939 für die Koppold-Kinder gesorgt habe, und ich möchte wirklich ganz sicher sein, dass aus ihnen glückliche und zufriedene Menschen mit einer guten Zukunft werden. Ich weiß, dass Du dasselbe möchtest, aber ich will so sicher wie nur möglich gehen, dass keine Fehler gemacht werden, und wie Du weißt, bin ich zufälligerweise eine ›sehr alte Dame‹!
Viele freundliche Grüsse,
Greta Burkill.«[22]

Ehrenamtliche Sekretärin des Lokalkomitees für Reading und Umgebung war die sechzigjährige Englischprofessorin Edith Morley, *J. P.*,[23] eine jüdische, aber agnostische Feministin, Spezialistin für die Tagebücher des Henry Crabbe Robinson aus dem 19. Jahrhundert. Sie half nicht nur beim Finden neuer Zuhause für Flüchtlingskinder, sondern engagierte sich auch in endlosen Komiteesitzungen, bewältigte riesige Postberge, interviewte hunderte in Bedrängnis befindliche Menschen und meldete sich freiwillig, um bei Tribunalen gegen *Enemy Aliens* zugunsten zahlreicher erwachsener Hitlerflüchtlinge auszusagen.[24] »(Acht) Jahre Arbeit für ihre Sache haben meinen Respekt für die menschliche Natur wachsen lassen. Ich habe die Höhen gesehen, zu denen sie sich gelegentlich aufschwingen kann – trotz unbeschreiblicher spiritueller, körperlicher und materieller Leiden.«[25]
In Birmingham war Ruth Simmons der Angelpunkt der Aktivitäten. Bereits ihre Mutter Hanna, eine orthodoxe Jüdin, war in ihren Kreisen bekannt gewesen für die unermüdliche Entschlossenheit, mit der sie jüdischen Flüchtlingen in ihrem bescheidenen Haus in der Duchess Road 2 zu helfen versuchte.
Die junge Ruth Simmons studierte Modedesign in Frankreich, als sie nach der »Kristallnacht« 1938 in einer Pariser Synagoge völlig mittellose Flüchtlinge traf, die sie um Hilfe anflehten. Nach ihrer Rückkehr nach England identifizierte sie sich umso mehr mit den Bemühungen ihrer Mutter, und als diese starb, »briet am folgenden Freitag ich den

Fisch, und wir machten ohne Pause weiter.«[26] Sie war Regionalsekretärin des *Refugee Children's Movement* für die gesamten Midlands (was beispielsweise Besuche im ausgebombten Coventry mit sich brachte, um den Verbleib von dort in Pflege befindlichen oder evakuierten Kindern zu recherchieren) und machte ihr Haus zu einem geselligen, einladenden Ort für jene Mädchen, die als Haushaltssklaven ausgebeutet wurden. »Wie könnte ich je die Kälte dieser langen, gefliesten Flure vergessen, die ich schrubben musste?«, erinnerte sich eines dieser Dienstmädchen, »oder die Einsamkeit jener Tage, die ich ganz allein in diesen großen, dunklen Häusern verbrachte. Ich sehnte mich nach meinem freien Sonntag, wenn ich in die Duchess Road gehen konnte.«[27]

Die Schatzmeisterin

Die Finanzverwalterin des *Movement*, Elaine Blond, war die wohlhabende jüngste Tochter des Gründers von *Marks and Spencer*,[28] die sich als freiwillige Mitarbeiterin rund um die Uhr »für jede Aufgabe, die gerade anstand, zur Verfügung stellte, sei es der Empfang neuer Ankömmlinge am Hafenkai, sei es die Überprüfung möglicher Pflegeeltern«.[29] Anders als ihre Schwester, die führende Zionistin Becky Sieff, zog Elaine Blond individuelle Pflegestellen den kulturell einheitlichen, spartanischen *Hostels* für die Kinder vor.

»Ein Familienleben mit all seinen Wechselfällen war meiner Meinung nach die beste Vorbereitung für die Ereignisse, die nach dem Krieg kommen würden«,[30] einerlei ob dies die Wiedervereinigung mit den Eltern sein würde, die Weiteremigration in die Vereinigten Staaten, ein Leben in Palästina oder die Adoption in Großbritannien.

Elaine Blond, die keine religiöse Jüdin war, außerdem von ihrem Mann getrennt lebte und sich schließlich von ihm scheiden ließ, fand in rabbinischen Augen wohl kaum Gefallen, während aus ihrer liberalen Sicht die orthodoxen »Fanatiker« wie Rabbi Schönfeld und Harry Goodman, die forderten, dass kein jüdisches Kind in einem nichtjüdischen Haus leben sollte, »mehr Ärger bereiteten und mehr kostbare Zeit durch kleinliche Beschwerden in Anspruch nahmen als all unsere anderen Kritiker zusammen. [...] In meinen häufigen und hitzigen Diskussionen über das Thema bin ich dafür eingetreten, dass man nicht christlich sein musste, um zu sehen, dass das Bewahren der Beziehung zwischen den Pflegeeltern und den Kindern, die sie liebten, eine Frage von Gerechtigkeit und schlichter Humanität war. Die bereits ernsthaft erwogene Alternative, alle jüdischen Kinder, die sich bei Nichtjuden befanden, in eine geeignete orthodoxe Umgebung zu verbringen, hätte allen Beteiligten wehgetan und war in jeder Hinsicht undurchführbar.«[31] Sie setzte sich mit dieser Auffassung durch.

Die Hüterin des Kindeswohls

Elaine Blonds Freundin Lola Hahn-Warburg, selbst 1938 vor Hitler geflohen, war eine idealistische Zionistin, dynamisch, wohlhabend, kultiviert und Mutter zweier Kinder. Sie »wurde die amtierende Expertin für Kinder, die Konflikte mit ihren Pflegeeltern, Lehrern oder Arbeitgebern oder mit sich selbst hatten«.[32] Ohne jede professionelle Unterstützung musste sie sich mit einer großen Zahl tief traumatisierter Kinder befassen, von denen einige gar nicht erreichbar schienen, suizidal depressiv, schizophren oder gar regelrecht bedrohlich waren.

»Ein Junge von achtzehn oder neunzehn kam zu mir. Alle anderen im *Bloomsbury House* wollten ihn rauswerfen. Er war aggressiv und undiszipliniert. Als ich hinter meinem Schreibtisch saß, sprang er plötzlich auf, holte ein Messer heraus und schnitt das Telefonkabel durch. Dann öffnete er das Fenster und begann, auf den Fenstersims hinauszuklettern. Ich versuchte, ganz ruhig zu bleiben. Ich sagte zu ihm: ›Ich fühle mich sehr krank. Ich habe böse Nierenprobleme. Es ist so kalt hier drinnen, wenn das Fenster offen ist. Kommst du bitte in das Büro zurück?‹ Und er kam zurück. Wir unterhielten uns sehr lange. Schließlich überzeugte ich ihn, mit mir in ein Krankenhaus zu gehen. Ich kannte dort einen Arzt, der helfen würde, ihn in ein spezielles Heim einzuweisen. Er ließ sich von mir in meinem Auto fahren und machte keine weiteren Schwierigkeiten.«[33]

Lola Hahn-Warburg, die unermüdlich Krankenbesuche abstattete, schrieb sorgfältige Berichte über die Fortschritte jedes problematischen oder kranken Kindes. Sowohl sie als auch Elaine Blond blieben bis an ihr Lebensende in den späten achtziger Jahren aktiv in der Hilfe für jüdische Flüchtlinge. Aber ebenso groß wie die Hingabe dieser beiden Frauen an die Sache der Kinderflüchtlinge war das Engagement der herausragenden Generalsekretärin, ohne die, wie Lola Hahn-Warburg schrieb, »das *Refugee Children's Movement* niemals erfolgreich gewesen wäre«.[34]

»Unsere wirklich großartige Generalsekretärin«[35]

»Mrs. Hardisty berichtete, dass die Jungen im Lager [in Wallingford, d. V.] auf verschiedene bereits bestehende Ausbildungsorganisationen aufgeteilt wurden. [...] Mrs. Hardisty berichtete, dass sie auf Anfrage der Leiterin, Mrs. Eichholz, [das *Hostel* in] Tunbridge Wells besucht hat. Mrs. Hardisty hat Mr. Alexander Paterson, Gefängnisbeauftragter Seiner Majestät, getroffen, bevor dieser als Verbindungsoffizier der Internierungslager nach Kanada abreiste. [...] Mrs. Hardisty berichtete, dass Harry Brück, ein *Movement*-Kind, bei einem Luftangriff getötet wurde und ein Kondolenzbrief versandt worden ist. [...] Mrs. Hardisty berichtete, dass sie einer Sitzung des *Czech Trust Fund* beigewohnt hat, [...] bei der beschlossen wurde, dass für die 25 tschechischen Kinder, die mit der Jugend-*Alijah* herübergekommen sind, gezahlt werden muss. [...] Mrs. Hardisty berichtete, dass das [Oxforder] Regionalkomitee die Frage der religiösen Unterweisung der Kinder aufgebracht hat. [...] Mrs. Hardisty wurde gebeten, sich um alle angesprochenen Punkte bezüglich [der Versorgung in Gloucester] zu kümmern. [...] Mrs. Hardisty stellte die Einzelheiten des vorgeschlagenen *Habonim*-Landwirtschaftsausbildungsprogramms vor.«[36]

Wer war Mrs. Hardisty? Absolventin der Universität von Manchester und ursprünglich zur Lehrerin ausgebildet, war Dorothy Hardisty eine hochintelligente, kürzlich verwitwete Angestellte von 60 Jahren, die auf jahrelange Erfahrung im Arbeitsministerium, speziell in der Arbeitsvermittlung für Jugendliche, zurückblicken konnte. Nun musste sie für ein kleines Gehalt Vollzeit arbeiten, um das Medizinstudium ihres Stiefsohns zu finanzieren. Ihre Leidenschaft waren Kinder. Die jungen Flüchtlinge waren für sie »unsere Kinder«, für welche das *Refugee Children's Movement* für die Dauer des Krieges quasi elterliche Verantwortung trug.[37] »Dorothy Hardisty war wie eine gute Schulleiterin, streng, aber gütig. Sie hatte ein erstaunliches Gedächtnis für Namen und Gesichter.«[38] Ihr war vollkommen bewusst, was all diese Kinder vor ihrer Ankunft in England erlitten hatten:

»Die Kinder waren über einen langen Zeitraum und in zunehmendem Ausmaß schlimmen körperlichen und seelischen Leiden ausgesetzt gewesen, so dass sie eigentlich keine Kindheit gehabt hatten. Sie waren frühreif, manchmal furchtbar erfahren, in jedem Fall mit Problemen belastet und verstört. Nicht nur, dass sie plötzlich von den Leuten, die sie liebten und denen sie vertrauten, und von den bekannten Orten getrennt wurden. Diesen Schicksalsschlägen waren bereits lange Phasen des Unglücks und der Furcht vorausgegangen.«[39]

Deshalb achtete Dorothy Hardisty darauf, dass die Richtlinien für die Regional- und Bezirkskomitees bezüglich der Behandlung der Kinder in Pflegefamilien und *Hostels* größtmögliches Verständnis für die Perspektive der unglücklichen Kinder zeigten.

»Es kann nicht genug betont werden, dass Bettnässen, Kleindiebstahl, Lügen und ähnliche Anzeichen eines instabilen Charakters manchmal Symptome einer tief sitzenden nervösen Verstörtheit sind und deshalb nicht einfach abgetan oder mit Strafmaßnahmen behandelt werden sollten. Die meisten Flüchtlingskinder haben solchen physischen und seelischen Stress hinter sich, dass es kaum verwundert, wenn sie sich in ihrer veränderten Umwelt verwirrt und unsicher fühlen. [...] Oft rührt ihre emotionale Verstörtheit auch von der Sorge um das Schicksal ihrer Eltern in Nazideutschland her. Diese Kinder werden Problemkinder, die Freundlichkeit und Geduld brauchen und verdienen, um ihre Schwierigkeiten zu überwinden.«[40]

Mrs. Hardisty führte über jedes Kind eine Akte und wollte, dass das *RCM* »Führer, Philosoph und Freund«[41] der Kinder sein sollte, sie beriet sie über ihre Ausbildungschancen und Arbeitsmöglichkeiten ebenso wie sie mit ihnen über persönliche Probleme sprach und sie bei Ärger mit den Behörden unterstützte. Sie setzte sich für die Entlassung junger Internierter ein, protestierte gegen angedrohte Verschickung, ging sogar vor Gericht, wenn sie bereits arrestiert worden waren.[42] Zusammen mit Lord Gorell, dem liberalen und menschlichen Vorsitzenden des *Refugee Children's Movement*, musste Mrs. Hardisty über Jahre hinweg Attacken der *Orthodox Hebrew Congregation* über sich ergehen lassen, die sie beschuldigte, die Kinder durch die Platzierung in nichtjüdischen Haushalten vorsätzlich dem orthodoxen Judentum zu entfremden.

In Anbetracht des Mangels an Unterkunftsangeboten von orthodoxen Haushalten für den riesigen Bedarf an Pflegestellen, durch das Erfordernis der Evakuierung in entlegene ländliche Gebiete ohne jüdische Bevölkerung und angesichts der tiefen Gespaltenheit der jüdischen Gemeinde – in England ebenso wie in Deutschland – in Ultra-Orthodoxe, Orthodoxe, Liberale und Reformierte, Zionisten und Anti-Zionisten sowie atheistische Juden erschien es dem *Movement* als Ganzem, nicht nur Elaine Blond, unmöglich, Harry Goodman oder Rabbi Schönfeld oder selbst den Oberrabbiner als Vertreter für alle jüdischen Kinder in der Obhut der Organisation zu akzeptieren.

Zur selben Zeit mussten die üblichen Attacken von mitleidlosen britischen Nichtjuden wegen der angeblichen Vorteile, die den Flüchtlingskindern im Vergleich zu arbeitslosen britischen Jugendlichen gewährt wurden, abgeschmettert werden.

Nach außen hin blieb Mrs. Hardisty gelassen, ließ sich nicht aus der Ruhe bringen und begegnete den rohen Gefühlen um sie herum mit Respekt und Feingefühl, bestand jedoch immer darauf, dass das Grundbedürfnis der jungen Leute nach Sicherheit und ihre eigenen Wünsche bezüglich ihrer Unterbringung ernst genommen werden müssten. Innerlich jedoch war sie verletzt: »Für mich war es eine schwierige Woche im Büro, denn die wilden Männer haben das *Movement* heftig angegriffen – bei Sitzungen und in der *Jewish Chronicle*. Moral und Wahrheit scheinen nicht viel zu zählen. Schläge unter die Gürtellinie. Aber wir sollten nicht zu besorgt sein über die Clique – denn ich bin mir sicher, um eine solche handelt es sich. [...] Wir begegneten den Attacken mit der Veröffentlichung von Mrs. Bendits *Great Adventure*[43] und die Aufnahme zeigte, dass das *Movement* viele Freunde hat«, schrieb sie 1944.[44]

Dorothy Hardisty stand bis zur Auflösung des *RCM* 1948 standhaft und aufopfernd in seinen Diensten. Vierzig Jahre später, lange nachdem sie sich von ihrer Arbeit für das *Refugee Children's Movement* zurückgezogen hatte, schrieb Lola Hahn-Warburg diese anerkennenden Worte über sie: »Ich habe Ihre Mutter so lebendig vor Augen, ihren klaren Verstand, ihre systematische Arbeit, ihre feste, aber sanfte Führung, anscheinend durch keines der vielen Probleme, die wir an sie herantrugen, zu erschüttern. Sie schuf eine einzigartige Harmonie zwischen uns allen in den verschiedenen Abteilungen. Wir alle hatten Achtung vor ihr – was man von wenigen Menschen sagen kann – aber ich liebte sie auch.«[45]

Pflegemütter – ein Glücksspiel

Every night and every morn
Some to misery are born.
Every morn and every night
Some are born to sweet delight.
Some are born to sweet delight
Some are born to endless night.

William Blake,
Auguries of Innocence

Auf kaum etwas trifft dies wohl mehr zu als auf die zufälligen, laienhaften und übereilten Unterbringungen durch das *Refugee Children's Movement*. Manche Pflegemütter waren wie die böse Stiefmutter im Märchen, andere waren wunderbar: humorvoll, liebevoll, aber trotzdem nicht das Unmögliche an emotionaler Zuwendung von den Kindern fordernd. Einige Pflegemütter, wie *Aunty* Vera von Bertha Leverton und ihren Geschwistern, waren elende Ausbeuterinnen und Tyranninnen. »Oft waren Inges kleine Arme voller blauer Flecke, weil *Aunty* sie aus nichtigen Anlässen gekniffen hatte. [...] Ich wurde zum Arbeiten in eine nahe gelegene Baumwollmühle geschickt und machte nachts und am Wochenende die Hausarbeit. [...] Ich hatte keine Schuhe, nur Holzpantoffeln. [...] Es gab Zeiten, da rebellierten wir und taten unerhörte Dinge, fragten etwa nach unseren Süßigkeitenmarken. Dann hatte *Aunty* einen ›Schwächeanfall‹ und beschuldigte uns, ihre Gesundheit zu ruinieren und undankbar zu sein.«[46]

Viel zu oft wurden Flüchtlingsmädchen oder -jungen als Kulis für den Haushalt benutzt, was ein Grund dafür sein mag, warum die Zuständigen für die Auswahl der Pflegestellen hoffnungsvoll fragten, ob es im Haus bereits ein Dienstmädchen gab.

Eine herzerwärmende Geschichte ist dagegen die von der Pflegemutter Miss Harder, einer verarmten Tabakhändlerin, die an Tuberkulose starb

und im wahrsten Sinne des Wortes bis zu ihrem letzten Atemzug drei kleinen Flüchtlingsschwestern beistand.[47] Und über Miss Mansfield, deren Pein über den Verlust des elfjährigen Siegmar Greta Burkill so in Sorge versetzt hatte, berichtete Siegmar später:
»Ich schiffte mich am 22. Mai 1948 nach Amerika ein. [...] Das Mansfield-Haus, wo ich gelebt hatte, zu verlassen, war ein ziemlicher emotionaler Schlag für mich. [...] Es war keine leichte Sache, England zu verlassen. In Cambridge hatte ich die Pfadfinder, das Zelten, ein Zuhause und die Schule. Die Pfadfinder richteten eine Abschiedsparty für mich aus. Über das Ereignis wurde in der Cambridger Lokalzeitung berichtet. Mit so viel Aufwand um meine Person fühlte ich mich wie eine Berühmtheit. [...] Obwohl ich in dem bescheidenen Lebensstil in der Eden Street, Cambridge, nie verwöhnt worden war, gab es in den letzten Wochen einige Freiheiten. Tante Elsie machte mit mir Ausflüge zum Buchladen von W. Heffer und Söhne, so dass ich meiner Sammlung *Natural History* hinzufügen konnte. Die Silbers [Siegmars spätere Pflegeeltern in den USA, d. V.] waren irritiert, als ich in Amerika mit sehr wenig Kleidung und einer ›Tonne‹ Bücher ankam. *Aunty* plünderte die knappe Haushaltskasse (sie war Putzfrau und unverheiratet), um mich in den *Red Lion Tearoom* auszuführen. Bevor ich aus Cambridge wegging, brachte Len [ihr Bruder, d. V.], der Butler im *Trinity Hall College* war, aus seiner Vorratskammer Eiscreme und sogar eine oder zwei Orangen mit. Dies waren einfache Äußerungen tiefer Bindung. [...] Die Zeit des Abschieds von Cambridge kam, alle brachten mich zum Bahnhof und *Aunt* Elsie kam bis nach London mit. Dort gab es dann *Madame Tussaud's*, das Britische Museum und das Viktoria-und-Albert-Museum. Dann kam Southampton und die ›Queen Elizabeth‹ (erster Klasse).«[48]
Miss Mansfield hat es wohl das Herz gebrochen.

Anmerkungen

1 Barry Turner, ... and the Policeman smiled, London 1990, S. 72.
2 Lawrence Darton, An Account of the work of the Friends Committee for Refugees and Aliens, first known as the Germany Emergency Committee of the Society of Friends 1933–50, Issued by the Friends Committee for Refugees and Aliens 1954, S. 60 (einsehbar in der Wiener Library, London).
3 Vgl. hierzu Amy Zahl Gottlieb, Men of Vision. Anglo-Jewry's aid to victims of

the Nazi regime 1933–45, London 1998, und Mary Ford, The arrival of Jewish refugee children in England 1938–39, in: Journal of Immigrants and Minorities, 2 (1983), S. 137–151.

4 Seit 1918 entsandten die Universitäten von Bristol, Birmingham, Durham, Manchester, Leeds, Liverpool und Sheffield (Combined Universities) gemeinsam zwei Abgeordnete ins Unterhaus.

5 Siehe Mary Stocks, Eleanor Rathbone. A Biography, London 1949, S. 282–288, und für ein Beispiel ihres Umgangs mit einen Flüchtlingskind: Bertha Leverton/Shmuel Lowensohn (Hg.), I came alone. The story of the Kindertransports, Sussex 1990, S. 185.

6 Siehe Hansard, House of Commons Daily Debates, 14. Dezember 1943.

7 Eleanor Rathbone, Falsehoods and Facts about the Jews, London 1944.

8 Member of Parliament (Unterhausabgeordnete).

9 Alex Bryan, Berta L. Bracey: friend of the oppressed, in: Friends Quarterly, Januar 1991, S. 233–239, zitiert in: Sybil Oldfield, Women Humanitarians. A Biographical Dictionary of British Women Active between 1900 and 1950, London/New York 2001, S. 27 f.

10 Siehe Hansard, House of Commons Daily Debates, 21. November 1938, für die Rede Sir Samuel Hoares im Unterhaus über »Rassische, religiöse und politische Minderheiten«. Zur Delegation gehörten außerdem Viscount Samuel, Norman und Helen Bentwich und Sir Wyndham Deedes.

11 Darton, Account, S. 51.

12 Oldfield, Women, S. 28, zitiert nach Brenda Bailey, Bertha Bracey, in: The Friend, 27. 1. 1989, S. 103 f.

13 Jewish Chronicle, 10. 2. 1989, S. 14.

14 Statthalter der Britischen Krone im kolonialen Indien.

15 Eva Marchioness of Reading, For the Record, London 1973, S. 166.

16 Turner, Policeman, S. 121.

17 Anna Essinger, Bunce Court School, o. O.1933–43, S. 3 (unveröffentlichtes Manuskript in der Wiener Library, London).

18 Ebenda, S. 6.

19 Essinger, Bunce Court, S. 11 f.

20 Veronica Gillespie, Working with the »Kindertransports«. In: Sybil Oldfield, This Working-Day World: Women's Lives and Culture(s) in Britain 1914–1945, London/Bristol 1994, S.123–131, hier S. 128.

21 Damals übliche Kurzbezeichnung für Refugee Children's Movement.

22 Leverton/Lowensohn, I came alone, S. 319.

23 Justice of the Peace – ehrenamtliche Friedensrichterin.

24 Siehe Edith Morley, Looking before and after, o. O., o. J., S. 177–180 (unveröffentliche Memoiren im Reading University Archive).

25 Ebenda, S. 181 f.

26 Zoe Josephs, Survivors. Jewish Refugees in Birmingham 1933–45, Birmingham 1988, S. 51.

27 Ebenda.

28 Große britische Kaufhauskette.

29 Elaine Blond/Barry Turner, Marks of Distinction: The memoirs of Elaine Blond, London 1988, S. 66.

30 Ebenda, S. 72.
31 Ebenda, S. 72, 74 und 88.
32 Turner, Policeman, S. 49.
33 Ebenda, S. 230 f.
34 Persönlicher Brief von Lola Hahn-Warburg an Prof. Hardisty vom 10. April 1986, Veröffentlichung mit freundlicher Genehmigung von Gytte Hardisty.
35 Lord Gorell, One Man ... Many Parts, London 1956, S. 304.
36 Minutes of Refugee Children's Committee Executive Meetings, September–Dezember 1940 (in der Wiener Library, London).
37 Siehe ihre Formulierung »1000 unserer Kinder sind interniert«, in: Refugee Children's Movement, Second Annual Report, 1940.
38 Blond/Turner, Marks of Distinction, S. 76.
39 Dorothy Hardisty, Final Report, London 1946, S. 19 (Typoskript in der Wiener Library, London); siehe auch Oldfield, Women, S. 92–94.
40 Refugee Children's Movement, Instructions for the Guidance of Regional and Local Committees, 1940 (in der Wiener Library, London).
41 Alexander Pope, Essay on Man, o. O., o. J., Zeile 390.
42 Turner, Policeman, S. 219–233.
43 Dorothy Hardisty, Private Journal, o. O., Januar 1944 (unveröffentliches maschinenschriftliches Notizbuch, keine Seitenzahlen); Veröffentlichung des Zitats mit freundlicher Genehmigung von Gytte Hardisty; und John Presland, The Great Adventure. The Story of the Refugee Children's Movement, London 1944. Gladys Bendit (Mrs. Francis Bendit) war auch als Gladys Skelton bekannt, deren literarisches Pseudonym John Presland war. Zusammen mit dem *Save the Children Fund* und anderen hatte sie 1936 das *Interaid Committee for Children from Germany* mitbegründet.
44 Hardisty, Journal.
45 Brief von Lola Hahn-Warburg an Professor Hardisty vom 21. Februar 1986, mit freundlicher Genehmigung von Mrs. Gytte Hardisty.
46 Leverton/Lowensohn, I came alone, S. 183 f. Siehe auch Karen Gershon, We Came as Children: a collective autobiography of refugees, London 1989, S. 51–69 (zuerst veröffentlicht 1966).
47 Leverton/Lowensohn, I came alone, S. 312–314.
48 Ebenda, S. 317–318.

Hildegard Feidel-Mertz

Identitätsbildung und Integration

Exilschulen in Großbritannien

Pädagoginnen und Pädagogen, die nach 1933 aus politischen Gründen oder wegen ihrer jüdischen Herkunft aus Deutschland verdrängt wurden, haben im Exil weltweit mehr als 20 Schulen für Flüchtlingskinder gegründet.[1] Es waren überwiegend Heimschulen, die sich an den progressiven reformpädagogischen Traditionen der deutschen Landerziehungsheime orientierten. In Großbritannien gab es allein mindestens sieben solcher Schulgründungen,[2] was auch damit zusammenhängt, dass in diesem Land der Privatschulen die Rahmenbedingungen hierfür besonders günstig waren.[3] Sie entstanden jedoch nicht erst 1938/39 infolge der Kindertransporte, sondern schon ab 1933. Die Exilschulen unterschieden sich – nicht nur in Großbritannien – konzeptionell und organisatorisch in mancher Hinsicht voneinander, hatten aber eine gemeinsame Aufgabe: die entwurzelten und verunsicherten Flüchtlingskinder in der Herausbildung einer neuen, komplexen Identität zu unterstützen und sie bei der Auseinandersetzung mit einer fremden Umwelt pädagogisch zu begleiten.

Das Spektrum der Exilschulen in Großbritannien

Bereits im Herbst 1933 emigrierte Anna Essinger, weil ihr Deutschland zunehmend als ein Ort erschien, an dem man Kinder nicht mehr in Ehrlichkeit und Freiheit großziehen konnte,[4] mit dem von ihr 1926 in Herrlingen bei Ulm gegründeten Landerziehungsheim fast vollständig nach Otterden, Kent, wo es, zunächst als *Country Home School, New Herrlingen*, und ab 1936 als *Bunce Court School* bis 1948 weiterbestand. 1934 folgten drei weitere Schulgründungen: die *Beltane School*[5] in Wimbledon, in der Ernst und Ilse Bulowa die von ihnen in Berlin praktizierte Montessori-Pädagogik mit zunächst 30 Flüchtlingskindern bis 1941 fortsetzten; *Gordonstoun*[6] bei Aberdeen in Schottland baute Kurt Hahn nach dem seit 1919 von ihm in Schloss Salem realisierten Modell einer Erziehung zu individueller Selbstentfaltung und sozialer Verantwortung durch Gemeinschaftsdienste zu einer heute noch bestehenden angesehenen britischen Institution aus. Es wird oft vergessen, dass *Gordonstoun* einmal mit Flüchtlingskindern und Mitarbeitern aus Deutschland seinen Anfang nahm. Als dritte Schule wurde die *Stoatley Rough School*[7] in Haslemere, Surrey, von der Sozialwissenschaftlerin und bedeutenden Vertreterin der deutschen Frauenbewegung Hilde Lion mit sozialpädagogischem Schwerpunkt ins Leben gerufen und bis 1960 erhalten.

Ende 1938 veranlasste der »Anschluss« Österreichs an das nationalsozialistische Deutschland Karl König, einen österreichischen Arzt und Heilpädagogen jüdischer Herkunft, der sich jedoch schon früh der Anthroposophie Rudolf Steiners zugewandt hatte, mit 15 Mitarbeitern in das schottische Aberdeen überzusiedeln. Dort errichtete er im *Camp Hill House*[8] ein Erziehungswerk zur Integration von behinderten und nichtbehinderten Kindern, das große Ausstrahlung hatte.

Im gleichen Jahr verlagerte die nichtjüdische sozialistische Reformpädagogin Minna Specht die ursprünglich in Dänemark begründete Nachfolgeschule des von ihr zwischen 1926 und 1933 geleiteten Landerziehungsheims Walkemühle bei Melsungen mit Hilfe der Quäker zunächst nach Wales. Es bestand zunächst die Absicht, die Schule in eine Bergarbeitersiedlung auf genossenschaftlicher Basis einzugliedern. Nach dem Scheitern dieses Plans zog die Schule an einen freundlicheren Ort, den Landsitz *Butcombe Court*[9] bei Bristol. Im April 1940 zerschlug die einjährige Internierung von Minna Specht und fünf Mitarbeiterinnen auch diesen letzten Versuch, die von ihr angestrebte »Erziehung zum Selbstvertrauen« in einer Exilschule kontinuierlich umzusetzen. Auf der Isle of Man verwirklichte sie ihre Grundsätze temporär in einer Lagerschule und bereitete sich nach der Entlassung durch Veröffentlichungen und die Mitarbeit in Emigrantenorganisationen auf die pädagogische und politische Arbeit in einem »Deutschland nach Hitler« vor. *Butcombe Court* stellte sie nach 1945 den Quäkern für die Betreuung von »halbjüdischen« Jugendlichen aus Theresienstadt zur Verfügung.[10]

Mit dem Blick nach Deutschland, der die politische Emigration charakterisierte, wurde gegen Kriegsende vom Freien Deutschen Kulturbund noch die *Theydon Bois School*[11] im Umfeld von London unter der Leitung von Hans Schellenberger initiiert, die deutsche und österreichische jugendliche Flüchtlinge für die Rückkehr in die Heimat vor allem durch die Vermittlung elementarer Kenntnisse der deutschen Sprache und Kultur qualifizieren sollte.

Die Flüchtlingskinder, die in diesen Exilschulen Aufnahme fanden, waren insofern eine privilegierte Minderheit, als sie sich in einer Gemeinschaft von gleichermaßen Betroffenen auf behutsame Weise in ein neues Milieu einleben durften, während die große Mehrheit, die vereinzelt öffentliche Schulen besuchte, mitunter zwar schneller Englisch sprechen lernte, teilweise aber auch ideologischen Beeinflussungsversuchen und zumindest verbalen Feindseligkeiten ausgesetzt war, was gelegentlich einem Kulturschock gleichkam.

Die Exilschulen waren in der Regel wegen ihres Platzbedarfs und pädagogischen Konzepts auf die Anmietung von leer stehenden, von weitläufigen Gartenanlagen und Nebengebäuden umgebenen Landhäusern angewiesen, die auf die Kinder zunächst einen großen Eindruck machten. Haus und Garten mussten jedoch von den Erwachsenen gemeinsam mit den Kindern meist erst instand gesetzt, mit dem nötigen, oft von ihnen selbst gefertigten Mobiliar ausgestattet und später dann permanent in Ordnung gehalten werden, woran die häufig aus gutbürgerlichen Familien stammenden Kinder nicht gewöhnt waren. Die Arbeit im Garten, in den Werkstätten und der Kleintierzucht diente ebenso der handwerklichen, haus- und landwirtschaftlichen Ausbildung wie vor allem einer Kosten sparenden Selbstversorgung. Die in den Heimschulen praktizierte Exilpädagogik lässt sich als eine »Pädagogik der knappen Ressourcen« charakterisieren, was die materielle Absicherung betrifft. An menschlichen Ressourcen – Kreativität, Engagement und Sensibilität im Umgang mit den Kindern – mangelte es indessen nicht. Die Kinder verstanden, dass die von ihnen erwartete Eigenleistung eine existenzielle Notwendigkeit, nicht lediglich – wie traditionell in den deutschen Landerziehungsheimen – eine pädagogische Maßnahme war.[12]

Die Beiträge der Eltern, auf die Privatschulen ihre Existenz vornehmlich zu gründen pflegen, konnten von vornherein nicht allzu hoch angesetzt werden und blieben schließlich oft genug ganz aus. Hilfsorganisationen haben wesentlich zur Anschubfinanzierung beigetragen oder in Krisensituationen eingegriffen. Ein besonderes Verdienst kommt bei der Unterstützung der Exilschulen den Quäkern, der »Gesellschaft der Freunde«, gerade auch in ihrem Ursprungsland zu. Die Quäker engagierten sich nicht erst und nicht nur bei der Rettung jüdischer Flüchtlingskinder durch die Kindertransporte 1938/39. Die Quäker verstehen sich als eine überkonfessionelle christliche Glaubensgemeinschaft, die nicht missioniert, sondern in »aktiver Toleranz« pragmatisch jedem zu helfen versucht, der Hilfe braucht. Sie haben sich bevorzugt von jeher solcher Gruppen angenommen, denen von kaum einer anderen Seite geholfen wurde. Dazu gehörten im Exil auch Menschen jüdischer Herkunft, die in so genannten Mischehen lebten und ihre als »Mischlinge« verschiedenen Grades klassifizierten Kinder; Menschen, die zum Teil selbst getauft oder Dissidenten waren, dem Judentum weitgehend entfremdet und oft nur noch nominell Mitglied einer jüdischen Gemeinde, die aber trotzdem nach den Rassegesetzen im nationalsozialistischen Deutschland als Juden galten und zunehmend auch als solche behandelt wurden. Deutsche Quäker hatten schon Anfang 1933 das Problem erkannt und die englischen und niederländischen Quäkerfreunde darauf aufmerksam gemacht. Zu seiner Lösung sollte die 1934 in den Niederlanden errichtete Internationale Quäkerschule Eerde[13] bei Ommen beitragen, mit ihr standen die zwei Exilschulen in Großbritannien in Verbindung, die mehr noch als andere von den Quäkern unterstützt und beeinflusst worden sind.

New Herrlingen/Bunce Court und Stoatley Rough

An diesen beiden, vom »Quäkergeist« entscheidend, wenngleich nicht allein geprägten Schulgründungen von Anna Essinger und Hilde Lion soll gezeigt werden, wie sie die allen Exilschulen gestellte Aufgabe methodisch-didaktisch differenziert bewältigten. Denn sie hatten zwar eine gemeinsame Grundhaltung und Zielsetzung, gingen jedoch von teilweise unterschiedlichen organisatorischen Voraussetzungen aus.

Das ernsthafte Bemühen um Verständnis und Verständigung zwischen Menschen unterschiedlicher Herkunft und weltanschaulicher Zugehörigkeit macht wesentlich den besonderen »Quäkergeist« aus, der nicht unbedingt an eine offizielle Mitgliedschaft bei den Quäkern gebunden ist. Während Anna Essinger seit ihren Studienjahren in den USA engere Beziehungen zu den Quäkern unterhielt, kam Hilde Lion erst anlässlich ihrer Emigration im Frühjahr 1934 mit ihnen in näheren Kontakt.

In den Exilschulen haben vielfach »starke« Frauen einzeln und gruppenweise wichtige Funktionen ausgeübt. Die ausgebildete Lehrerin Anna Essinger integrierte außer ihren anderweitig qualifizierten Schwestern Paula und Bertha unter anderen die Pädagogin Hanna Bergas langfristig in den Schulbetrieb von *New Herrlingen*, dessen Chronistin Bergas schließlich wurde. Dr. Hilde Lion, die in der Weimarer Republik sozialpädagogische Ausbildungsstätten geleitet hatte, versammelte in *Stoatley Rough* eine Gruppe ähnlich qualifizierter Frauen um sich. Zunächst holte sie Nora Astfalck und Hanna Nacken, die beide bei ihr studiert hatten, zu Hilfe. Dass ihr diese als Nichtjüdinnen, die jedoch aus politischen Gründen gefährdet waren, ins Exil folgten, hat sowohl die englischen Nachbarn wie die Kinder in der Schule positiv beeindruckt. Dr. Emmy Wolff und Dr. Louise Leven, die wie Hilde Lion 1933 als Jüdinnen aus ihren Stellungen entlassen worden waren, kamen später hinzu.

Als folgenreichste Rahmenbedingung der Gründungsgeschichte beider Schulen sollte sich erweisen, dass Anna Essinger mit rund 70 Kindern und einem Teil des Lehrkörpers nach England übersiedelte, wogegen Hilde Lion ihr Unternehmen buchstäblich aus dem Nichts mit einer Hand voll Flüchtlingskinder aufzubauen begann. Sie wirkte sich teilweise modifizierend auf die Gewichtung und das Verhältnis der drei zentralen Elemente untereinander aus, die der Arbeit beider Schulen an der Identitätsbildung und Integration der Flüchtlingskinder an sich gleichermaßen zugrunde lagen:

1. die Bewahrung des deutschen sprachlichen und kulturellen Erbes,
2. die Aneignung einer neuen Sprache und Kultur,
3. die Vermittlung von Tradition und Geschichte des Judentums.

Es liegt nahe, dass in *New Herrlingen*, wo schon die Namengebung den Bezug zur alten Heimat aufrechterhielt und die deutsch-jüdischen Kinder zumindest in den ersten Jahren weitgehend unter sich bleiben konnten, die Bindung an das »Erbe« anfänglich überwog, wenn auch zugleich ein weiterer Horizont eröffnet wurde. Im deutschsprachigen Schulprospekt von 1935 heißt es daher ausdrücklich: »Wir wollen ganz bewusst den Kindern alles Schöne der deutschen Sprache, Dichtung, Kunst und Musik erhalten, aber ebenso bewusst wollen wir ihnen viele Brücken in fremde Länder bauen helfen.«[14]

Lange Zeit blieb Deutsch die inoffizielle Sprache der Schule, trotz der ständigen Ermahnung, Englisch zu sprechen. So kam es, dass auch die schon bald eingestellten englischen Lehrer, denen zur Auflage gemacht worden war, während des ersten Jahres kein Deutsch zu lernen, es meistens dennoch taten. Trotzdem wurde fast der gesamte Unterricht auf Englisch erteilt. Durch die ab 1935 erfolgte Aufnahme englischer Kinder in das Internat sollte diesen zugleich die Gelegenheit gegeben werden, »wie in einer deutschen Schule in Deutschland die Sprache zu erlernen«.[15] Nachdem die Zweisprachigkeit zunächst also einige Schwierigkeiten gemacht hatte, wurde sie immer selbstverständlicher. Nach zehn Jahren stellte man fest, dass nunmehr die Muttersprache sorgfältiger gepflegt werden müsste. So wurde 1943 zum ersten Mal eine Anfängerklasse für solche deutschen und österreichischen Kinder eingerichtet, die mehrere Jahre in Pflegefamilien gelebt und ihr Deutsch völlig vergessen hatten. In diese Sondergruppen wurden auch englische Kinder einbezogen.[16] Anna Essinger hielt also das Wiedererlernen der deutschen Sprache noch weiterhin für erforderlich und verfolgte damit »ein zweifaches Ziel: die Kinder spüren zu lassen, dass sich die menschlichen Werte trotz allem, was geschehen war, nicht geändert hatten; und dass die kulturellen Grundlagen der Kinder es wert waren, gepflegt zu werden, obwohl die Kinder von ihrer Heimat getrennt waren.«[17] Außerdem sollten die Kinder, wenn sie je wieder mit ihren Eltern vereinigt werden konnten, in der Lage sein, sich mit ihnen zu verständigen.

Das Festhalten an der deutschen Sprache und Kultur und dem damit verbundenen Wertesystem wurde als grundlegender Baustein für das Gelingen einer sowohl stabilen als auch flexiblen Persönlichkeitsentwicklung und zugleich als Integrationshilfe angesehen. Denn mit der Wertschätzung des eigenen kulturellen Hintergrundes ging die Absicht einher, den Kindern beizubringen, »auch dem Leben in einem fremden Land erwartungsvoll entgegenzusehen, die Menschen zu schätzen, mit denen sie leben und sich verständigen mussten, und sich eine neue Lebensgrundlage zu schaffen«.[18]

In *Stoatley Rough* vollzog sich die Annäherung an das neue Umfeld aufgrund der konträren Ausgangssituation von vornherein in einem beschleunigten Tempo. Hilde Lion war im November 1933 offiziell mit einem Forschungsvorhaben nach London gereist, das sich »auf die geistige und seelische Anpassung von Kindern an eine neue Umgebung« bezog.[19] Statt zu forschen, begann sie kurzerhand, den Anpassungsprozess in der Praxis zu erproben. Das geschah mit einem experimentierfreudigen Elan, der viele auszeichnete, die einmal – wie Hilde Lion – als Lehrende oder – wie ihre Mitarbeiterinnen Nora Astfalck und Hanna Nacken – als Studierende mit der sozialpädagogischen Ausbildungsstätte des Vereins Jugendheim Charlottenburg der Anna von Gierke verbunden gewesen waren.[20] Die Freude am gemeinsamen Entdecken und Ausprobieren unbekannter Verhältnisse, die Ermutigung zur Annahme von Herausforderungen und Risiken wurde ein wichtiger Teil des Schulprogramms. In Zusammenarbeit mit einer Engländerin, die den Kontakt zur Jugendorganisation der *Girl Guides* und *Scouts* herstellte, probierte das Lehrerkollegium alle möglichen Methoden aus, »um Kinder rasch ins Englische als Sprache und zweitens in die englische Umwelt als geistige Beziehung einzuführen. [...] Man muss sie zu ›*Explorern*‹ machen, die anderen Kindern gegenüber das große Glück haben, jung viel von dieser Welt zu sehen«,[21] schrieb Hilde Lion in einem Rundbrief an Freunde in Deutschland vom Mai 1939.

Dieser offensive Zugang auf das Neue und Fremde erfolgte jedoch auch in *Stoatley Rough* unter betontem Rückgriff auf das in der deutschen Aufklärung und Klassik überlieferte Wertesystem. Im Schulabzeichen kam dieses Kulturgut symbolisch zum Ausdruck: Es stellt eine Pyramide mit drei ineinander verschlungenen Ringen dar. Die Pyramide als Zeichen des Lebens ist einem Brief von Goethe an Lavater entnommen, die drei Ringe repräsentieren die Weltreligionen in der Parabel aus Lessings »Nathan der Weise«.[22] Zugleich wird darin die gelebte Toleranz und Mitmenschlichkeit der Quäker eindringlich in Erinnerung gebracht.

Wenngleich *Stoatley Rough* mehr als *New Herrlingen* vom ersten Tag an auf Zuwachs durch englische Kinder und Lehrkräfte angewiesen war, bemühte man sich dennoch erfolgreich auch um einen wachsenden

Anteil deutsch-jüdischer Flüchtlingskinder. Dazu trugen wiederholte Reisen von Hilde Lion und ihren Mitarbeiterinnen nach Deutschland bei, um Eltern dafür zu gewinnen, ihre Kinder nach England zu schicken. Noch im Januar 1938 holte Emmy Wolff 16 Kinder aus Deutschland heraus.[23]

Die Begegnung zwischen den Kulturen beschränkte sich an beiden Schulen nicht auf die Aufnahme einheimischer Kinder und Lehrkräfte sowie die Orientierung des Curriculums an Standards, die für den Erwerb bestimmter Zertifikate die Voraussetzung waren. Sie öffneten sich der näheren und weiteren Nachbarschaft durch eine Reihe von Initiativen, die wachsenden Zuspruch fanden. In *New Herrlingen* wurde schon im ersten Jahr ein »Tag der offenen Tür« veranstaltet, zu dem etwa 250 Besucher erschienen. Die Kinder führten das Stück »Friede« von Aristophanes in einem Englisch auf, das trotz aller Proben den schwäbischen, bayerischen oder rheinischen Dialekt noch erkennen ließ, aber dennoch gut ankam. »Als eine Folge dieses Tages wurden viele der Kinder später eingeladen, ihre Ferien bei englischen Familien zu verbringen. Manche dieser ersten Kontakte bestanden fort, und die Freundschaften, die geschlossen wurden, trugen in einigen Fällen sogar dazu bei, dass die Emigration von Schwestern, Brüdern oder Eltern zustande kam.«[24]

Bei weiteren Aufführungen in einem von Kindern und Erwachsenen selbst gebauten Freilichttheater fanden sich immer wieder auch prominente englische Gäste ein, die sympathisierende Reden hielten. Während der Wintermonate waren regelmäßig Besucher zu Gast, die Organisationen wie die *Workers' Education Association* oder die Liga für den Völkerbund vertraten. In *Stoatley Rough* hatten Theateraufführungen im Freien und insbesondere Konzerte, die von der ausgebildeten Pianistin und Musikpädagogin Louise Leven bestritten wurden, nicht weniger Erfolg und trugen ebenso wie Ferienkurse für englische Kinder in den Sommermonaten dazu bei, die Finanzlage der Schule aufzubessern. Darüber hinaus fanden sportliche Wettspiele mit benachbarten englischen Schulen statt, nachdem sich die deutschen Kinder erst einmal mit den für sie ungewohnten Sportarten wie etwa Cricket vertraut gemacht hatten.

Wie Anna Essinger berichtet auch Hilde Lion von der generell freundlichen Aufnahme ihrer Schule durch die Bevölkerung und erklärt, dass in *Stoatley Rough* den Jugendlichen zahlreiche Erleichterungen und Lernmöglichkeiten durch die Hilfsbereitschaft der Bevölkerung über die verschiedenen Konfessionen hinweg verschafft worden sind. Insbesondere zu Weihnachten trafen Beweise von Mitgefühl ein: »Wolldecken, Matratzen, selbst gebackene *Scones*, Linsensuppe, Bücher, Teppiche, eine Kuh, die uns mehr oder weniger ohne unser Zutun ins Haus kamen. Wir haben auch nicht die leisesten Zeichen von Schwierigkeiten mit der Nachbarschaft je hier verspürt. Das Gute an der Sache ist, dass man uns nicht protegiert, dass man uns auf unsere Art, die sich natürlich immer mehr englischen Verhältnissen anpassen muss, gewähren lässt.«[25]

Weder Hilde Lion noch Anna Essinger haben sich offenbar je ausdrücklich mit dem Judentum identifiziert und daraus ein religiöses oder politisches Bekenntnis abgeleitet. Dass sie sich ihm als Schicksalsgemeinschaft dennoch zugehörig und verpflichtet fühlten, belegt ihr pädagogisches Handeln. Es entspricht ebenso zentralen Grundsätzen der jüdischen Ethik und Soziallehre wie einer überkonfessionellen humanitären Gesinnung.

Das geht aus Hilde Lions Bericht vom Mai 1939 eindeutig hervor: »Wir haben zurzeit [...] fünf verschiedene Konfessionen auf unserem Grund und Boden, und eine *Chanukka*-Feier in einem Haus und eine christliche Weihnachtsfeier in einem anderen, zu der man sich gegenseitig einlädt, [das] bedeutet kein eigentlich schwer zu überwindendes Hindernis. Wir halten mit altmodischer Zähigkeit an diesem liberalen Grundsatz des Sichkennenlernens und damit auch Schätzenlernens fest und haben wohl auch manchem so oder so von zu Hause aus eingeengtem Gemüt einen Weg ins Freie auf diese Weise bahnen können. Natürlich gibt es immer Orthodoxe von beiden Seiten, die sich bei uns nicht wohl fühlen, aber selten.«[26]

Sie betont zugleich etwaigen kritischen Einwänden gegenüber, dass daraus nicht ein »seelischer Wirrwarr« resultiere, weil alles im Haus sehr stark unter dem Gesichtspunkt der sozialen Hilfe und Verantwortung und der Verpflichtung einer Sache gegenüberstehe. Und sie fährt fort: »Als das anglikanische Kind eines englischen Offiziers und die Kinder eines englischen Geistlichen bei uns anrückten zusammen mit der Rabbinertochter ein paar Tage später und sich hier zurechtzufinden suchten, hat mir das Herz gelacht.«[27]

Wie Nora Astfalck überliefert hat, war es in *Stoatley Rough* üblich, den Freitagabend jeweils auf besondere Weise zu gestalten, was mitunter abwechselnd durch einen protestantischen beziehungsweise katholischen Geistlichen oder einen Rabbiner aus London geschah. Ansonsten wurde der Freitagabend durch Emmy Wolff, die literarische Interessen pflegte, oder Louise Leven, die vor ihrer Emigration das Musikleben der jüdischen Gemeinde ihrer Heimatstadt Krefeld bereichert hatte, zu einer anspruchsvollen künstlerischen Veranstaltung. Nora Astfalck selbst musste in den ersten Jahren, als der Schulunterricht noch nicht voll ausgebaut war, zeitweilig getaufte jüdische Kinder in Religion unterrichten, was ihr als keiner Konfession angehörender Sozialistin schwer genug fiel, aber dennoch notwendig erschien.

Sie äußerte sich zugleich kritisch zur versuchten Beeinflussung jüdischer Flüchtlingskinder von christlicher Seite, indem sie von einem achtjährigen Mädchen erzählte, das nach *Stoatley Rough* gebracht wurde, weil die sie betreuenden nichtjüdischen älteren Damen mit ihrer Widerspenstigkeit nicht fertig wurden. Das kleine Mädchen, das keine Verwandten mehr hatte und adoptiert werden sollte, gestand Nora Astfalck und sprach damit sicherlich für viele: »Ich weiß nicht genau, was Jüdischsein bedeutet, aber ich bin's!«[28] Diesen Bedürfnissen suchte Hilde Lion – laut Astfalck, die als Sozialpädagogin in diesem Zusammenhang auf den vergleichbaren Stellenwert des deutschen »Erbes« als Basis einer gelingenden Identitätsbildung verweist – auch durch eine entsprechende Berücksichtigung »jüdischen Wissens« im Lehrplan gerecht zu werden.

Insgesamt dürfte die Zahl jüdischer Kinder jedoch in *New Herrlingen* durchgängig größer gewesen sein als in *Stoatley Rough.* Hier gab es Anna Essinger zufolge zwischen 1933 und 1943 eine kompakte Mehrheit von 242 Jungen und 190 Mädchen, deren Religion als »jüdisch« verzeichnet ist, während 47 Jungen und 40 Mädchen der *Church of England* und 4 Jungen und 2 Mädchen der katholischen Kirche angehörten.[29] Demgemäß verspricht schon der deutschsprachige Schulprospekt von 1935: »Jüdische Geschichte, biblische und nachbiblische, ist für alle Kinder Pflichtfach. Neuhebräisch wird auf Wunsch von einigen Eltern und Kindern von einer jungen Palästinenserin unterrichtet.«[30] Im Rechenschaftsbericht von 1943 heißt es dagegen: »Religionsunterricht (Altes und Neues Testament) ist für alle Kinder verbindlich. Einige Kin-

der lernen Hebräisch, vor allem diejenigen, deren Eltern bereits in Palästina sind.«[31] Hanna Bergas bemerkt zur Funktion dieses unterschiedlich definierten Pflichtfaches:
»Wir hatten nicht geplant, dass alle Kinder die religiösen Rituale einhalten sollten [...], doch dachten wir, dass es für alle wichtig wäre, etwas über die Grundideen zu wissen, die den Juden über Jahrhunderte hinweg und entgegen allen Widrigkeiten geholfen haben zu überleben. Deshalb führten wir Kurse in jüdischer Geschichte für die älteren und die jüngeren Kinder ein; die paar nichtjüdischen Kinder nahmen auch daran teil. Die Jüngeren lernten Bibelgeschichten und Fakten; die Älteren wurden auch in die Lehren der Propheten eingeführt von Philosophen wie Maimonides und Spinoza. Es war schön, die Augen der Kinder für den geistigen Reichtum ihrer Vorfahren zu öffnen. Ich gab diese Kurse und lernte mehr durch sie als alle anderen.«[32]
Von Anfang an hatten auch in *New Herrlingen* die Freitagabende Festcharakter. Nach einem großen Aufräumen gab es ein gutes Essen mit einigen besonderen Leckereien. Kinder, die zu Hause religiös erzogen waren, versammelten sich mit einem gleich gesinnten Erwachsenen in der Bibliothek. Bei anderen religiösen Feiertagen wurde ähnlich verfahren. Anschließend kamen alle wieder zusammen zu Gesprächen, zu Lesungen oder vorzugsweise zu Musik. Alt und Jung saßen dabei auf den Stufen des weiträumigen Treppenhauses, das mit seinen Windungen den Flügel im Erdgeschoss umrahmte.[33]

Herausforderung Kindertransporte

Besonders herausgefordert wurden beide Schulen nicht nur durch die Kindertransporte nach dem Novemberpogrom in Deutschland 1938, sondern auch durch die politischen Ereignisse während der vorausgegangenen und nachfolgenden Monate in Österreich, der Tschechoslowakei und Italien. Diese lösten individuelle und kollektive Fluchtbewegungen aus, in deren Verlauf eine Reihe von Kindern in Gruppen oder vereinzelt nach *New Herrlingen* und *Stoatley Rough* kam. Nora Astfalck konnte sich nicht vorstellen, wie ein ungefähr achtjähriger Junge ganz allein aus Italien die Schule zu erreichen vermochte, »mit Knickerbockerhosen und einer komischen Kappe auf dem Kopf».[34] Im Mai

1939 umfasste der Schulbetrieb in *Stoatley Rough* bereits 100 Personen: »Männlein und Weiblein jeden Alters, das Jüngste ist drei Jahre alt, Kind einer allein stehenden Mutter mit vier Kindern, die alle bei uns untergebracht sind. Aber die Umstände bringen es natürlich mit sich, dass man seine Tore so weit wie möglich geöffnet hat, und da kriecht eben mal etwas ganz Kleines und manchmal ein sehr ausgewachsener Mann irgendwo mit unter. Dass wir diese große Zahl von Menschen überhaupt auf unserem ausgedehnten, aber immerhin doch beschränkten Gebiet überhaupt unterbringen konnten, beruht auf der äußerlichen Tatsache, dass wir bauen konnten, wenn auch in bescheidenster Form – Bungalows, die umgewandelte Militärbaracken sind, beherbergen unsere Leute zum Teil.«[35] Das ermöglichte es, hauptsächlich österreichische Kinder und solche, die sich nur vorübergehend in England aufhalten sollten, getrennt vom regulären Hausbetrieb unterzubringen, so dass dieser durch die häufige An- und Abreise nicht fortwährend gestört wurde.

Auf den Anteil von Anna Essinger an der Lösung von Problemen, die mit diesem Zustrom von Kindern insbesondere durch die Kindertransporte verbunden waren, ist in der Literatur verschiedentlich hingewiesen worden, unter anderem von ihr selbst, wobei sie freilich nicht erwähnt, dass ihr – Barry Turner zufolge – Anfang des Jahres 1939 »die Verantwortung für das Wohlergehen und die Erziehung aller Kinder« in den Auffanglagern Dovercourt (für Mädchen) und Pakefield (für Jungen) übertragen worden war.[36] Sie versuchte, mit vier bis sechs Mitarbeiterinnen und Mitarbeitern sowie einigen älteren Schülern zunächst einmal Unterbringung und Versorgung sowie ein Minimum an Englischunterricht für die Kinder und Jugendlichen zu organisieren. Hanna Bergas, die daran beteiligt war, hat beschrieben, worauf es dabei ankam: »Die Hauptsache war, in ihnen die Ruhe und das Vertrauen darauf zu wecken, dass die Menschen hier ihnen freundlich gesonnen sind. Eine gute Mahlzeit gleich nach der Ankunft trug dazu bei. Dann brachten wir sie in ihre Schlafräume; die mitgebrachten Koffer und Bündel wurden ihnen übergeben, sehr wichtig für die Kinder, da viele von ihnen es gewohnt waren, dass ihnen immer alles weggenommen wurde. Sie waren sehr unruhig, bis sie wieder über ihre Habseligkeiten verfügen konnten. In kleine Gruppen aufgeteilt, gaben wir den Kindern einige Informationen und Hinweise darüber, was die nächsten Tage im Camp mit sich bringen würden. Wir wiesen sie sofort darauf hin, dass wir ihnen helfen würden, so schnell wie möglich Englisch zu lernen. Und am Tag nach der Ankunft der Gruppe fing der Unterricht auch schon an. Nach kurzer Zeit gab es auch noch andere Lehrer und Sozialarbeiter im Camp, so dass wir in relativ kleinen Gruppen mit gleichaltrigen Kindern arbeiten konnten. Es gab nur ein Minimum an Lehrmaterial. Wir hatten Papier und Bleistift für jedes Kind, aber keine Bücher. Auch hatten wir keine Tafeln in jeder der Hütten, jedem Schlafsaal oder in der Ecke des großen Gemeinschaftsraumes, die tagsüber als Klassenzimmer dienten. Es war eine Herausforderung für die Fantasie der Lehrer, die Vermittlung des Wissens musste ganz von innen kommen, ohne Hilfestellung von außen.«[37]

Darüber hinaus wurde mit den Kindern gespielt und ihnen immer wieder Gelegenheit gegeben, mit einem Erwachsenen über ihre Situation zu sprechen.

Hanna Bergas kritisiert ebenso wie Anna Essinger, dass und wie die Kinder vielfach in Pflegefamilien vermittelt wurden. Essingers Vorschlag, die Kinder mehr in pädagogischen Einrichtungen wie ihrer eigenen unterzubringen, wurde abgelehnt, und man erlaubte ihr lediglich, zehn Kinder aus Dovercourt nach der Schließung des dortigen Lagers Ende Februar 1939 auszuwählen, die am besten geeignet schienen für den in *New Herrlingen/Bunce Cour*t praktizierten Erziehungsstil. Hanna Bergas ist zuzustimmen, dass diese Wahl nach wochenlangem Beisammensein mit den Kindern sicherlich sorgfältiger getroffen werden konnte als bei den kurzfristigen Besuchen potenzieller Pflegeeltern. Das Verfahren wurde auch in *Stoatley Rough* nicht zuletzt missbilligt, weil dort mitunter Kinder aufgenommen werden mussten, die übrig blieben oder auf dem Bahnhof vergessen worden waren.[38]

Anna Essingers Kritik bezieht aber auch das Vorfeld der Kindertransporte ein: »Tausende von Kindern wurden gerettet, aber dies waren notwendigerweise eilig getroffene Vorkehrungen, und vielleicht war es natürlich, dass sich schwerwiegende Fehler nicht vermeiden ließen; Fehler, die möglicherweise damit begannen, dass man Kindern erzählte, sie würden ein leichtes Leben haben, wenn sie von ihren Eltern weggingen und nach England gingen; Fehler von hiesigen Komitees, die glaubten, je schneller die Kinder in englischen Familien unterkämen, desto besser wäre es für sie und die Gemeinschaft.«[39] Einige der Kinder wurden, wie Essinger 1943 bezeugt, während der vier seit 1939 vergangenen Jahre in acht bis zehn verschiedene Familien gesteckt und landeten schließlich bei ihr. Welche Auswirkungen dies hatte, haben die Pädagoginnen in den Exilschulen schon damals erfahren.

In den sechs Monaten bis Kriegsausbruch stellten sich auch in *New Herrlingen/Bunce Court* ähnlich beengte Verhältnisse wie in *Stoatley Rough* ein, die Notlösungen erforderten, aus denen man jedoch pädagogisch das Beste zu machen bemüht war. Zu den zehn Kindern aus Dovercourt waren zunächst weitere zehn aus der Tschechoslowakei und fünf aus Italien sowie jeweils 25 bis 30 deutsche und österreichische Kinder hinzugekommen, für die zwei Gebäude in einer Entfernung von etwa fünf Meilen von *Bunce Court* angemietet und einfach ausgestattet wurden.

Diese beiden Häuser, *Chilham* und *Kennaways*, wurden von jeweils zwei bis drei Pädagoginnen und einigen älteren Schülerinnen zur Unterstützung im Haushalt als selbstverwaltete Außenstellen von *Bunce Court* geführt. In dem einen Haus waren zehn- bis zwölfjährige, im anderen fünf- bis sechsjährige Kinder zusammengefasst. Hanna Bergas zufolge, die in *Kennaways* arbeitete, hat die kleine Gemeinschaft unter relativ primitiven Verhältnissen gut funktioniert. Als alle wieder in *Bunce Court* vereinigt waren, wo inzwischen zusätzliche Bauten errichtet worden waren, stand schon im Frühjahr 1940 ein abrupter Wandel des Schullebens bevor. Die Schule musste – weil nahe der Küste gelegen – mit 150 Kindern nach *Trench Hall* in Wales evakuiert werden, wo sie, räumlich sehr eingeschränkt, bis zur Rückkehr nach *Bunce Court* im Frühjahr 1946 verblieb.[40] Eine Gruppe kleinerer Kinder wurde in die Obhut der Sozialpädagoginnen von *Stoatley Rough* gegeben. *Stoatley Rough* blieb die Evakuierung erspart.

Die Rückkehr nach *Bunce Court* war für einen Teil der Kinder und Lehrkräfte, die erst in den letzten Jahren in die Schule gekommen waren, ein völliger Neuanfang, der Schritt für Schritt vollzogen wurde. Der Fortbestand der Schule wurde jedoch durch finanzielle und menschliche Probleme zunehmend in Frage gestellt. Anna Essinger selbst meinte im März 1948, sie habe immerhin ihren primären Zweck, »hunderte von Kindern vom Kontinent zu retten«, erfüllt.[41] Die größte Leistung dieses »schulischen Experiments« sah sie schon 1943 darin, dass es gelungen war, »trotz vieler Hochs und Tiefs bei Erwachsenen und Kindern ge-

meinsam ein aktives und glückliches Leben geführt zu haben – Engländer und Deutsche, Christen und Juden, Akademiker und Arbeiter«.[42]
Aber ehe die Schule 1948 zu bestehen aufhörte, wurde sie noch einmal mit einer verantwortungsvollen Aufgabe konfrontiert. Sie übernahm zwei der aus Theresienstadt befreiten Jugendlichen, obwohl man erhebliche Schwierigkeiten voraussah. Man bereitete die übrigen Kinder und Jugendlichen darauf vor, dass den beiden ungefähr 14-jährigen Jungen in verschiedener Hinsicht Ausnahmen von den schulischen Regeln zugestanden wurden. Dazu gehörte beispielsweise, dass sie sich nicht an der Arbeit in Haus und Garten zu beteiligen brauchten, weil diese ihnen als Zeitverlust erschien in ihrem Bestreben, schulisches Wissen möglichst schnell nachzuholen. Aufkommende negative Gefühle bei den Mitschülern wurden durch ein besänftigendes Wort der Erwachsenen in Grenzen gehalten. Die beiden Jungen wurden 1948 glückliche Empfänger des Schulzertifikats, was Hanna Bergas als beträchtlichen Erfolg für sie und ihre Lehrer einschätzte. Einer der beiden meldete sich Jahre später bei Hanna Bergas, die inzwischen in San Francisco lebte, als er im Begriff stand, Rabbiner in Oakland zu werden.[43]
Das größte Kontingent der *Old Bunce Courtians* blieb in England, viele gingen in die Vereinigten Staaten und nach Kanada, Australien und Israel. Einige landeten in Afrika, der Schweiz und in Schweden, ein oder zwei in Deutschland und Österreich. Am Ende ihres Rückblicks von 1979 stellt auch Hanna Bergas dankbar fest, dass die Schule wohl ihr wichtiges und zugleich bescheidenes Ziel erreicht habe, viele Jugendliche vor Leiden zu bewahren, die sie in ihren Heimatländern erwarteten, und ihnen zu helfen, sich zu Menschen zu entwickeln, die einen sie befriedigenden Platz im Leben gefunden haben.
Das könnte als zutreffendes Resümee an sich auch die Geschichte von *Stoatley Rough* als Schule für Flüchtlingskinder beschließen. *Stoatley Rough* hat indessen unter der Leitung von Louise Leven als internationale Schule mit überkonfessionellem Anspruch noch bis 1960 existiert und stets eine Reihe von Freiplätzen für Kinder von DDR-Flüchtlingen bereitgehalten. Mit Freunden aus der ganzen Welt, zu denen nicht zuletzt viele der ehemaligen Schüler und Schülerinnen wurden, blieben Hilde Lion und Louise Leven ebenso wie Anna Essinger zeitlebens in Verbindung. Die »Ehemaligen« beider Schulen haben entscheidend dazu beigetragen, dass ihre Wirkungsgeschichte nicht nur aus Aktenbe-

ständen, sondern durch lebendige Erinnerungsberichte, Korrespondenzen und Interviews rekonstruierbar ist.[44] In einer 1971 veröffentlichten Sammlung von »Letters of former Stoatley Roughians«, die wechselvolle und letztlich überwiegend positive Schicksale, aber auch einige Selbstmorde verzeichnet, findet sich ein Postskriptum von Günther Lepmann. Es umschreibt treffend die Bedeutung nicht nur dieser Exilschule für die Flüchtlingskinder jener Jahre, sondern enthält zugleich auch eine Botschaft an alle, die sich um die Flüchtlingskinder von heute und morgen kümmern:
»*Stoatley Rough* war [...] wie eine Brücke, die wir wieder und wieder in beiden Richtungen benutzten konnten. Wir wurden in unsere neue Heimat eingeführt, ohne dass wir absichtlich oder unabsichtlich das zurücklassen mussten, auf das wir in früheren Tagen gebaut hatten. Im tieferen Sinne lernten wir, alle Borniertheit abzulegen, und ohne Vorbehalt alles Stimulierende von außen zu akzeptieren.« Der letzte lautet wörtlich: »*It was a haven and a port, open to all parts of our world.*«[45] Der Doppelsinn der beiden englischen Entsprechungen für das Wort ›Hafen‹ bringt die zweifache Funktion der Exilschulen als Zuflucht und Ausgangsbasis in einem einprägsamen Bild »auf den Punkt«.

Anmerkungen

1 Zur näheren Information siehe: Hildegard Feidel-Mertz (Hg.), Schulen im Exil. Die verdrängte Pädagogik nach 1933, Reinbek 1983; dies., Pädagogik im Exil nach 1933. Bilder und Texte einer Ausstellung, Frankfurt am Main 1990; dies., Die Pädagogik der Landerziehungsheime im Exil, in: Inge Hansen-Schaberg/ Bruno Schonig (Hg.), Landerziehungsheim-Pädagogik. Hohengehren 2002, S. 179–201.

2 Einige weitere Schulgründungen waren geplant, ließen sich jedoch nicht dauerhaft realisieren.

3 Einzige Auflage scheint gewesen zu sein, dass die Hälfte des Personals aus einheimischen Lehrkräften bestehen musste.

4 Den Schulkomplex übergab sie dem Volksschullehrer und undogmatischen Zionisten Hugo Rosenthal mit dem Auftrag, jüdische Kinder im nationalsozialistischen Deutschland zu einem bewussten Judentum zu erziehen, wozu sie selbst, die zwar jüdischer Herkunft, aber keine praktizierende Jüdin war, sich nicht imstande sah; vgl.: Lucie Schachne, Erziehung zum geistigen Widerstand. Das Jüdische Landschulheim Herrlingen, Frankfurt am Main 1985; Hildegard Feidel-Mertz, Jüdische Landschulheime im nationalsozialistischen Deutschland, in: Hansen-Schaberg/Schonig, Landerziehungsheim-Pädagogik, S. 156–178. Fer-

ner: Anna Essinger, Bunce Court School 1933–1943. Ins Deutsche übersetzt von Jürgen P. Krause, in: Feidel-Mertz, Schulen, S. 71–88; dies., Pädagogik S. 142 f.; Jürgen P. Krause, Verdrängte Reformpädagogik. Anna Essinger und ihr Landschulheim in Schwaben und Kent, in: Monika Lehmann/Hermann Schnorbach (Hg.), Aufklärung als Lernprozess. Festschrift für Hildegard Feidel-Mertz, Frankfurt am Main 1992, S. 171–179.

5 Feidel-Mertz, Pädagogik. S. 140 f.

6 Dies., Schulen, S. 134–151; dies., Pädagogik, S. 137 ff.; Kurt Hahn, Erziehung und die Krise der Demokratie, Stuttgart 1986, S. 134–151; Hermann Röhrs (Hg.), Bildung als Wagnis und Bewährung. Eine Darstellung des Lebenswerks von Kurt Hahn, Heidelberg 1966.

7 Feidel-Mertz, Schulen, S. 68 f.; dies., Pädagogik, S. 145–148; Monika Simmel-Joachim, Hilde Lion zum 100. Geburtstag (1893–1970), in: Ariadne Almanach der deutschen Frauenbewegung, (1993), S. 34–39.

8 Feidel-Mertz, Pädagogik, S. 140; Godhard M.Husemann, Der Heilpädagoge Karl König. Stuttgart 1971.

9 Feidel-Mertz, Schulen, S. 89–109; dies., Pädagogik, S. 127–130; Inge Hansen-Schaberg, Minna Specht. Eine Sozialistin in der Landerziehungsheimbewegung (1918–1951), Frankfurt am Main 1992.

10 Eine Mitarbeiterin von Minna Specht hat diese Arbeit mit den Kindern aus Theresienstadt dokumentiert: Charlotte Heckmann, Begleiten und Vertrauen. Pädagogische Erfahrungen im Exil 1934–1946, herausgegeben und kommentiert von Inge Hansen-Schaberg und Bruno Schonig, Frankfurt am Main u. a. 1995, S. 63–103.

11 Zur Unterstützung dieser Schule wurde aufgerufen in der Begleitbroschüre zur internationalen Ausstellung von Kinderzeichnungen: The War as seen by Children, London 1943; siehe Feidel-Mertz, Pädagogik, S. 149.

12 So hat es ein Schüler von Anna Essinger ausgedrückt, als er von einem englischen Schulinspektor gefragt wurde, ob auch in Deutschland manuelle Arbeit schon zum Schulprogramm gehörte. Essinger, Bunce Court School, S. 80 f.

13 Als internationale Schule besteht sie noch immmer, wird aber seit Mitte der fünfziger Jahre nicht mehr von den Quäkern betrieben.

14 Kopie des Schulprospekts im Besitz der Verfasserin.

15 Ebenda.

16 Essinger, Bunce Court School, S. 85.

17 Ebenda. S. 82.

18 Ebenda.

19 Simmel-Joachim, Hilde Lion, S. 37.

20 Diese Einschätzung ergab sich aus Interviews mit verschiedenen emigrierten »Jugendheimerinnen«; hierzu ferner: Heidi Koschwitz, Das Jugendheim Charlottenburg 1873–1934. Ein Beitrag zur Geschichte der sozialen Frauenberufe in Berlin (Diplomarbeit), Berlin 1984.

21 Abschrift im Besitz der Verfasserin.

22 Simmel-Joachim, Hilde Lion, S. 38

23 Ebenda, S. 37

24 Essinger, Bunce Court School, S. 75.

25 Rundbrief Hilde Lion vom 17. Mai 1939

26 Ebenda.
27 Interview von Hans und Herta Loeser mit Nora Astfalck, 14. – 19. Juli 1985. Das Interview wurde überwiegend auf Englisch geführt und bezieht sich auf die gesamte Biographie Astfalcks. Exemplare des Transkripts befinden sich im Besitz der Verfasserin und im Archiv der deutschen Frauenbewegung, Kassel, das auch den Nachlass von Astfalck verwahrt.
28 Ebenda, englisches Original übersetzt von Andrea Hammel.
29 Diese statistischen Angaben sind im englischen Original, nicht aber in der leicht gekürzten deutschen Übersetzung des Rechenschaftsberichts von Anna Essinger in: Essinger, Bunce Court School, enthalten. Eine Kopie des Originalberichts von 1943 wurde mir durch P. Krause zugänglich gemacht.
30 Schulprospekt von 1935.
31 Essinger, Bunce Court School, S. 85.
32 Hanna Bergas, Fifteen Years – lived among, with and for Refugee Children, Palo Alto 1979, S. 24 f. Englisches Original übersetzt von Andrea Hammel. Das unveröffentlichte Typoskript umfasst 74 Seiten; eine Kopie befindet sich im Besitz der Verfasserin.
33 Ebenda, S. 11.
34 Interview Nora Astfalck.
35 Rundbrief Hilde Lion.
36 Barry Turner, Kindertransport. Eine beispiellose Rettungsaktion. Mit einer Einleitung von Lucie Kaye, Gerlingen 1994, S. 78 f.
37 Bergas, Fifteen Years, S. 40 ff. Englisches Original übersetzt von Andrea Hammel.
38 Interview Nora Astfalck.
39 Essinger, Bunce Court School, S. 77
40 Bergas, Fifteen Years, S. 45–48.
41 Anna Essinger, Brief an die Eltern ihrer Schüler vom 28. März 1948, in: Doris Beatrix,«Kinder in Ehrlichkeit und Freiheit großziehen«. Die Reformpädagogin Anna Essinger und ihre Landschulheime in der Zeit der Weimarer Republik und des Nationalsozialismus (Schriftliche Hausarbeit zum Vordiplom Pädagogik), Paderborn 1996.
42 Essinger, Bunce Court School. S. 80; Rebekka Göpfert, Der jüdische Kindertransport von Deutschland nach England 1938/39, Geschichte und Erinnerung, Frankfurt/New York 1990. S. 130 f.
43 Bergas, Fifteen Years, S. 65–69.
44 Materialien zu New Herrlingen/Bunce Court befinden sich in der Wiener Library, London, sowie in dem von Martin Lubowski, London, begründeten Archiv; Dokumente zu Stoatley Rough im Archiv der London School of Economics sowie im Nachlass Hindhead/Surrey.
45 Heinz Loeser (Hg.), »Since Then ...«. Letters from former Stoatley Roughians, Boston 1971, S. 97, englisches Original übersetzt von Andrea Hammel.

Monica Lowenberg

Bildung oder Ausbildung?*

Das Jawne-Gymnasium und die *ORT*-Schule in Deutschland und England

Endlich ist wieder Karneval;
»Heidewitzka«, so tönt's überall!
Wir armen Judenkinder nur
Haben von Frohsinn keine Spur.
Wir sehen die Masken, die Jecken und Narren
Mit ihren Kostümen, Glöckchen und Knarren.
Donnerwetter! Da ist einer als Teufel mit »Sterz« –
Und etwas Wehmut stiehlt sich einem ins Herz.
Wir wollen doch auch mal 'was Freude haben
Und nicht immer bleiben nur Musterknaben;
Man ist doch auch der Stadt Köln Sohn,
Und der Karneval ist Tradition!
Aber man ist Jude ...
Und das wirkt wie 'ne Brause –
Und man stopft sich die Ohren zu –
Und bleibt zu Hause!

Karnevalsgedanken jüdischer Schüler 1937
von Rudi Stern, ehemaliger Jawne-Schüler

Das Leben in Deutschland

In den sechs Jahren zwischen 1933 und dem Zweiten Weltkrieg gab die nationalsozialistische Regierung mindestens vierhundert Erlasse, Verordnungen und Gesetze gegen Juden heraus. Diese Maßnahmen, die bis 1945 diensteifrig umgesetzt wurden, verfolgten letztendlich nur ein

* Übersetzung aus dem Englischen: Andrea Nagel

übergeordnetes Ziel: die Ghettoisierung der Juden und ihren Ausschluss aus der Volksgemeinschaft, und schließlich ihr Verschwinden entweder durch Auswanderung oder Ermordung. Etwa zwanzig dieser Gesetze befassten sich mit der Schulbildung jüdischer Kinder in Deutschland.[1] Ein Erlass vom 10. September 1935 verlangte, dass alle jüdischen Schüler aus »arischen« Schulen ausgeschlossen würden, wodurch sich die Anzahl der Kinder an jüdischen Schulen buchstäblich verdoppelte: von 10 000 im Jahr 1933 auf 20 000 im Jahr 1935. Man geht davon aus, dass allein in Berlin ungefähr 4000 jüdische Kinder vom Unterricht ausgeschlossen wurden, die daraufhin jüdische Schulen besuchten. Viele der Betroffenen sagten, sie seien erleichtert gewesen, als sie auf eine jüdische Schule gehen durften, da sie dort endlich akzeptiert wurden und »sie selbst« sein konnten. 1935 gab es insgesamt 1057 jüdische Lehrer, was eine Zunahme um 244 seit 1933 bedeutete. Es gab jedoch zu wenig Sportlehrer, außerdem einen Mangel an Fachkräften für wirtschaftliche und technische Fächer. Im selben Jahr schrieben sich 44 000 jüdische Schüler an allen Arten von Schulen ein. Es muss aber darauf hingewiesen werden, dass 20 000 (oder 45,5 Prozent) öffentliche jüdische Grund- und Mittelschulen besuchten, während die verbleibenden 24 000 Schüler (oder 54,6 Prozent) trotz des Erlasses vom 10. September[2] weiterhin auf deutsche Schulen jedweder Schulart gingen. Nach einer von der Reichsvertretung der Juden durchgeführten Erhebung betrug die Gesamtanzahl jüdischer Schüler im Deutschen Reich zwei Jahre später 38 632, was einen Rückgang von 5000 bedeutete. Diese Abnahme der Schülerzahl war zweifellos eine Folge von Emigration, Deportation und Sterblichkeit.[3] Am 17. Dezember 1938 kündigte der Reichserziehungsminister in einem Runderlass an, dass es künftig keine Unterstützung mehr für jüdische Schulen geben werde. Dennoch fuhr die Regierung bis 1939 damit fort, jüdische Grundschulen zu subventionieren, Steuern teilweise an die jüdischen Gemeinden zurückzuzahlen und für die Pensionen der Lehrer aufzukommen. Das ist ein Teil der widersprüchlichen deutschen Gesetzgebung, die auf der einen Seite deutsche Juden gnadenlos verfolgte und auf der anderen Seite ihren finanziellen Verpflichtungen gegenüber diesen nachkam.

Unter solch belastenden Umständen wurde die Aufgabe, jüdischen Kindern Bildung zu vermitteln, immer schwieriger. Nicht nur, dass Lehrkräfte dazu gezwungen waren, mit den neuen Gesetzen der Regierung, der Hasspropaganda und den täglichen Veränderungen der Klassenstärke als Folge von Abtauchen und Emigration zu kämpfen, sie mussten auch ihre Art zu lehren grundlegend ändern, um den neuen Anforderungen und Bedürfnissen gerecht zu werden. Unter anderem waren folgende Änderungen erforderlich:

1. Es wurde mehr Gewicht auf die jüdische Religionslehre und die hebräische Sprache gelegt.
2. Es wurde versucht, vormals sehr assimilierte Kinder durch Pflichtteilnahme an jüdischen Festen und Tätigkeiten zu aktiven, engagierten Juden zu machen.[4]
3. Man bemühte sich, die Kinder auf ihre schwierige Position im nationalsozialistischen Deutschland vorzubereiten.
4. Sie sollten auf die Auswanderung vorbereitet werden.
5. Es sollte ihnen eine in der Emigration nützliche Berufsausbildung vermittelt werden.

Auf diesen Prinzipien basierend erhielten die Kinder des Jawne-Gymnasiums in Köln und der *ORT*-Schule in Berlin trotz der schwierigen Umstände eine gute Ausbildung.[5]

Die *ORT*-Schule

ORT, die *Organization for Rehabilitation Through Training*, oder *Obschestvo Remeslenovo i zemledelcheskovo Truda*, wurde 1880 im zaristischen Russland von dem Finanzier und Eisenbahnbauer Samuel Poliakov gegründet, der sich mit vier weiteren jüdischen Geschäftsleuten und Bürgern Petersburgs für eine allgemeine Verbesserung der Lebensbedingungen der Juden in Russland und deren Integration in die russische Gesellschaft einsetzte. Das Hauptziel der Organisation war, junge Menschen im Handwerk und in der Landwirtschaft auszubilden.[6] Die erste praxisbezogene *ORT*-Schule in Deutschland wurde mit Hilfe der deutschen *ORT* und der *World ORT Union*, aber offiziell von der britischen *ORT* 1937 in Berlin eröffnet. Die *ORT* hatte jedoch in Berlin bereits in den Jahren zwischen 1931 und 1934 sieben Ausbildungslehrgänge für Holzhandwerk, Mechanik und andere handwerkliche Fertigkeiten angeboten. Das Unglück der deutschen Juden wurde offensicht-

lich, als sich etwa 200 arbeitslose Ärzte, Anwälte und Beamte für diese Kurse einschrieben. Leon Shapiro drückt dies folgendermaßen aus: »Die Schule genau zu dieser Zeit ins Leben zu rufen, war abgesehen von ihrer praktischen Bedeutung auch eine Demonstration des Überlebenswillens und des Widerstandes der verbliebenen deutschen Juden.«[7]
Die Schule befand sich in einer leer stehenden Fabrik im Nordwesten Berlins, in der Siemensstraße 15, und bot 15- bis 17-jährigen jüdischen Knaben, welche die staatlichen Schulen oder kommunale Gewerbeschulen nicht mehr besuchen konnten, eine praktische Ausbildung an. 101 Schüler, von denen zwei Drittel aus Berlin kamen, schrieben sich für Holzhandwerk ein, und 13 Erwachsene besuchten Kurse für Installateurarbeiten. Louis Wolff, der letzte Vorsitzende der *ORT* Deutschland vor dem Zweiten Weltkrieg, gab die Anzahl der Schüler oder »Lehrlinge«, wie er sie nannte, Ende 1938 mit ungefähr 200 an, die Verwaltung und der Lehrkörper umfassten circa 20 Personen.[8] Die Berliner Fachschule oder »Private jüdische Lehranstalt für handwerkliche und gewerbliche Ausbildung auswanderungswilliger Juden der *ORT* Berlin« galt als die wichtigste Ausbildungsinstitution für deutsche Juden, deren Eröffnung von den deutschen Behörden genehmigt worden war, unter der Bedingung, dass sie ausschließlich für Juden gedacht war, die emigrieren wollten.[9]
Die Ausbildung der Jugendlichen an der *ORT*-Schule dauerte drei Jahre, während die Lehrgänge für Erwachsene auf 18 Monate reduziert waren. Da die Schule offiziell von der britischen *ORT* gegründet worden war, stand sie unter dem Schutz der britischen Regierung und blieb von den gewalttätigen Ausschreitungen im November 1938 unberührt. Bauingenieur Hans Behrendt, der viele Jahre lang in verschiedenen Industriebetrieben gearbeitet und auch seine eigene Fabrik geleitet hatte, saß dem Schulgremium vor.[10]
Viele der Schüler haben vor der *ORT*-Schule nichtjüdische Schulen, einige auch Gymnasien, besucht. Viele dieser Schüler, die nicht aus Berlin kamen, mussten sich nicht nur sehr schnell an das Leben in der Stadt gewöhnen, sondern auch in einem Wohnheim[11] den Schlafsaal mit einer Reihe anderer Knaben teilen. Ein ehemaliger Schüler erinnerte sich:
»Das Wohnheim wurde immerzu von den Nazis kontrolliert. Ohne jede Warnung kamen Polizisten in Uniform, um das Wohnheim zu inspizieren. Die Betten mussten genauso wie beim Militär gemacht werden. Sie

kontrollierten auch alle Kleiderschränke und Toiletten und stießen uns die ganze Zeit herum. Die Regeln im Wohnheim waren streng, im Haus mussten Ordnung und Disziplin herrschen. Die Bewohner des Wohnheims kamen aus vielen verschiedenen sozialen Milieus, und die einzige Gemeinsamkeit waren ihre jüdische Herkunft und der Wunsch, einen technischen Beruf zu erlernen, der es ihnen ermöglichen würde, außerhalb Deutschlands eine Arbeit zu finden.«[12]

Viele Jungen erinnerten sich an ihre Freude und an ein Gefühl von Zufriedenheit beim Erlernen eines Handwerks. Helmut Grünewald entschied sich, unter dem aufmerksamen Blick von Max Abraham, eines früheren Angestellten der Maschinenfabrik Ludwig Loewe, die ihn, weil er Jude war, entlassen hatte, Werkzeugmacher zu werden.[13] »Die Arbeit an der Werkbank mochte ich sehr, das Lernen in der Schule weniger. Bald sagte einer meiner Lehrer zu mir: ›Grünewald, die praktische Prüfung wirst du sehr gut bestehen, aber was die Theorie angeht, bin ich mir nicht so sicher.‹ Aber das Ergebnis der ersten Prüfung war ganz anders als erwartet. Da ich das Werkzeug, das ich herstellte, während des Härtens zerbrach, bekam ich nur die Note drei. Bei der theoretischen Prüfung hingegen hatte ich Glück und wurde etwas gefragt, dessen Antwort ich sehr gut wusste. So erhielt ich die Note eins, was die Lehrer und meine Mitschüler überraschte.«[14]

Am Vorabend des Krieges kam *Colonel* J. H. Levey von der britischen *ORT* nach Berlin, um die Schuleinrichtung, die im Auftrag der britischen *ORT* gekauft worden war, mitsamt den Schülern nach England zu bringen. Im letzten Moment verhinderten die deutschen Behörden jedoch, dass die Schulausstattung entfernt wurde, indem sie die Formalitäten für den Transfer erheblich erschwerten. Schließlich gaben die Briten nach, und der Transfer fand ohne die Einrichtung statt. Am 29. August 1939 verließen insgesamt 106 Jungen im Alter von 15 bis 17 Jahren und acht Lehrer sowie deren Familien die Stadt Berlin. Es war einer der letzten Transporte aus Deutschland. Ein weiterer für die etwa 100 zurückgebliebenen *ORT*-Schüler und Schuldirektor Dr. Werner Simon war für den dritten März 1939 geplant, was sich tragischerweise als zu spät erwies. Der größte Teil dieser Gruppe kam im Holocaust um. Da sich die deutschen Behörden erst im letzten Moment geweigert hatten, die Schulausstattung freizugeben, waren keinerlei Vorkehrungen für die Unterkunft der Schüler und des Personals in Großbritannien getroffen worden. So fanden das männliche Personal und die Schüler im *Kitchener Camp* in Kent Unterkunft und die Frauen und Kinder wurden nach Leeds geschickt, wo der Unterricht für die Berliner Schüler wieder aufgenommen werden sollte. In den zwei Monaten, die die Jungen im Camp verbrachten, verbesserten sie ihre englischen Sprachkenntnisse, während sie für die Nachbarn Gelegenheitsarbeiten, wie Äpfel pflücken oder Sandsäcke füllen, ausführten.[15] Im November 1939 schließlich montierten dieselben Jungen unter der Anleitung ihrer Lehrer aus Berlin neue Maschinen, schlossen sie an das Stromnetz an und nahmen alle notwendigen Installationen vor, die in der Schulwerkstatt möglich waren. Die Schüler aus dem Installations- und Sanitärzweig bauten Toiletten und Waschhäuser auf, und binnen kurzer Zeit lief der Schulbetrieb wie am Schnürchen. Die *ORT*-Schule von Leeds war in fünf Abteilungen oder Fakultäten unterteilt: Schweißen, Drehen und Montage; Sanitärtechnik; Elektrotechnik; Maschinenbau; Zimmerer- und Schreinerarbeiten.

Die Ausbildung umfasste sowohl praktische als auch theoretische Arbeit, und die Unterrichtsstunden wurden auf Englisch gehalten. Im praktischen Unterricht lernten die Schüler, wie man mit Metallen, Holz, Werkzeugen und Maschinen arbeitete, und in der theoretischen Ausbildung wurden Fächer wie Mathematik, Physik und Geometrie unterrichtet. In den Wohnheimen, in denen die Jungen lebten,[16] gab es keinen Religionsunterricht, aber es wurde ermöglicht, dass die Klassen in jüdischer Religion und Geschichte unterrichtet wurden und zusätzliche Abendkurse in Englisch erhalten konnten. Die *ORT* von Leeds schrieb in ihrem Schulprospekt: »Wir sind eine Fachschule, keine Einrichtung für Religionserziehung.«[17]

Einige der Schüler hatten erst im Jahr vor der Auswanderung mit dem Besuch der Berliner *ORT*-Schule begonnen und hatten daher noch nicht die ausreichenden technischen Fertigkeiten erworben, die nötig gewesen wären, um in dem Handwerk ihrer Wahl arbeiten zu können. Die Zeit an der Leedser *ORT*- Schule ermöglichte es ihnen, ihre Ausbildung abzuschließen und hinreichende Qualifikationen zu erwerben. In einigen Fällen war ihre weiterführende Schulbildung lange unterbrochen gewesen, aber in Leeds bekamen sie die Möglichkeit, ihren Unterricht in einer stabilen Umwelt mit Menschen, die sie kannten, abzuschließen. Dies jedoch traf nicht auf die Schüler des Jawne-Gymnasiums zu.

Das Jawne-Gymnasium

Das Kölner Jawne-Gymnasium wurde 1919 von den Rabbinern Dr. Emanuel Carlebach und Dr. Benedikt Wolf gegründet, um den Bedürfnissen der orthodoxen Gemeinde gerecht zu werden. Rabbi Carlebach wurde der erste Leiter der neuen Schule, zehn Jahre nach der Gründung übernahm der junge Dr. Erich Klibansky das Amt des Schulleiters.[18] Es war eine private, schulgeldpflichtige jüdische Schule, ein Reformrealgymnasium für die orthodoxe Adass-Jeschurun-Gemeinde. Seit ihrer Gründung erhob die Schule keinerlei Ansprüche auf staatliche Unterstützung, was freilich in Anbetracht der Wirtschaftskrise für ständige Geldnot sorgte und stark zu Lasten des Personals ging. Mit wachsendem Antisemitismus waren die Lehrer 1931 jedoch bereit, größere Klassengrößen und Gehaltskürzungen hinzunehmen, was in einigen Fällen dazu führte, dass sie nur noch 60 Prozent des üblichen Gehalts bekamen. 1929 hatten sich nur 100 Schüler, die alle orthodox waren, an der Schule eingeschrieben, 1931/32 war die Zahl auf 230 gestiegen und im Oktober 1933 war das Jawne-Gymnasium so gefragt, dass eine Klasse im ersten Schuljahr aus 60 bis 70 Schülern bestand.

Unter solchen Umständen befand es Klibansky für notwendig, die circa 500 Eltern am 26. November 1933 in die Schulaula zu bitten und ihnen in klaren Worten die Situation der Juden in Deutschland darzulegen: »Es ist sicher nicht zu viel behauptet, wenn man sagt, dass wohl der größte Teil dieser nunmehr neu zu uns kommenden jüdischen Kreise niemals ohne die Ereignisse der jüngsten Zeit ernsthaft auch nur die Möglichkeit erwogen hätte, die eigenen Kinder einmal einer jüdischen Schule anzuvertrauen. [...] Nun, wir haben den epochalen Abschluss der deutsch-jüdischen Emanzipationsepisode ja alle miterlebt. Die jüdische Geschichte hat mit einem unwahrscheinlichen Sprung über die Zeiten zurück wieder dort eingesetzt, wo wir vor eineinhalb Jahrhunderten scheinbar stehen geblieben waren, und mit automatischer Notwendigkeit richten sich die Blicke all derer, denen die Ereignisse die Augen geöffnet haben, wieder zur geistigen Rüstkammer unseres Volkes, um sich die alten Waffen zu holen, die wir brauchen, um in solcher Zeit und Not als Juden zu bestehen. [...] In welche Schule schicke ich mein Kind? Diese Frage ist heute entschieden. Man kann nicht mehr einwerfen, wir wollen nicht selbst ins Getto zurück, denn der

Ausgliederungsprozess des deutschen Volkes gegenüber uns Juden ist in vollem Gange.«[19]
Bis Ostern 1934 verließ mehr als die Hälfte der Schüler das Gymnasium, um mit den Eltern auszuwandern. Zum nächsten Schuljahresbeginn kamen Neulinge von staatlichen Schulen und manche aus weiter entfernt gelegenen Städten wie Bonn, Düsseldorf und Essen, wo das Leben für Juden immer schwieriger wurde.[20] Die Schüler bekamen mit einem umfassenden Fächerangebot nicht nur eine ausgewogene Bildung in den drei Naturwissenschaften, Religion, Französisch, Deutsch, Latein, Hebräisch, Englisch, Geographie, Geschichte, Mathematik, Musik und Kunst (dieses Fach unterrichtete ab November 1935 der bekannte Maler Ludwig Meidner[21]). Klibansky erkannte auch die Notwendigkeit, dass das Gymnasium seine Schüler auf ein Leben im Ausland vorbereiten musste. Daraufhin führte Klibansky Ostern 1934 das Fach Handelslehre für das Gymnasium ein und freiwilligen Handwerksunterricht in der Werkstatt des Waisenhauses in der Aachener Straße für die Real- und Volksschule. 1933 wurde die sechste Klasse auf Befehl des Reichsministeriums für Wissenschaft, Erziehung und Volksbildung geschlossen, doch zu Beginn des Schuljahres 1938 wurde die Wiedereröffnung gestattet. Mit Hilfe zweier Englischlehrer, Nicklas Abramson und Raphael Loewe, die Klibansky im Jahr zuvor persönlich nach Deutschland gebracht hatte, wurde die neue sechste Klasse auf die Prüfungen der Universität Cambridge, die »*School Certificate Examination*«, vorbereitet. Der gesamte Unterricht fand in englischer Sprache statt.
Ein ehemaliger Schüler, Ian Karten, erinnert sich: »Wir lernten Englisch, Latein, Französisch, Deutsch, Hebräisch, grundlegende Mathematik, Physik und Chemie, und der ganze Unterricht musste in englischer Sprache vonstatten gehen. In einigen Fächern wie Englisch und Englische Literatur war es einfach und machte Spaß, aber es war schwierig in Fächern wie Latein, Französisch und Hebräisch, wo man plötzlich gezwungen war, in einer fremden Sprache zu denken und zu schreiben und in eine weitere fremde Sprache zu übersetzen. Zwei junge Lehrer aus Cambridge, die ihr Studium im Jahr zuvor abgeschlossen hatten, unterrichteten uns, der eine in Englisch, der andere in Religionslehre. Die anderen Lehrkräfte des Gymnasiums mussten auf einmal in Englisch ihr Bestes geben, und die meisten kamen gut damit zurecht. Der Unterricht dauerte ein Schuljahr.«[22]

Die Abschlussprüfungen ermöglichten es den Schülern, an jeder beliebigen britischen Universität zu studieren, was die Chancen der Schüler im Ausland erheblich verbesserte, besonders natürlich in Großbritannien und den Vereinigten Staaten. Die Prüfungen für diesen Abschluss wurden im Juli 1938 in Frankfurt am Main abgenommen, zwölf der Schüler bestanden sie erfolgreich. Die Ergebnisse des Examens sollen überragend gut gewesen sein und die *Jewish Chronicle* in Großbritannien beschrieb die Schüler als »außerordentlich brillant«.[23]

Nur wenige Monate später, in der Nacht des 9. November 1938, war auch die Schule Objekt der nationalsozialistischen Exzesse. Mobiliar und Lehrmaterial wurden zerstört, Dokumente zerrissen und Bücher in den Hof geworfen. Dieser brutale Überfall trieb Klibansky dazu zu handeln. Schon seit geraumer Zeit hatte er einen Transfer der ganzen Jawne-Schule nach England erwogen, und jetzt war die Zeit gekommen, es endlich zu tun. Binnen vier Wochen hatten nahezu alle Eltern ihre Kinder für den Umzug angemeldet. Es fanden vier Transporte statt, am 17. Januar 1939, im Februar 1939, am 9. Mai 1939 und im Juni 1939. Auf diese Weise wurden 127 Kinder gerettet, davon 87 Jungen und 40 Mädchen. Die Kinder der ersten beiden Transporte kamen nach London und wurden in Wohnheimen in Cricklewood und Willesden untergebracht. Die Kinder aus dem dritten Transport kamen in eine Herberge in Liverpool und die aus dem letzten Transport nach Manchester.[24]

Trotz der durch die Auswanderung hervorgerufenen Störungen und trotz des Krieges übte Klibansky sein Amt als Schulleiter des Jawne-Gymnasiums weiter aus. 1938 hatte die Schule die größte Anzahl von Schülern seit ihrer Gründung gehabt, 450 Jungen und Mädchen, im Oktober 1939 hatte sie nur mehr 100 Schüler. Am 1. Oktober 1939 schlossen sich die zur Jawne-Schule gehörigen Volksschulen (Morijah-Schule und die Schule in der Löwengasse, früher Lützowstraße) mit dem Gymnasium zusammen und zogen in dessen Räume. Ende Juni 1942 wurden alle jüdischen Schulen offiziell und endgültig geschlossen und Lehrer und Schüler »in den Osten evakuiert«. Schon im Oktober 1941 war den Lehrern und Schülern des Jawne-Gymnasiums befohlen worden, ihre Reise ins Ghetto Lodz anzutreten. Für die meisten wurde es eine Reise in den Tod.

Am 20. Juli 1942 verließ ein Spezialtransport, in dem sich alle jungen Kölner Juden befanden, den Bahnhof Köln-Deutz. Guter Laune verkündeten sie, dass sie zurückkehren würden. Klibansky und seine Frau Meta reisten mit ihnen. Aus offiziellen Unterlagen geht hervor, dass der Transport nach Minsk ging, wo er von einem SS-Mordkommando empfangen wurde. Die Kinder und die Klibanskys kehrten nicht zurück.[25]

Das Leben in England

»Meine Mutter und mein Vater begleiteten mich zum Bahnhof, um mir zum Abschied zuzuwinken. Tränen strömten über ihre Gesichter. Ich kann mich noch immer erinnern, wie meine Mutter zu mir sagte: ›Vergiss nicht, dass du ein jüdisches Kind bist, und lerne etwas, wenn du nach England kommst!‹ Ich sah meine Eltern zum letzten Mal«, erinnerte sich eine Interviewpartnerin.[26]
Viele Kinder erzählten von dem aufregenden Gefühl, ein Abenteuer zu erleben, als sie Deutschland verließen und nach England kamen. Man hatte ihnen gesagt, dass ihre Eltern ihnen in kurzer Zeit folgen würden, und dass alles gut werden würde. Für die überwiegende Mehrheit war dies jedoch nicht der Fall. Die Kinder gewöhnten sich an ihre neue Umgebung, das neue Essen, das vielen anfangs widerstrebte, an die neuen Bräuche und auch daran, englisch zu sprechen. Viele hielten sich an das Motto *»Vere zere iz a vill, zere iz a vay«*[27] (Wo ein Wille ist, ist auch ein Weg) und lernten die englische Sprache durch Ausprobieren und zum Teil auf lustige Art und Weise, wie sich ein ehemaliger Jawne-Schüler erinnerte: »Als ich in Dover ankam und den Schaffner fragte, wann der nächste Zug nach London ginge, sagte er sinngemäß: ›*In 'alf an 'our*‹. Ich dachte, er spräche irgendeine fremde Sprache. [...] Ich nahm an einem Sommercamp für Jungen aus der Arbeiterklasse an der Küste nahe Margate teil. Ich fragte einen der Jungen: ›*When did you commence to exercise your calling?*‹ Alle lachten und mir war es sehr peinlich.«[28]
Wie es die Tradition verlangte, war den jüdischen Kindern der Glaube vermittelt worden, dass Bildung der Weg zu einem erfolgreichen und erfüllten Leben sei. Einmal in Großbritannien angekommen, mussten sie ihre Ansprüche drastisch senken. So wurden die Jawne-Schüler zunächst in Wohnheimen untergebracht und einige Wochen später auf Volksschulen geschickt. Viele beklagten sich über das Unterrichtsni-

veau an den Schulen, das wesentlich niedriger war als das, was sie vom Jawne-Gymnasium gewohnt waren. Ein Befragter meinte, das Niveau der Klassen, die sie besuchten, sei drei Jahre zurück gewesen, besonders in Mathematik und den Naturwissenschaften. »Aber wir haben dann auch nichts mehr hinzugelernt. Oft spielten wir in der Klasse Schach und haben den Jungen der Schule auch das Schachspielen beigebracht. Doch mit dem Lernen war es aus, der ›Jawne-Traum‹ war damit ausgeträumt.«[29] Die Ausbildung der älteren Jungen kam durch die Internierung endgültig zum Abbruch. Rolf Schild erinnerte sich, dass er den größten Teil seiner Zeit als Internierter mit »Pingpong-Spielen« zubrachte.[30] Andere Jawne-Schüler wurden nach einem kurzen Aufenthalt im Internierungslager in Huyton mit dem Schiff nach Kanada und Australien geschickt. Man geht davon aus, dass mindestens zwei Jawne-Schüler auf der *Arandora Star* waren, die am 2. Juli 1940 von einem U-Boot-Torpedo getroffen wurde. 1200 Menschen gingen mit dem Schiff unter.[31]

In Großbritannien hatten alle Kinder bis zum Alter von vierzehn Jahren laut Gesetz Anspruch auf eine kostenlose Volksschulbildung, doch danach gab es einen harten Wettbewerb um die wenigen Stipendien für weiterführende Schulen und Universitäten. Die Kinder, die das *School Certificate Examination* bestanden hatten, und die, deren Eltern später nachkamen, oder diejenigen, die von anderen Familien aufgenommen wurden, hatten bessere Aussichten, an eine weiterführende Schule oder eine Universität zu gelangen, als die, die in den Wohnheimen blieben.[32] Ohne die finanzielle und emotionale Unterstützung ihrer Familien oder anderer Bezugspersonen sahen viele dieser Kinder keine andere Möglichkeit, als die Schule mit vierzehn zu verlassen und in den Fabriken oder anderswo in der Gegend zu arbeiten. Ein hoher Beamter des Innenministeriums stellte im Oktober 1942 bei einer Konferenz des *Refugee Children's Movement* fest, dass Flüchtlingskinder nicht anders als englische Kinder behandelt werden sollten, und er fügte hinzu: »Es ist nicht möglich, für weitere Bildung aufzukommen, außer in Fällen außergewöhnlicher Brillanz.«[33]

Unter solchen Bedingungen überrascht es kaum, dass die Jawne-Schüler, die keine weitere Bildung erhalten konnten, zum größten Teil Berufe ergriffen, die sie an der Arbeitsstelle erlernen konnten. Das war für sie der einzig mögliche und zukunftssichere Weg, Geld zu verdienen, »den Kopf über Wasser zu halten«. Universitätsausbildung war für viele ein Luxus, den sie sich einfach nicht leisten konnten, oder sie besaßen nicht die notwendigen Aufnahmequalifikationen. Daher ergriffen recht viele, ob sie nun am Jawne-Gymasium oder an der *ORT*-Schule gewesen waren, Berufe in Handel, Einzelhandel, in Industrie und Technik (besonders in der Herstellung von Textilien).[34]

Nach dem Krieg nutzte eine Reihe von Absolventen, besonders die Frauen, das Angebot der britischen Regierung, sich als Sprachlehrer, Krankenschwestern und Sozialarbeiter ausbilden zu lassen. In den letzteren beiden dieser Berufe war ihr geschärftes Verständnis für Leid von unbezahlbarem Nutzen, wenn sie denen halfen, die selber gerade Not durchlitten. Da sie schon in jungen Jahren ihre Heimat verlassen hatten und von ihren Eltern früh hatten Abschied nehmen müssen, waren sie buchstäblich gezwungen zu lernen, wie man allein zurechtkommt. Vielleicht brachen die Frauen dadurch aus der traditionellen Rolle der Hausfrau und Mutter aus – eine Rolle, die die meisten übernommen hätten, wären sie in Deutschland geblieben.

Interessant ist, dass eine beträchtliche Anzahl der befragten Flüchtlinge beiderlei Geschlechts sich um Möglichkeiten bemühte, sich in ihrer Freizeit sozial zu engagieren, wenn sie dies im Berufsleben nicht konnten. Sie halfen in Krankenhäusern, betätigten sich in der Lokalpolitik, beantworteten Anrufe bei einem Sorgentelefon für Kinder oder unterstützten *Amnesty International* und *Prisoners of Conscience*.

Besonders die Jawne-Schüler klagten darüber, dass ihnen Bildung verwehrt worden war. Das war bei den *ORT*-Schülern weniger der Fall. Alle befragten Schüler brachten ihre tiefe Dankbarkeit dafür zum Ausdruck, dass sie zumindest das Jawne-Gymnasium oder die *ORT*-Schule hatten besuchen dürfen, da ihnen dort Fähigkeiten vermittelt wurden, die sie auf das Leben vorbereiteten. Ob religiös oder nicht, fanden sie unter den denkbar schlimmsten Umständen ihren inneren Überlebenswillen. Denn zu überleben, so dachten viele, war das wenigste, was sie tun konnten, um das Opfer ihrer Eltern und Lehrer, die sie gerettet hatten, zu würdigen.

Anmerkungen

1 Solomon Colodner, Jewish Education in Germany under the Nazis, New York 1964, S. 37. [Vgl. auch: Joseph Walk (Hg.), Das Sonderrecht für die Juden im NS-Staat, Karlsruhe 1981, Anm. d. Hg.].

2 Ebenda, S. 44 f.

3 Colodner fasst das 1937 zusammen: 1. Von den erfassten 38632 jüdischen Schülern schrieben sich 23670, oder 61,27 Prozent, an jüdischen Schulen ein. 2. Ungefähr 18000 jüdische Kinder besuchten jüdische Grundschulen und etwa 5000 besuchten weiterführende Schulen. 3. Mehr als die Hälfte aller jüdischen Schulen waren Grundschulen und circa ein Drittel aller Kinder gingen auf diese. 4. Etwa zwei Drittel der jüdischen Schüler besuchten in der Mittelstufe jüdische Schulen (ebenda, S. 53).

4 Lotte Kaliski, die Gründerin der (privaten) Kaliski-Schule in Berlin, bemerkte: »Die meisten von uns kamen, genau wie die Kinder, aus sehr assimilierten Familien, aber wir sahen, dass die Kinder etwas über ihre Wurzeln erfahren mussten, um eine positivere Einstellung zu gewinnen.« Zitiert bei Marion Kaplan, The School Lives of Jewish Children and Youth in the Third Reich, in: Jewish History 11, (1997) Nr. 2, S. 41–52, hier S. 47. Zur Kaliski-Schule siehe Hertha Luise Busemann/Michael Daxner/Werner Foelling, Insel der Geborgenheit. Die Private Waldschule Kaliski Berlin 1932 bis 1939, Stuttgart/Weimar 1992; siehe Werner Foelling, Zwischen deutscher und jüdischer Identität. Eine jüdische Reformschule in Berlin zwischen 1932 und 1939, Opladen 1995.

5 In meiner Doktorarbeit habe ich Forschungen darüber angestellt, wie diese Jugendlichen ihr Leben aufgebaut haben, nachdem sie in Großbritannien angekommen waren. Außerdem habe ich sie mit anderen Flüchtlingen verglichen, die auf andere Art und Weise nach Großbritannien gekommen waren, teils mit ihren Eltern oder auch schon als Erwachsene, die fest im Berufsleben standen. – Der Vergleich der beiden Schulen hat das Ziel, herauszufinden, in welchem Maß die akademische Bildung am Jawne-Gymnasium und die praktische Ausbildung an der ORT-Schule die Berufswahl der Kinder beeinflussen würde. – Ich wollte die beiden Schulen wegen ihrer historischen Bedeutung untersuchen, denn sie waren die einzigen Schulen, die erst 1938 und 1939 den Transport nach Großbritannien für ihre Schüler organisierten, als ganze Schule oder in Klassen, wie es beim Jawne-Gymnasium der Fall war. In Oral-History-Interviews wurden 56 Personen befragt, 36 Männer und 20 Frauen. Davon waren: 17 Jawne-Schüler (und ein Lehrer), elf *ORT*-Schüler (und ein Lehrer), 26 weitere Personen (15, die als Jugendliche kamen, und elf, die als Erwachsene kamen).

6 Vgl. Leon Shapiro, The History of ORT. A Jewish Movement for Social Change, New York 1980.

7 Ebenda, S. 174.

8 Nele Loew Beer, 70 Jahre ORT in Deutschland. Ein Rückblick auf die Geschichte, in: ORT 1921–1991. 70 Jahre ORT in Deutschland, 5 (Winter 1991/92), S. 27–50, hier S. 45. – In der Broschüre der World ORT Historical Archives, From Despair to Hope. Rescue Action of WOU of Young Hitler-persecuted German Jews, o. O., o. J., S. 18, heißt es, dass Ende Juli 1938 215 Schüler die Schule besuchten.

9 Ebenda, S. 17.

10 Ebenda, S. 25: »Gemäß der einhelligen Meinung aller maßgeblichen jüdischen Führungskräfte in Deutschland ist die Berliner ORT-Fachschule zur Zeit (1. Dezember 1938) die beste jüdische Schule nicht nur in Berlin, sondern im ganzen Land. Sie verfügt über zahlreiche Lehrmittel, die zwei große Stockwerke eines Fabrikgebäudes füllen und außerdem über ausgezeichnete Lehrkräfte sowie Vorarbeiter, die unter großen Anstrengungen und nach langer und ausgedehnter Suche angeworben wurden, da es zur Zeit außerordentlich schwierig ist, in Deutschland hochqualifizierte jüdische Techniker und Vorarbeiter zu finden. Eine Reihe erstklassiger Spezialisten auf dem Gebiet der Fabrikorganisation haben sich um unsere Fachschule versammelt. Sie widmen ihre Zeit und Energie, um der Schule ihr außergewöhnliches Wissen auf ehrenamtlicher Basis zu vermitteln.«

11 Das Wohnheim der *ORT*-Schüler befand sich in der Rosenthaler Straße, im Zentrum Berlins, im ersten Stock des Kaufhauses Wertheim. Es wurde von der Reichsvertretung der Juden in Deutschland geleitet, und ein Herr Schoenfeld, ein früherer Kapellmeister, war Verwalter.

12 Helmut Gruenewald, A Jew-Boy Was Not Allowed To Be A German, Bristol 1999, S. 43 (unveröffentlichter Lebensbericht).

13 Nach sechzig Jahren gab es am 5. September 1999 in der Londoner Zentrale der britischen *ORT* ein Treffen der »Klasse 1939«. Max Abraham, 85 Jahre, und seine Frau Hanni wohnten den Feierlichkeiten bei. Max ist der einzige noch lebende Lehrer aus dieser Zeit. Weitere Einzelheiten finden sich in Ruth Rothenbergs Artikel »Klassentreffen der Berliner ›Klasse 1939‹«, in: Jewish Chronicle, 17. September 1999, S. 20.

14 Gruenewald, A Jew-Boy, S. 48.

15 Interview mit Bernhard Pomeranz, 10. Dezember 1997, London. Alle Interviews wurden von Monica Lowenberg im Rahmen ihrer Forschungen für eine Doktorarbeit am Centre for German-Jewish Studies, Brighton, geführt. Siehe auch das Tagebuch der Berliner *ORT*-Schuljungen, das von September 1939 bis November 1939 während des Aufenthalts im Kitchener-Camp in Kent geschrieben wurde.

16 Die Schüler der *ORT* wurden in fünf Wohnheimen in der Nähe der Schule untergebracht. Das Hauptwohnheim, in dem auch der Speisesaal war, in dem sich alle Schüler zum Essen versammelten, lag in der Chapeltown Road 226; siehe ORT (Hg.), From Despair to Hope. A Constructive Form of Help, The ORT Technical Engineering School, Roseville Avenue, Roseville Road, Leeds, 8, o. O., o. J., S. 7.

17 Ebenda, S. 11.

18 Corbach bemerkt: »Jawne ist nicht nur einfach ein Name, sondern eine wichtige Philosophie, die in den Traditionen des Judentums große Bedeutung hat. Jawne ist die alte jüdische Stadt, die nach der Zerstörung Jerusalems im Jahre 70 n. Chr. das spirituelle Zentrum der Erneuerung und Stärkung des Judentums wurde. Hier wurde unter Jochanan ben Sakkai das Synedrion geschaffen. Hier begann unter Gamliel II die Epoche des talmudischen Judentums, und es wurde die bindende Halakhah entworfen. Für lange Zeit befand sich hier das Zentrum eines kompromisslosen Judentums. Jawne liegt in der Nähe von Aschdod, südlich des heutigen Tel Aviv und wurde 1948 neu gegründet.« (Dieter Corbach, Die Jawne zu Köln, o. O., o. J., S. 264).

19 Ebenda, S. 271.

20 Corbach schrieb 1937: »20 Prozent der Schüler kamen aus weiter entfernt gelegenen Städten wie Bonn, Düsseldorf, Essen, Ohligs, Solingen, Remscheid und kleineren Orten. Sie mussten sehr oft stundenlang mit dem Zug fahren oder sich unter der Woche nach von der Schule organisierten Quartieren in Köln umsehen. Auch die Kölner Kinderheime in der Lützowstraße und in der Aachener Straße und das Morijah-Heim am Salierring brachten Schüler unter.« (Ebenda, S. 277).

21 Im November 1935 wurde Meidner Lehrer am Jawne-Gymnasium und porträtierte sehr oft während des Unterrichts viele seiner Schüler oder bat sie, in seinem Atelier für ihn Modell zu sitzen. Viele Schüler erinnern sich noch immer voller Zuneigung an ihn, ganz besonders Ernest Kolman, der Privatunterricht bei ihm hatte und später als Graphikkünstler in London arbeitete. (Interview mit Ernest Kolman, 26. November 1997, London). Weitere Details finden sich in: Corbach, Die Jawne zu Köln, S. 275 f., und in: Thomas Grochowiak, Ludwig Meidner, Recklinghausen 1966.

22 Interview mit Ian Karten, 23. April 1998, Surrey.

23 Siehe Corbach, Die Jawne zu Köln, S. 277.

24 In Willesden wurden 15 Mädchen aus dem zweiten Transport in einer Herberge in der Willesden Lane 243 untergebracht. 15 Jungen wurden in ein nahe gelegenes Wohnheim in der Minster Road 1 gebracht. Das Wohnheim in Liverpool befand sich in der Linnet Lane 19 und das in Manchester in der Waterloo Road. Vgl. Corbach, Die Jawne zu Köln, S. 284 f.

25 Vgl. Corbach, Die Jawne zu Köln, S. 295–298, und Dieter Corbach, 6 Uhr ab Messe Köln-Deutz. Deportationen 1938–1945, Köln 1999.

26 Interview mit Hilde Schoenfeld, 2. Juli 1998, London.

27 Interview mit Ralph Blumenau, 12. März 1998, London.

28 Interview mit Ian Karten, 24. April 1998, Surrey.

29 Corbach, Die Jawne zu Köln, S. 291.

30 Aufgezeichnetes Interview mit Rolf Schild, 7. Juli 1999, London.

31 Corbach, Die Jawne zu Köln, S. 294.

32 Interview mit Lore Robinson, 22. April 1998, London.

33 Zitiert bei Barry Turner, ... and the Policeman Smiled, London 1990, S. 178.

34 Von den Jawne- und *ORT*-Schülern, die ich interviewte, entschied sich nur einer, eine Abendschule zu besuchen, um Buchhalter zu werden, und ein anderer, eine Lehre als Optometriker zu absolvieren. Zwei Jawne- und zwei *ORT*-Schüler wurden wohlhabende Industrieunternehmer (beide erhielten einen OBE-Orden [Order of the British Empire] und einer die Ehrendoktorwürde). Es ist interessant zu beobachten, dass von den 56 Menschen, die ich interviewte, nur die, die im Alter von Mitte 20 nach Großbritannien gekommen waren und bereits eine Ausbildung in einem Gewerbe absolviert hatten, oder die, die schon an einer deutschen Universität studiert hatten, fähig waren, ihren Beruf als Musiker, Rabbiner, Jugend-*Alijah*-Führer oder als Ökonom auszuüben. Ich sprach mit einem Rechtsanwalt, Absolvent der Universität Heidelberg, der in England nicht praktizieren durfte, ehe er nicht den britischen Abschluss nachgeholt hatte. Da er nicht in der Lage war, erneut zu studieren, beschloss er stattdessen, sein juristisches Wissen zu benutzen, um sich mit Pensionsansprüchen und Schadenersatzforderungen zu beschäftigen. Unter den Interviewten befanden sich weder Ärzte oder Architekten, noch Bankmanager oder Journalisten. Zwei Jawne-Schüler wurden Ge-

schichts- und Sprachlehrer. Die Frauen arbeiteten überwiegend in den drei Gebieten Bildung, Handel und Gesundheitswesen, bevor sich die meisten entschieden, Vollzeit-Mütter zu werden. Im Gegensatz dazu studierten nur zwei Männer mit Unterstützung der britischen Armee Zoologie bzw. Sozialarbeit. Eine ehemalige Schülerin des Jawne-Gymnasiums bekam 1994 für ihre Kurzgeschichten den Staatspreis Sri Lankas für Literatur.

Ute Benz

Traumatisierung durch Trennung

Familien- und Heimatverlust als kindliche Katastrophen

Wie ihre Erinnerungen zeigen, haben aus dem nationalsozialistischen Deutschland evakuierte Kinder, auch wenn sie Geschwister waren, sehr unterschiedlich reagiert. Wie ist zum Beispiel die folgende Szene zu verstehen, von der Gideon Behrendt berichtet? Er war 1938 mit 14 Jahren im ersten Kindertransport nach Großbritannien gekommen, »wehrlos dem Willen anderer ausgeliefert und auf Wohlwollen hoffend«.[1] Selbst sich einigermaßen rasch zurechtfindend, hatte er Nachricht aus Schottland erhalten, dass er seine etwas später evakuierte jüngere Halbschwester in deren Pflegefamilie besuchen könne. Als er sie 1943 schließlich traf, er war 19, sie 15 Jahre alt, musste er fassungslos feststellen, dass seine Schwester ihn zwar erkannte, sich jedoch panisch von ihm abwandte und ganz offensichtlich Angst vor ihm hatte, als sei er es, der ihr Leben zerstören könnte. Der Bruder begriff, dass sie Angst hatte, erneut »abgeholt«, also wieder aus den Beziehungen gerissen zu werden, die sie inzwischen geknüpft hatte. Im Gegensatz zu ihm hat die Schwester auch später keinen Kontakt zu ihrer Familie gesucht.

Evakuierungen von Kindern verfolgter Minderheiten, was bedeuten sie psychisch? Mit welchen Belastungen müssen die Geretteten kurz-, mittel- und langfristig fertig werden? Mit meinen Überlegungen folge ich nicht der Absicht, jüdische Zeitzeugen zu interpretieren. Seit diese begonnen haben, öffentlich über ihr Leben zu berichten, können wir als nichtverfolgte Deutsche nur von ihnen lernen. Doch so wichtig das Zuhören auf Seiten der Nichtverfolgten ist, weil es uns lehrt, dass es keinen Schlussstrich unter die Geschichte des Nationalsozialismus und seine menschlichen Folgen geben kann, so nötig ist es auch, Fragen in die eigene Richtung zu stellen. Was macht das Zuhören so schwer, welche Widerstände verhindern ein breites Interesse an solchen Fragen und erschweren das Verstehen? Welche Wege erleichtern es uns, die wir nicht in gleicher Weise über eigene oder familiäre Erinnerungen verfügen?

Verlust bedeutet Trennung. Unter den zahlreichen Aspekten, die bei Verlusten aller Art (Verlust von Familienmitgliedern, des Sprachraumes, der gewohnten Umgebung, der Freunde) berücksichtigt werden sollten, ist der Aspekt der Trennung von den primären Bezugspersonen ein zentraler.[2] Dabei ist es sicherlich kein Zufall, dass um die Problematik Trauma und Trennung seit Jahrzehnten eine umfangreiche Literatur, ja ganze Theorien entstanden sind. Es macht Sinn, im weit verbreiteten Interesse an Trennungsfragen auch in der psychologischen Fachliteratur einen Ausdruck realer kollektiver Erfahrungen von Menschen im 20. Jahrhundert zu sehen, die millionenfach Verfolgung, Krieg, Vertreibung und Flucht erlebten.[3] Es fällt auf, dass der politische Bezug innerhalb der psychologischen Überlegungen meist – wenn überhaupt – nur eine marginale Rolle spielt. In der psychologischen Forschung und Literatur werden Trennungsfragen sehr auf den familiären Bereich und auf die Mutter-Kind-Beziehung konzentriert und dadurch vom politisch-historischen und kollektiven Kontext geradezu isoliert, so dass der Eindruck entsteht, Politik und Geschichte hätten nichts mit Individuum und Familie zu tun. Warum? Einiges spricht dafür, dass dies kein Zufall, sondern eine sachlich nicht zu rechtfertigende Isolierung von im Kern zusammenhängenden Problemen ist, Ausdruck individueller und kollektiver Abwehr von Zusammenhängen, die am liebsten vergessen würden.

Die folgenden Überlegungen sollen der Einsicht dienen, dass es für Nichtverfolgte immer wieder wichtig ist, neben den besonderen Problemen der verfolgten Kinder, die gerettet, aber von ihren Angehörigen getrennt wurden, auch die allgemeinen Probleme zu sehen, die ihre Rettung durch Evakuierung selbst dann zur schweren Belastung machten, wenn die Kinder in Großbritannien eine sichere Aufnahme und relativ gute Bedingungen für ihre weitere Entwicklung fanden. Ein vertieftes Verständnis für das Ausmaß der Belastungen der aus dem nationalsozialistischen Deutschland evakuierten jüdischen Kinder soll hier nicht durch das Studium einzelner Schicksale erfolgen, sondern durch Reflexion der Grundlagen, auf denen sich individuelle Trennungsschicksale entwickeln.

Aus psychoanalytischer Sicht kommt der Trennungsproblematik im

Allgemeinen eine große Bedeutung zu. Sie muss für die Beurteilung der Frage herangezogen werden, ob und in welchem Alter ein Kind Belastungen durch Verlust von Familie und Heimat als traumatisch und mit entsprechend heftiger Abwehr erleben muss oder aber, ob und unter welchen Bedingungen seitens der neuen Bezugspersonen ein Kind trotz vielfältiger äußerer Probleme Trennungen von Bezugspersonen so weit überwinden kann, dass es in seiner kindlichen Persönlichkeitsentwicklung nicht nachhaltig belastet wird. Das Fragen nach der Fähigkeit von Kindern, Trennungen von den primären Bezugspersonen zumindest so zu verarbeiten, dass ihre Persönlichkeitsentwicklung einigermaßen altersadäquat möglich ist, impliziert viele Fragen. Sie betreffen erstens das Alter, in dem die Trennung von geliebten Personen erlebt wurde, zweitens die Art der Trennung – ob sie vorbereitet war oder plötzlich erfolgte –, drittens die Frage, ob das Pflegemilieu günstig und verständnisvoll war. Sie betreffen viertens die Dauer der Trennung und fünftens, ob sie endgültig war, weil die Eltern im Holocaust ermordet wurden, oder aber, ob sechstens die Kinder veränderte, traumatisierte Eltern wiederfanden und ob sie siebentens durch Familienzusammenführungen neue Trennungen aus den sozialen Beziehungen, die sie in der Zwischenzeit geknüpft hatten, erfuhren.

Es leuchtet unmittelbar ein, dass es wesentlich vom Alter der Kinder beziehungsweise von ihrem jeweiligen psychischen Entwicklungsstand abhängt, ob und wie sie Trennungen verarbeiten können. Ein Jugendlicher von 14 Jahren, der sich in der Adoleszenzphase befindet, in welcher Verselbständigung gegenüber der Familie zur normalen Entwicklung gehört, der gerne unter Kameraden ist, vermag sich trotz aller Schwierigkeiten erfolgreicher zurechtzufinden als ein kleineres, noch sehr an seine Eltern gebundenes Kind. Bei jüngeren Kindern gibt es besonders sensible Altersstufen, in denen Trennungen aus inneren und interpersonellen Gründen außerordentlich schlecht oder gar nicht ertragen werden können. Das hat nicht nur mit der allgemeinen kindlichen Abhängigkeit von Bezugspersonen zu tun, sondern hängt wesentlich von der Fähigkeit des Kindes ab, seine altersadäquaten, phasenweise durchaus heftigen, bewussten und unbewussten Konflikte mit sich selbst, mit Vater, Mutter und Geschwistern zu verarbeiten.

So gibt es beispielsweise Phasen, in denen Kinder stark ambivalente Gefühle von Liebe und Hass haben, aufgrund verdrängter Aggressionen

sehr unter unbewussten Schuldgefühlen leiden und in Abwehr dieser Gefühle dazu tendieren, sich persönlich für das Unglück von Bezugspersonen verantwortlich zu fühlen. Wenn Kinder nach Trennungen auffällig werden – auch wenn sie nicht unmittelbar danach, sondern erst allmählich Anpassungs- oder Schulleistungsstörungen aufweisen –, so sollte dies nicht lediglich als Ausdruck kindlicher Unfähigkeit oder von Unwillen aufgefasst werden. Häufig handelt es sich um unbewusste Selbstbestrafung, mit der versucht wird, vermeintliche Schuld durch persönliches Versagen im Sinne von »Ich kann nichts, ich tauge nichts, ich büße, ich muss ausgeschlossen werden« zu sühnen.
Die Leiden sehr kleiner Kinder infolge Trennungen von primären Bezugspersonen müssen als überwältigend eingeschätzt werden.
Häufig werden sie unterschätzt, weil Kleinkinder sie sprachlich noch kaum artikulieren können. Die Erfahrung lehrt, dass das kindliche Unglück nicht nur in spontaner Traurigkeit, in Verstimmungen oder Depressionen zum Ausdruck kommt, sondern sich häufig in somatischen Reaktionen, vermehrten Krankheiten, Essstörungen, Verhaltensauffälligkeiten niederschlägt, oft ohne dass diese Störungen als trennungsbedingt erkannt werden.[4] In den vierziger Jahren des vorigen Jahrhunderts waren die psychologischen Einsichten der Kinderanalytikerin Anna Freud geradezu revolutionär:
»Nur aufgrund unserer Überzeugung, dass Evakuierung ohne die Mutter und Anstaltspflege fern von ihr die seelische Gesundheit des Kleinkinds gefährden und ernsthafte Folgen nach sich ziehen müssen, haben wir *Hampstead Nurseries* entgegen den Richtlinien des damaligen Regierungsprogramms überhaupt eröffnet und, lange bevor das Problem in den Kinderkrankenhäusern auftauchte, für Besuchsfreiheit plädiert. [...] Wir beobachteten [...] zuerst lauten Protest, schmerzliche Sehnsucht und Hoffnung; dann zunehmend Ärger und Verzweiflung; und schließlich die von uns so genannte Phase der Abwendung, gekennzeichnet durch schwere Regression, d. h. Verlust oder Störung von physischen und psychischen Funktionen.«[5]
Berücksichtigt man psychoanalytische Einsichten über kindliche Trennungsreaktionen, so lässt sich ein emotionaler Zugangsweg erschließen, auf dem hoffentlich die spezifischen Probleme der jüdischen Kinder vorstellbar werden, die bereits vor ihrer Trennung durch Evakuierung als Angehörige einer ausgegrenzten und zunehmend verfolgten Min-

derheit leben mussten. Und vorstellbar werden auch die Leistungen derer, die diese Kinder betreuten.
Zur Erforschung der Frage, was Trennungen im Allgemeinen und Trennungen unter den Bedingungen des Krieges und der nationalsozialistischen Judenverfolgung im Besonderen psychisch bedeuten konnten, ziehe ich drei freilich sehr unterschiedliche Quellen heran.
Die erste Quelle ist ein Filmdokument, dessen Eindringlichkeit die bloße Beschreibung leider nicht zu vermitteln vermag, sie soll daher in diesem Zusammenhang nur kurz skizziert werden. Es handelt sich um den kommentierten Film über einen wohl behüteten kleinen englischen Jungen namens John, den James und Joyce Robertson in den fünfziger Jahren drehten.[6] Weil die Mutter zur Entbindung in die Klinik musste, war John für neun Tage in einem Kinderheim untergebracht, in dem das Betreuungspersonal zwar freundlich zugewandt und hilfsbereit war, aber kein Muttersatz für ihn werden konnte, weil es zu häufig wechselte und sich um zu viele Kinder kümmern musste. Der Film dokumentiert, wie John sich innerhalb eines sehr kurzen Zeitraumes von neun Tagen zurechtzufinden versucht, aber schließlich seelisch und körperlich zusammenbricht. Dabei sind zum einen die zahlreichen kreativen Versuche des kleinen Jungen erkennbar, Ersatzbeziehungen zu einer Bezugsperson im Heim zu knüpfen, zum anderen aber der fortschreitende Zusammenbruch der bis zur Trennung emotional und sozial gut entwickelten kleinen Persönlichkeit, der auch durch tägliche Besuche des Vaters nicht aufgehalten werden konnte. Am Ende ist John sichtlich schwer deprimiert, er kann nicht mehr essen und spielen, liegt nur noch untröstlich krank und verzweifelt weinend mit seiner Kuscheldecke im Bett.
Von besonderem Interesse ist neben der Trennungsproblematik auch die der Wiederbegegnung, auf die Eltern oft nicht vorbereitet sind, wenn sie ihr Kind nach einer Trennung wieder in die Arme schließen möchten in der Erwartung, nun sei wieder alles gut. John stürzt sich eben nicht, wie man erwarten könnte, glücklich wieder in die Arme der Mutter. Es ist offensichtlich, dass er sich beim Wiedersehen nicht mehr spontan zu freuen und von seiner Mutter trösten zu lassen vermag. Beim Anblick der qualvoll vermissten Mutter wendet John sich seinerseits zunächst einmal ab. Die Schmerzen der Trennung, die Verzweiflung des Kindes stehen für geraume Zeit unüberbrückbar zwischen ihm und der Mutter.[7]

Und die Vermutung liegt nahe, dass Gideon Behrendts Schwester diese Schmerzen der Trennung ihr Leben lang nicht mehr überwinden konnte, denn sie hat keinen Kontakt mehr zur Familie gesucht.

Quellen wie das Filmdokument über John, die der direkten Beobachtung von unter Trennung leidenden Kindern dienen, helfen uns Erwachsenen, die wir in aller Regel vergleichbare eigene Erfahrungen vergessen haben, sich zu vergegenwärtigen, was Trennungen für Kinder bedeuten und was kleine Kinder niemals in Worte zu fassen vermögen. Sie erinnern daran, dass Kinder nach Trennungen von bedeutsamen Bezugspersonen zu regressiver Verarbeitung genötigt sein können. Durch die Rückschritte in ihrer Entwicklung sind sie dann freilich für Erwachsene, die sich um sie kümmern wollen, viel schwieriger zu handhaben. Das kann große Frustration auslösen, die wiederum von Kindern als Trennung und Zurückweisung erlebt wird.

Anna Freud kommentierte den Film 1969: »Ein wohl behütetes Einzelkind wie John ist auf die aggressive Atmosphäre in einer Anstaltsgruppe von Ein- bis Zweijährigen nicht vorbereitet. [...] John ist ungeübt in den regierenden Formen von Angriff und Verteidigung; er hat nicht gelernt, nach den gewünschten Dingen einfach zu greifen und ist ebenso wenig daran gewöhnt, dass ihm ein wertvolles Eigentum unvermutet aus der Hand gerissen wird. Der für das Gruppenleben so zentrale Begriff des Teilens mit anderen liegt noch weit jenseits seines Verständnisses. Deshalb kann John, anstatt von der Anwesenheit potenzieller Spielkameraden zu profitieren, die anderen Kinder nur als eine ständige Bedrohung erleben, vor der er sich in den Schutz eines Erwachsenen zurückziehen möchte. Aber alle individuelle Zuwendung, die er empfängt, ist entweder zu unpersönlich oder zu kurzfristig, als dass sie seiner wachsenden Verwirrung, Enttäuschung und Abkehr von der Umgebung Einhalt gebieten könnte.«[8]

Trotz der geschilderten Belastungen von Kindern durch Trennungen warnt Anna Freud davor, Trennungserfahrungen wie die von John als traumatisch einzustufen. Mehr als durch die Trennung sei John belastet durch wiederholte Enttäuschungen all seiner Versuche, Ersatzbeziehungen zu knüpfen, so dass er sich am Ende autistisch zurückzieht. »Für mich ist die eindrucksvollste und beunruhigendste Szene die, in der er einen riesigen Teddybären liebkost, als sei dieser die Mutter. [...]«[9] An anderer Stelle macht Anna Freud auf die großen Schwierigkeiten Erwachsener aufmerksam, mit Kindern, die affektive Verluste erlitten haben, angemessen umzugehen, »weil junge Kinder Ansprüche stellen, die nach gewöhnlichen Standards maßlos sind«.[10]

Diese Einsicht aus dem Filmbeispiel ist im Prinzip auch auf ältere Kinder übertragbar: Erwachsene, die sich um unter Trennungen leidende Kinder in bester Absicht kümmern wollen, dürfen keine dankbaren und pflegeleichten Objekte ihrer Fürsorge erwarten. Auch wenn evakuierte Kinder zuvor keinerlei Anlass zu Klagen gegeben und Pflegeeltern ein gut entwickeltes Kind angekündigt bekommen hatten, konnten die Kinder plötzlich krank werden oder Schwierigkeiten bereiten. Viele Pflegeeltern waren dann begreiflicherweise enttäuscht und überfordert, geneigt, ihre Bemühungen aufzugeben und die Kinder weiterzuschicken, auch wenn dies neue Traumata für die Kinder bedeutete.

Die zweite Quelle stammt von Anna Freud aus den Jahren 1940 bis 1945.[11] Es handelt sich um Berichte der 1938 mit ihren Eltern von Wien nach Großbritannien emigrierten Kinderanalytikerin aus den *Hampstead War Nurseries* – Kinderheimen, die sie zur Aufnahme evakuierter Kleinkinder nach den deutschen Bombenangriffen auf London errichtet hatte. Anna Freuds Berichte enthalten eine Fülle theoretischer und praktisch anschaulicher Einsichten über kindliche Abwehrreaktionen gegen Trennungsschmerzen, Angst und Kriegserfahrungen. Sie zeigen eindrücklich, wie unterschiedlich Angstreaktionen von Kindern auf kriegerische Bedrohungen ausfallen und wie stark ihre Ängste von den Angstreaktionen Erwachsener abhängen. Der besondere historische Wert dieser Quelle liegt in der weitgehend zeitlichen und räumlichen Parallelität mit den Evakuierungsschicksalen der Kindertransport-Kinder im Großbritannien des Zweiten Weltkrieges.

Die dritte Quelle bildet das bahnbrechende Buch über sequentielle Traumatisierung, in dem Hans Keilson anhand von niederländischen Akten die Folgen mehrfacher Traumatisierung für verfolgte und untergetauchte jüdische Kinder darstellte.[12] Wenngleich die Problematik für Kinder in Holland in vielem ganz anders war als in Großbritannien, so helfen doch Keilsons Befunde insbesondere dabei, die langfristige, die sequentielle Dimension von Trennungs- und Mehrfachbelastungen für jüdische Kinder zu beurteilen.

Anna Freuds Berichte aus den *Hampstead War Nurseries*

Im Oktober 1940 hatte Anna Freud, zunächst mit privaten Spenden, in London ein Heim für Kleinkinder eingerichtet, das sie nicht nach den damals üblichen Anstaltsprinzipien, sondern nach psychoanalytischen Gesichtspunkten leitete.[13] Aufnahme fanden Kinder, die nach den deutschen Bombenangriffen auf London aus den Familien herausgenommen werden mussten, weil ihre Eltern nicht für sie sorgen konnten – sei es weil ihre Wohnungen zerbombt, die Männer im Krieg waren, sei es weil die Mütter arbeiten oder wegen Entbindung oder Krankheit in die Klinik mussten – und als psychisch besonders gefährdet galten. Von Interesse ist, dass vor allem »schwierige« Kinder ausgewählt wurden, die eine Evakuierung nicht vertrugen und schon mehrfache Betreuungswechsel hinter sich hatten. Ab März 1941 finanzierte der US-Wohlfahrtsfonds *Foster Parents' Plan for War Children, Inc.*, New York, nicht nur das erste Heimprojekt, sondern auch ein Säuglingsheim in London und ein Landheim in Essex. Einzige Auflage der Geldgeber war es, monatliche Berichte über die Kinder in den Heimen zu erhalten. »Ohnehin hatten wir in den langen, schlaflosen Nächten, die allen Einwohnern Londons durch die Fliegerangriffe aufgezwungen wurden, reichlich Zeit zum Nachdenken, Formulieren und zur Schärfung unserer Begriffe«, schrieb Anna Freud im Vorwort zu den gesammelten Berichten.[14] Mit dieser Dokumentation – im Krieg für die Betreuer eine schwere zusätzliche Arbeitsbelastung – verfügen wir heute über zahlreiche wertvolle Einblicke in die Entwicklung von evakuierten Kindern. Ansonsten war Anna Freud frei in der Gestaltung der Heime nach psychoanalytischem Verständnis der *basic needs*[15] von Kindern.

Es war seinerzeit keine Selbstverständlichkeit, die seelischen Bedürfnisse von Kindern in Heimen zur Richtschnur allen Handelns zu machen, eher hatten die Kategorien Erwachsener Vorrang: Sauberkeit, Ordnung und Disziplin. Personell und strukturell konnte Anna Freud im Krieg die Bedingungen schaffen, die Kinder aufgrund psychoanalytischer Erkenntnisse benötigen, um trotz traumatischer Erfahrungen des Verlustes von Eltern, Familie, vertrauter Umgebung, trotz Angst im Bombenterror eine einigermaßen befriedigende körperliche und seelische Entwicklung nehmen zu können, ohne sekundär noch durch ungünstige Heimbedingungen und wechselnde Bezugspersonen traumatisiert zu werden.

Anna Freuds Berichte sind zum Verständnis zahlreicher Probleme, die kleine Kinder bei Trennungen in verschiedenen Entwicklungsphasen haben, einmalig. Sie gestatten vielfältige Einblicke, in momentane Reaktionen ebenso wie in langfristigere Entwickungsverläufe, und vor allem in die Schwierigkeiten, vor die Erwachsene sich gestellt sehen, wenn sie Kinder nicht nur äußerlich gut versorgen, sondern auch auf ihre seelischen Nöte eingehen wollen. Obgleich die Berichte aus den *War Nurseries* kriegsbedingt entstanden sind, hat Anna Freud stets großen Wert darauf gelegt, dass darin die Allgemeingültigkeit und das Pionierhafte ihrer Arbeit erkannt und der Krieg lediglich als Auslöser von erschwerenden Randbedingungen gesehen würden.[16] Sie betonte die Tatsache, dass Kleinkinder aus einer Vielzahl von Gründen verwaisen oder ihren Familien entrissen werden können – durch Tod, Krankheit, Unfall, Scheidung oder durch finanzielle Katastrophen, also durch Ereignisse, die zu allen Zeiten und in allen Gesellschaftsschichten auftreten. Anna Freud meinte daher, Kriegsereignisse multiplizierten nur die individuell jederzeit möglichen Auflösungen von Familieneinheiten und brächten die prekären Folgen für davon betroffene Kinder eher ins Licht der Öffentlichkeit.

Ist es feine Ironie Anna Freuds zur Abwehr von Kritik aus Kollegenkreisen, wenn sie aus der Fülle ihrer praktischen Erfahrungen spricht und sich einleitend bei ihren Lesern für die »Anmaßung« entschuldigt, sie mit detaillierten Fakten kindlicher Reaktionen zu behelligen, anstatt allgemeine psychoanalytische Theorien zu liefern? »Im Bereich der Organmedizin besteht Übereinstimmung, dass aus Kriegen wichtige Lektionen auch für Friedenszeiten zu lernen sind, ob auf dem Gebiet der Chirurgie, der Antiseptik oder der Ernährungslehre. Wir haben nichts weiter versucht, als dieselbe Lernbereitschaft auf die psychische Seite zu übertragen und zu beweisen, dass die Entbehrung von Elternliebe für die Persönlichkeitsentwicklung des Kleinkindes nicht weniger verhängnisvoll ist als der Mangel an Eiweiß, Fett oder Vitaminen für sein Körperwachstum.«[17]

Exkurs: Besondere deutsche Schwierigkeiten im allgemeinen Diskurs über Kriegsfolgen

Als Deutsche stolpere ich über Sätze Anna Freuds wie den folgenden: »Wir haben die kriegsbedingte Entwurzelung unserer Kinder gleichsam als eine vom Schicksal geschaffene Experimentalsituation behandelt.«[18] Den nationalsozialistischen Krieg zu einem unfreiwilligen wissenschaftlichen Experiment zu erklären und daraus allgemeine Einsichten über Kinderentwicklung und Traumatisierung zu ziehen: Wir Deutschen würden zynisch sein. Das Wissen um vorgeblich wissenschaftliche, tatsächlich jedoch kriminelle medizinische Experimente an Kindern im Nationalsozialismus gehört für uns so sehr zum unerträglichen Erbe der NS-Zeit, dass der Gedanke an eine solche experimentelle Situation tabu erscheint. Anna Freuds unbefangene Äußerungen machen uns einmal mehr deutlich, dass es bis heute bei der Verwendung von sprachlichen Begriffen eine gravierende Differenz zwischen der Opfer- und Täterseite gibt. Als Deutsche würden wir Anna Freuds betont unpolitisch erscheinendes Interesse an den allgemeinen psychischen Folgen von Trennungen gröblich missverstehen, wenn wir es als Einladung zur spaltenden Abwehr interpretieren würden, als könnten auch wir uns nach dem Vorbild der Emigrantin vor allem auf das allgemein Psychologische konzentrieren und dabei die politische Dimension spaltend auslassen, als beträfe sie uns nicht an den Wurzeln: die nationalsozialistische deutsche Gesellschaft, den Rassenwahn, den Völkermord und den Zweiten Weltkrieg.

Wenn Anna Freud im Exil und während des Krieges wissenschaftliche Forschung und die Ausbildung qualifizierter Mitarbeiter mit dem Ziel weiterführte, ihre in Wien durch nationalsozialistische Verfolgung unterbrochene psychoanalytische Arbeit beharrlich weiterzuentwickeln, war dies für sie, auch wenn sie nicht darüber sprach, offensichtlich ein Sieg über ihre Verfolger. Für sie bedeutete das Kriegsende kein Ende ihrer Arbeit, sondern die Chance, kriegsbedingte Erfahrungen für Friedenszeiten zur Verfügung zu stellen: zur Vermeidung von Kinderleid in der frühen Sozialisation in Kindergärten, Horten, Schulen, Kliniken und Heimen. Sie sah es als ihre vordringliche Aufgabe an, Erwachsene als Eltern, Lehrer, Ärzte über die »Wege und Irrwege« kindlicher Entwicklung und über die Möglichkeiten Erwachsener (die sie mit dem Begriff »Umwelt« umschrieb) aufzuklären.[19]

Leidenschaftlich warb Anna Freud in den folgenden Jahrzehnten dafür, aus den Erfahrungen der Kriegszeit zu lernen, die *basic needs* von Kindern zu verstehen und erträgliche Lebensbedingungen für Kinder, insbesondere für Kleinkinder in Heimen, zu schaffen. Aus dem in fünf Kriegsjahren beobachteten Leid der Kinder im Alter unter drei Jahren zog Anna Freud das Fazit: »Was in diesem Alter gebraucht wird, ist nicht die unpersönliche, professionelle Hygiene, Pflege und Überwachung, sondern die persönliche, intime Wechselbeziehung mit einem, höchstens zwei vertrauten Menschen, in deren Umgebung ein Schritt vollzogen werden kann, der für das gesamte künftige Gefühlsleben des Individuums von ausschlaggebender Bedeutung ist: der Übergang von dem Verlangen nach physischer Befriedigung zu einer festen Gefühlsbindung an die Personen, die sie gewähren.« [20]

An zahlreichen Einzelbeispielen illustrierte Anna Freud, wie eine plötzliche, tief greifende Veränderung der äußeren Lebensumstände durch Trennung zu Stockungen oder ernsthaften Störungen der normalen Entwicklung führen konnte. Die Entwicklung wurde mehr oder weniger rückläufig, die Kinder zeigten Verhaltensweisen, die sie bereits überwunden hatten, sie nässten oder koteten ein oder verhielten sich wie kleine Babys, konzentriert auf die Beschäftigung mit dem eigenen Körper: Masturbation, Schaukeln, Kopfschlagen anstelle sozialer Kontakte.[21] Im Bestreben, solche Trennungsleiden von Kindern zu lindern, entwickelte Anna Freud Programme, etwa zur schrittweisen Vorbereitung von Trennungen.[22] Dies hatte bei Kindern ab drei oder vier Jahren gute Erfolge, nicht jedoch bei Kindern zwischen eineinhalb und zweieinhalb Jahren. Deren emotionale Bindung an ihre primären Bezugspersonen ist offenbar durch nichts zu ersetzen, sie durchleiden qualvolle Phasen der Regression.

Anna Freud war sich bewusst, dass ihre Arbeit seinerzeit nur ein Tropfen auf den heißen Stein war, dass die Aufgenommenen eine Privilegierung durch die Finanzierung eines amerikanischen Mäzens genossen, die insgesamt knapp 300 Kindern, etwa 80 Kindern über den Zeitraum von fünf Jahren, zugute kam.

Traumatische Erfahrungen durch Trennung und Krieg für versteckte jüdische Kinder

Während Anna Freud den spezifisch jüdischen und den politischen Aspekt nationalsozialistischer Aggression unberücksichtigt ließ, widmete sich Keilson speziell der Erforschung der Folgen von Trennung und Traumatisierung bei jüdischen Kindern unter den politischen Umständen der nationalsozialistischen Verfolgung. Für unsere Fragestellung sind Keilsons Studien insofern erkenntnisfördernd, als sie die Gesamtbelastung der überlebenden Kinder vor und vor allem auch nach 1945 berücksichtigen. Keilson sah sich angesichts seines Materials veranlasst, den psychoanalytischen Traumabegriff, der von Trauma als einzelnem, plötzlich auftretendem und die Psyche schädigendem Ereignis ausging, zum Begriff der »traumatischen Situation« mit lang währenden extremen psychischen Belastungsaspekten zu erweitern. Ferner wandte er auch psychoanalytische Denkmodelle an, zum Beispiel den Aspekt der Trennung von den primären Bezugspersonen, um die Bedeutung der traumatischen Ereignisse einschätzen zu können.[23] Sigmund Freud hatte Trauma als ein »Erlebnis, welches dem Seelenleben innerhalb kurzer Zeit einen so starken Reizzuwachs bringt, dass die Erledigung oder Aufarbeitung desselben in normalgewohnter Weise missglückt«, beschrieben.[24] Traumatische Ereignisse hindern das Individuum plötzlich, auf die gewohnte Weise zu reagieren, sie zerstören Sinnzusammenhänge der Person, berauben sie ihrer integrativen Fähigkeiten, so dass sie sich vollkommen ohnmächtig fühlen muss.

Keilson, Lehrer, Arzt und Psychoanalytiker, belegt in seiner Studie, dass Trennungen für versteckte jüdische Kinder in den Niederlanden langfristig mehrere aufeinander folgende traumatische Erfahrungen mit sich brachten. Er prägte dafür den Begriff der sequentiellen Traumatisierung.

Am Ende des Zweiten Weltkrieges befanden sich in den Niederlanden 2041 jüdische Kriegswaisen, für die Entscheidungen hinsichtlich der Vormundschaft und des zukünftigen Pflegemilieus getroffen werden mussten.[25] Der Befund über den Zustand der Kinder war niederschmetternd: »Neben den verstörten, unterernährten, organisch geschädigten Kindern, die mit aktiven tuberkulösen Prozessen oder zerebralen Restschäden nach überstandenen Infektionskrankheiten (Fleckfieber, Typhus, *Morbus Weil*), zum Teil invalide, aus den Vernichtungslagern zurückgekommen waren, stand die größere Anzahl der aus den Verstecken wieder aufgetauchten. Sie hatten eine andere, aber darum nicht minder virulente Reihe aufeinander folgender Gefahrensituationen überstanden. Der Eindruck verstärkte sich, dass im Allgemeinen der seelische Entwicklungsrückstand mit allen damit verbundenen pathogenetischen Konsequenzen den körperlichen an Bedeutung übertraf. Charakter und angstneurotische Entwicklungen, asoziales und dissoziales Verhalten bei psychopathiformen Mustern, psychotische Desintegration nach Entwurzelungen, Lernstörungen, Pseudodebilitas, aggressive Triebentladungen und depressiv-paranoide Einstellungen, phobische Reaktionsweisen und autistische Bilder erforderten mehr als eine diagnostische Einordnung, und autistische Bilder erforderten mehr als ein nosologisches Schema. Die diagnostizierten Zustandsbilder waren Ausgangspunkt einer neu zu formulierenden pädagogischen und psychotherapeutischen Strategie, die sich über viele Jahre erstreckte.«[26]

Das Aktenmaterial, das Keilson wissenschaftlich auswertete, war über jüdische Kinder angelegt worden, als diese heimlich in nichtjüdischen Pflegestellen untergebracht wurden, um sie der Verfolgung zu entziehen. Das Material enthält medizinische und biographische Anamnesen und belegt deren Entwicklung. Ergänzt wurde es 30 Jahre später durch *Follow-up*-Untersuchungen mittels Fragebögen, auf denen die einst Geretteten zum Zweck der Erforschung von Langzeitwirkungen nach Traumatisierungen zu Ehe, Beruf und Freizeitverhalten befragt wurden. Die Ergebnisse Keilsons und seiner Mitarbeiter zeigen, wie ungemein kompliziert die Materie ist, und von wie vielen Faktoren es abhängt, wie Kinder traumatische Erlebnisse kurz-, mittel- und langfristig verarbeiten. Sie erschüttern den naiven Glauben, nach 1945 sei das Leid der Verfolgten zu Ende gegangen.

Keilson nimmt, der psychoanalytischen Entwicklungstheorie folgend, zunächst eine Einteilung der Kinder in sechs Altersgruppen vor, um beurteilen zu können, welche Bedeutung jeweils die Trennung von der Mutter hatte (Altersgruppe I: bis 18 Monate; II: 18 Monate bis 4 Jahre; III: 4 bis 6 Jahre; IV: 6 bis 10 Jahre; V: 10 bis 13 Jahre; VI: 13 bis 18 Jahre). Er war sich der Schwierigkeiten dieser Kategorisierung bewusst: »Wenn man … zu einer Aussage über die Dauerfolgen der Extrembelastungen bei Kindern und Jugendlichen gelangen will, so steht man einer Fülle von individuell-psychologischen Faktoren gegenüber, die sich aus dem sozialen und biologischen Status der Kinder und der alters- und phasenspezifischen Thematik von Wachstum und Reife ergeben.«[27] In Abschätzung der für jede Entwicklungsstufe charakteristischen *basic needs* von Kindern an Zuwendung, Bindung und Eigenentwicklung entschied er sich, den Faktor »Trennung von den primären Objekten Eltern oder Mutter bei Kleinkindern« als einen für alle Kinder wesentlichen Vorgang zum Vergleichspunkt für Belastungen zu machen.

Keilson hat im Weiteren drei aufeinander folgende Sequenzen unterschiedlicher Belastungen unterschieden und damit klar gemacht, dass es nicht genügt, einzelne traumatische Erfahrungen zu beachten, weil diese unvermeidlich Teil sequentieller Traumatisierungen sind, deren Nachkriegssequenzen oft viel zu wenig in Betracht gezogen werden. Auch wenn die Verhältnisse in Großbritannien grundsätzlich ganz andere als in den Niederlanden waren, so ist es doch sinnvoll, die Phaseneinteilung der Traumatisierung auch andernorts zu berücksichtigen. Sie zeigt, dass wir es mit einem Kontinuum an Problemen im Zusammenhang mit dem Nationalsozialismus zu tun haben, dass diese weder zeitlich noch lokal genau abgrenzbar sind.

Die erste traumatische Sequenz umfasst den Zeitraum des Beginns der Verfolgung (Überfall und Besetzung der Niederlande durch deutsche Truppen): »Sie enthält alle Ängste der mit dem Abbröckeln des Rechtsschutzes und mit dem Tragen des gelben Sterns beginnenden und sich immer schärfer anlassenden Verfolgung (kulminierend in den Razzien und den Deportationen); den Angriff auf die Würde und die Integrität der Familie, die Vernichtung der wirtschaftlichen Existenz, die Ghettoisierung, die ängstliche Erwartungsspannung der kommenden Untaten, das plötzliche Verschwinden von Angehörigen, Bekannten, Freunden, Spiel- und Schulkameraden.«[28] Keilsons erste traumatische Sequenz erinnert uns daran, dass auch für die evakuierten Kinder die Phase der Judenverfolgung vor ihrer Evakuierung stärker berücksichtigt werden muss. Was Diskriminierung, Ausgrenzung, Entrechtung und Verfolgung vor der Evakuierung jeweils für sie und ihre Familien bedeutet hat, muss in den Blick genommen werden, damit ihre Gesamtsituation einschätzbar wird.

Die zweite traumatische Sequenz enthält »neben der direkten Lebensbedrohung, der Rechtlosigkeit ihrer Situation, dem Ausgeliefertsein an eine feindliche Umgebung die im stressorientierten Sinn zu verstehende Dauerbelastung wie Entbehrung, Hunger, Krankheit, die Zermürbung, Infragestellung und Vernichtung mitmenschlicher Verhaltensweisen, die Konfrontation mit der brutalen Macht, dem Grauen, dem Tod. Das plötzliche Abbrechen und Aufhören geregelter Spiel-, Lern- und Bildungsmöglichkeit«.[29] Hier unterscheidet sich die Situation der mit den Kindertransporten evakuierten Kinder in Großbritannien wesentlich von der der in den Niederlanden versteckten Kinder, denn es bestand auf den Britischen Inseln kein direkter Verfolgungs- und Vernichtungsdruck. Dennoch ist es wichtig, auch für die evakuierten Kinder diese Phase als erhebliche kriegsbedingte Dauerbelastung mit Lebensmittelknappheit, Bombenkrieg, sprachlicher Ausgrenzung und Fremdheitsgefühlen zu untersuchen.

Die dritte in ihren Schwierigkeiten äußerst komplexe traumatische Sequenz umfasst Fragen des Weiterlebens nach dem Krieg, die Wiederbegegnung mit Familienangehörigen, Regelungen der Vormundschaft, der Unterbringung. Insofern betrifft sie auch die evakuierten Kinder. Keilson belegt in den *Follow-up*-Erhebungen, welche Auswirkungen zum Beispiel rechtliche Regelungen zum Aufenthalts- und Vormundschaftsrecht auf die sozialpsychologische Problematik haben konnten. Für Kinder, die ihr gewohntes Kriegspflegemilieu durch Vormundschaftsregelung verließen, konnte die abermalige Trennung ein rezidivierendes Ereignis einer früheren Situation (Trennung von der Mutter) bedeuten. Vor allem aber gehören zu dieser Phase die Fragen der Verarbeitung der Konfrontation mit dem Holocaust, der Wiedervereinigung mit überlebenden Familienangehörigen, Fragen der Identitätsentwicklung, der Berufsfindung, der Auseinandersetzung mit Trauer- und Verlustgefühlen. Als eine Quintessenz seiner Forschungen weist Keilson auf die Bedeutung der Umwelt hin: ob und wie die umgebende Gesellschaft in der Nachkriegsphase reagiert hat, ob sie die erneuten Belastungen der Kinder verstand und Hilfestellungen bot oder aus verschiedenen Gründen dazu nicht fähig war. Identitäts-, Loyalitäts- und Trauerproblematik des Waisenkindes waren auch für die Pflegemilieus nach 1945 eine erhebliche Belastung.

Um die psychologische Bedeutung der traumatischen Erfahrungen einschätzen zu können, hat Keilson einige Hypothesen aufgestellt und sie anhand der ihm zur Verfügung stehenden Fallgeschichten klinisch sowie statistisch überprüft. Er geht hier mit besonderer Vorsicht ans Werk, weil er sich bewusst ist, wie schwierig und belastend diagnostische Einschätzungen sein können. Auch wir stehen heute vor dem Dilemma, dass einerseits nur durch Hinweis auf die Möglichkeit langfristiger Erkrankungen den Nichtopfern bewusst gemacht werden kann, dass die Verfolgung selbst bei geretteten Juden nicht folgenlos war. Andererseits aber dürfen die Verfolgten nicht Objekte von fremden öffentlichen Diagnosen werden, durch die sie sich erneut belastet fühlen könnten.

Die erste Hypothese lautet: »Es besteht ein Zusammenhang zwischen dem Alter zu Beginn der Traumatisierung und den überdauernden Persönlichkeitsveränderungen.«[30] Den Beginn der Traumatisierung setzt Keilson mit der Trennung von Mutter und Kind an und bildet für die statistische Auswertung drei Alterskategorien (1: bis 4 Jahre; 2: 4 bis 10 Jahre; 3: 10 bis 18 Jahre). Der Begriff »überdauernde Persönlichkeitsveränderungen« umfasst drei Hauptdiagnosen, die bei der Nachuntersuchung gestellt wurden: charakterneurotische Entwicklung, angstneurotische Entwicklung und chronisch reaktive Depression. Im klinischen Teil hatte Keilson entdeckt, dass sich bei der jüngsten Altersgruppe im späteren Leben mehr charakterneurotische Entwicklungen finden ließen, bei der Altersgruppe der Präpubertät mehr angstneurotische Entwicklungen und bei den während der Pubertät Getrennten mehr chronisch reaktive Depressionen.

Die zweite Hypothese lautet: »Es besteht ein Zusammenhang zwischen dem Grad der massiven kumulativen Traumatisierung und dem bei der Nachuntersuchung ermittelten Schweregrad der Störung des psychosozialen Funktionierens«[31] in Ehe, Beruf und Freizeit. Anders ausgedrückt: »Das Ausmaß der Traumatisierung während des Krieges (zweite traumatische Sequenz) gestattet keine Vorhersage über die Weise, wie der Betreffende nach dem Kriege und in seinem weiteren Leben funktioniert. Das Ausmaß der Traumatisierung während der dritten Sequenz gestattet diese Vorhersage wohl.«[32]

Laut der dritten Hypothese hing es wesentlich auch von den Bedingungen nach 1945 ab, ob und wie die vorangegangenen Traumata verarbeitet werden konnten, so dass ein einigermaßen befriedigendes Leben möglich war. Keilson liefert aus den *Follow-up*-Untersuchungen erschütternde Fallbeispiele für die langfristigen Probleme, mit denen die Betroffenen in ihrem Leben zu kämpfen hatten, nachdem sie äußerlich gerettet waren. Wo Kinder zu Streitfällen um Sorgerechte Erwachsener in Behörden oder im privaten Bereich wurden, fand Keilson ihre Chancen besonders eingeschränkt.

Für Nichtverfolgte sind Erkenntnisse dieser Art besonders wichtig, denn sie zeigen uns ein weiteres Mal, warum es nach 1945 keine Stunde Null geben konnte. Sie nötigen zu der Einsicht, dass verständnisvolle oder abweisende Reaktionen der Gesellschaft nach Kriegsende für individuelle Verarbeitungsprozesse von Trennungen eine Rolle spielten. Insbesondere Erkenntnisse über die Bedeutung der dritten traumatischen Sequenz müssen die deutsche Gesellschaft von der Notwendigkeit überzeugen, Langzeitschäden als Kriegsfolgen anzuerkennen und sie auch in der Gutachter- und Entschädigungspraxis zu berücksichtigen. Es sind nicht zuletzt Schäden, die sich aus dem unverständigen, hilflosen und oft abweisenden Verhalten der Umwelt nach 1945 ergaben, für die zunächst die Tatsache maßgeblich war, dass das Leben der Kinder überhaupt gerettet worden war.

Was bedeuten diese Befunde in Bezug auf die emigrierten Kinder?

Ermessen lässt sich für uns heute erstens, was evakuierte Kinder zusätzlich zu ihrer äußerlichen Rettung noch an Zuwendung und Einfühlung in ihre *basic needs* benötigten, damit sie ihre seelische Belastung durch Verfolgung, Trennung und Evakuierung verarbeiten konnten. Zweitens lässt sich erahnen, wie schwer es für Betreuer sein konnte, sich einfühlsam um Verständnis und Hilfe für von ihren Familien getrennte Kinder zu kümmern, wie wichtig es war, deren körperliche oder seelische Symptome als Abwehrformen zu begreifen und Verhaltensauffälligkeiten nicht als Ungezogenheiten misszuverstehen. Folgt man Anna Freud darin, dass die Aufrechterhaltung des Kontakts mit den getrennten Eltern in der Trennungsphase ausgesprochen wichtig ist, dann lässt sich drittens vorstellen, was es an Erschütterungen bedeutet haben muss, wenn der Kontakt jüdischer Kinder zu ihren Eltern völlig abbrach, weil diese verfolgt, verschleppt und ermordet wurden.

Viertens wird deutlich, dass zusätzliche Belastungen auftraten, wenn die Kinder – was mangels Gelegenheit meist der Fall war – nicht sorgfältig auf die Trennung vorbereitet waren. Fünftens ist deutlich, dass diese Kinder am allerwenigsten vorbereitet sein konnten auf den Schock der Wahrheit über den Holocaust, den endgültigen Verlust der Eltern. Sechstens wird vorstellbar, welch schwere Belastung es darstellte, wenn es doch ein Wiedersehen mit Eltern oder Familienangehörigen gab, die nicht mehr die sein konnten, die die Kinder in Erinnerung hatten. Siebentens wird deutlich, dass Erwachsene mehr Verständnis für kindliche Verarbeitungsweisen von Trennungsbelastungen entwickeln müssen. Nichtverfolgte müssen beachten, dass Leiden geretteter Kinder auch dann Kriegsfolgen sind, wenn sie erst Jahrzehnte später bei Erwachsenen zum Ausdruck kommen.

Kinder möchte man zufrieden und glücklich sehen. »Leid jedoch, Kindern angetan, ist schlechthin unerträglich«, schrieb Hans Keilson einleitend in Anbetracht seiner Forschungsergebnisse über jüdische Kinder als Kriegsopfer. Die Not der Kinder im Rückblick zu begreifen und von ihren Schicksalen Respekt zu lernen ist das eine. Wie steht es aber um unsere Bereitschaft zur Einfühlung in kindliche Nöte durch Verfolgung, Krieg und Vertreibung, sobald heute Kinder in größerer Zahl und mittellos die Hilfe Erwachsener beanspruchen? Kollektive Abwehrreaktionen gegen mittellose Kinderflüchtlinge aus aller Welt – aus Angst vor Kosten und Problemen – schlagen sich auch in politischen Programmen und polizeilichen Maßnahmen gegen Flüchtlingskinder nieder. Auch daran müssen wir denken, wenn wir im Rückblick auf die damalige restriktive Aufnahmepraxis anderer Länder beklagen, dass nicht mehr Kinder vor der nationalsozialistischen Verfolgung gerettet wurden, dass es für eineinhalb Millionen jüdischer Kinder keine Rettung gab. Umso wichtiger sind für uns heute ermutigende Beispiele von Menschen, die sich damals einsetzten, um jüdische Kinder zu retten und ihre existenziellen Nöte infolge von Trennung von Bezugspersonen, von Angst vor Vernichtung durch politische Verfolgung und Bombenterror zu lindern.

Anmerkungen

1 Gideon Behrendt, Mit dem Kindertransport in die Freiheit. Vom jüdischen Flüchtling zum Corporal O'Brian, Frankfurt am Main 2001, S. 44.

2 Anna Freud kann für sich in Anspruch nehmen, dass sie und ihre Mitarbeiter die Ersten waren, die im Zweiten Weltkrieg bereits 1940 die psychologische Problematik der von ihren Familien getrennten, evakuierten Kinder (und in der Folge der Heimerziehung allgemein) erkannte und konkrete, langfristige Hilfsangebote entwickelte; vgl. Anna Freud, Vorwort, in: dies., Die Schriften der Anna Freud, Band II, Frankfurt am Main 1987.

3 Dies., Kriegserfahrungen, in: Freud, Schriften, Band V, 1945–1956, S. 1483 ff. Hier skizziert Anna Freud die Probleme der Evakuierung in Großbritannien während des Zweiten Weltkrieges. Ohne psychoanalytisches Wissen über kindliche Entwicklungsphasen und -konflikte wurden Trauerprozesse von Kindern als Unarten oder gar als schichtspezifische Defizite missverstanden.

4 Dies./Dorothy Burlingham, War and children, New York 1943; Anna Freud, Probleme: Regression als Störfaktor in der kindlichen Entwicklung, in: Freud, Schriften, Band III, S. 738.

5 Dies., Trennungsangst. Diskussion von John Bowlbys Arbeit über Trennung und Trauer (1958, 1961), in: Freud, Schriften, Band IV, S. 1772 f.

6 »John, 17 Monate – neun Tage in einem Kinderheim«, Filmdokument von James und Joyce Robertson. James Robertson war Mitarbeiter der Hampstead Nurseries und der Tavistock Clinic. Auf seine Filmdokumente über evakuierte bzw. Krankenhauskinder stützte sich auch John Bowlby in seinen theoretischen Überlegungen, die Anna Freud 1958 und 1960 teilweise sehr kritisierte. Vgl. dazu James und Joyce Robertson, Reaktionen kleiner Kinder auf kurzfristige Trennungen von der Mutter im Lichte neuer Beobachtungen, in: Psyche 29 (1975), S. 626–664.

7 Vgl. dazu die Rezension von Anna Freud zu diesem Film in: Freud, Schriften, Band IX, S. 2587–2592.

8 Ebenda, S. 2589.

9 Ebenda, S. 2592.

10 Ebenda.

11 Anna Freud war seit 1952 Direktorin der Hampstead Child Therapy Clinic sowie des 1947 gegründeten Hampstead Child Therapy Course, der wichtigsten europäischen Ausbildungsstätte für die Psychoanalyse des Kindes.

12 Hans Keilson, Sequentielle Traumatisierung bei Kindern. Deskriptiv-klinische und quantifizierend-statistische Follow-up-Untersuchung zum Schicksal der jüdischen Kriegswaisen in den Niederlanden, Stuttgart 1979.

13 Anna Freud (in Zusammenarbeit mit Dorothy Burlingham), Kriegskinder. Berichte aus den Kriegskinderheimen »Hampstead Nurseries« 1941–1942, in: Freud, Schriften, Band II, S. 367–654, und Anstaltskinder, Berichte 1943–1945, Band III, S. 657–1008.

14 Ebenda, S. XII; vgl. dies., Einige Vergleiche zwischen der Frühentwicklung von Anstalts- und Familienkindern, in: Freud, Schriften, Band III, S. 879–1003.

15 Mit diesem Begriff werden in der Psychoanalyse von zahlreichen Autoren »allgemein gültige entwicklungspsychologische Gesetzmäßigkeiten« bezeichnet;

sie umfassen die jeweiligen inneren und äußeren Voraussetzungen für das Gelingen der verschiedenen Entwicklungsphasen.

16 Ebenda, Band II, 1941, 1942, S. XII.

17 Ebenda.

18 Dies., Gemeinschaftsleben im frühen Kindesalter, in: Schriften, Band IV, S. 1161–1228. In Zusammenarbeit mit Ruth Dann publizierte Anna Freud ebenfalls unter dem Stichwort »unfreiwilliges Experiment« ergreifende Erfahrungen im Umgang mit sechs etwa dreijährigen Kindern aus dem Ghetto Theresienstadt, die im August 1945 nach Großbritannien gebracht worden waren und wegen ihrer exklusiven Bindungen aneinander für etwa ein Jahr zusammen betreut wurden; vgl. auch dies., Der Wert bestätigender oder widerlegender Experimente, in: Schriften, Band V, S. 1589 f.

19 Dies., Wege und Irrwege in der Kinderentwicklung, Stuttgart 1991.

20 Freud, Schriften, Band II, S. XV.

21 Dies., Regression als Störfaktor in der kindlichen Entwicklung, in: Schriften, Band III, S. 738; Dies., Anmerkungen zum psychischen Trauma, in: Schriften, Band VI, S. 1819–1838.

22 Ebenda, Band III, S. 739.

23 Vgl. Keilson, Traumatisierung, S. 51.

24 Sigmund Freud, Die Fixierung an das Trauma, das Unbewusste, in: ders., Vorlesungen zur Einführung in die Psychoanalyse und Neue Folge, Studienausgabe, Frankfurt am Main 1969, S. 274.

25 Vgl. Keilson, Traumatisierung, S. 5.

26 Ebenda, S. 1 f.

27 Ebenda, S. 55.

28 Ebenda, S. 57.

29 Ebenda, S. 430.

30 Ebenda, S. 313.

31 Ebenda, S. 316.

32 Ebenda, S. 318.

Ruth Barnett

Familiengedächtnis*

Erste und zweite Generation in der therapeutischen Praxis

Der menschliche Verstand tut sich schwer damit, große Zahlen zu begreifen. Wir besitzen die Fähigkeit nicht, uns riesige Zahlen vorzustellen, wie etwa die Weltbevölkerung von fünf Milliarden, die Bevölkerung Großbritanniens von 58 Millionen, die sechs Millionen im Holocaust ermordeten Juden oder die 70 000 ermordeten tschechischen Juden, deren Namen an den Wänden und der Decke der Pinkas-Synagoge in Prag stehen. Diese Zahlen gehören zur faktischen Geschichte, die auf Dokumentation und Beweisen aufbaut. Es ist schwierig, sich diese Zahlen bildlich vorzustellen und dies trägt dazu bei, ihre Bedeutung zu verschleiern.

Beinahe 10 000 Kinder wurden mit den Kindertransporten nach England gebracht, und weitere zwei Millionen Kinder kamen um, weil sie nicht vor der Vernichtung durch die Nazis gerettet wurden. Diese beiden Zahlen sind in die faktische Geschichte eingegangen. Auch sie fallen unter die Kategorie »nicht-vorstellbare und nicht-repräsentierbare Riesenzahlen«. Doch jedes einzelne dieser zwei Millionen Kinder hat seine eigene Geschichte, die von uns verstanden und mit Bedeutung besetzt werden kann, und mit der wir uns identifizieren könnten. Die Geschichte der Anne Frank, beispielsweise, berührt uns, weil das Tagebuch ein persönlicher Bericht ist, und sie uns ihre eigenen Gedanken und Erfahrungen nahe bringt. Jedes der zwei Millionen Kinder hat seine eigene Geschichte, und zusammen sind sie ein Teil der erzählten Geschichte des Holocaust.

Wir können jedoch nur von den Geschichten derjenigen erfahren, die den Holocaust überlebt haben. Einige KZ-Überlebende, wie Primo Levi und Victor Frankl, drückten es so aus: Die Besten haben nicht überlebt

* Übersetzung aus dem Englischen: Andrea Nagel

und wir, die Mittelmäßigen, müssen die Aufgabe übernehmen, die Unwissenden zum Wissen zu führen. Ob uns das nun gefällt oder nicht, der größte Teil dieser persönlichen Erfahrungen mit dem Holocaust ist für uns verloren. Wenn wir erlauben, dass die letzten Überlebenden ihre Erinnerungen und Erfahrungen, ihre persönliche erzählte Geschichte, mit ins Grab nehmen, wird der Holocaust wie ein Albtraum verblassen, doch genauso wie ein Albtraum immer wiederkehren, um uns zu verfolgen: Wir sind dazu verdammt, das zu wiederholen, was wir zu erinnern nicht ertragen können.

Die ermordeten Kinder können uns ihre Geschichten nicht mehr erzählen, und viele von denen, die überlebt haben, sind unfähig, über ihr schmerzliches Trauma zu sprechen. Jetzt, bald sechs Jahrzehnte nach dem Ende des Zweiten Weltkrieges, verlieren wir täglich die »Träger der Geschichten«, da die erste Generation, die der Zeitzeugen, altert und stirbt. Wir müssen versuchen, so viele persönliche Erfahrungen wie möglich festzuhalten, in welcher Form auch immer. Wir müssen ihre Erfahrungen festhalten und auch Berichte darüber, wie sie mit diesen Erfahrungen den Rest ihres Lebens gelebt haben. Wir dürfen zum Beispiel den ausgewählten Bildern von den Kindertransport-Kindern, die damals in den britischen Medien gezeigt wurden, nicht trauen. Bilder, die die romantisierte Geschichte einer Rettung zu vermitteln suchten – ausgesuchte Ausschnitte von lächelnden Kindern, die von freundlichen Polizisten an die Hand genommen wurden – und die in die faktische Geschichte des Holocausts eingegangen sind. Soweit ich weiß, war damit dieser Teil der Nachrichtensendung abgeschlossen. Kinder in Sicherheit gebracht – Ende der Geschichte.

Doch für die Kindertransport-Kinder war es keineswegs das Ende der Geschichte. Sie alle waren tief greifend und unwiderruflich verletzt worden, was sie oder ihre Sorgeberechtigten zu der damaligen Zeit allerdings nicht begriffen. Ihr Trauma war, ihre Eltern, ihr Land, ihre Sprache und so ziemlich alles, was ihnen vertraut war, verloren zu haben, jetzt mussten sie sich an ganz neue Gegebenheiten gewöhnen, die für einige verwirrend, für andere beängstigend waren. Ihr Leben ging weiter, für immer verändert, dessen wurden sich viele jedoch erst sehr viel später bewusst.

Doch was bedeutet das – für immer verändert? Einige Kinder haben düstere Erinnerungen an schmerzvolle und »ungerechte« Erfahrungen, doch andere erinnern sich an die damalige Zeit und stellen fest, dass einiges von dem, was ihnen widerfuhr, hilfreich und förderlich war, und dass sich die Veränderungen in ihrem Leben letztendlich zum Positiven gewendet haben. Viele ergriffen die Möglichkeiten, die sich ihnen boten, und es ging ihnen gut. Einigen schien es nach außen hin gut zu gehen, sie hatten ein sehr erfolgreiches Berufs- und Familienleben, doch im Inneren trugen sie versteckte emotionale Narben. Es war unvermeidlich, dass es auch Verluste gab, dass es manche nicht schafften, sich anzupassen. Sie entwickelten psychische und physische Störungen, die ihre Lebensqualität beeinträchtigten.

Erfahrungen

Viele, vielleicht die meisten der Kindertransport-Kinder, sahen sich selbst nicht als Mitglieder einer 10 000-köpfigen Gruppe, und noch immer betrachten sich einige nicht als ehemalige Kindertransport-Kinder und weisen diese Identität schlicht zurück. Als junge Flüchtlinge begriffen sie sich als Kinder und wollten, wie jedes andere Kind auch, »einfach wie die anderen« sein. Sie sprachen nicht viel über ihre Entwurzelung, stattdessen bemühten sie sich, den anderen so ähnlich wie möglich zu sein und keine Aufmerksamkeit zu erregen, da es ihr größter und dringendster Wunsch war, akzeptiert zu werden. So waren sie auch für die Medien lange nicht interessant – jedenfalls nicht bis zum Jahr 1989, als Bertha Leverton die *ROK – Reunion of Kindertransport* – organisierte.

Bis zu diesem Treffen kam das Wort »Kindertransport« in meinem eigenen Vokabular nicht vor, und es war ein Schock für mich zu erfahren, dass ich eine von beinahe 10 000 war, denn bis dahin hatte sich mein Horizont auf mich und meinen Bruder beschränkt. Wir beide waren als Kinder von Berlin nach England gekommen. Dieses zwei Tage dauernde *ROK*-Treffen war für mich wie eine Offenbarung. Ich war überwältigt von den persönlichen Geschichten, die ich zu hören bekam, und den Gesprächen mit anderen ehemaligen Transport-Kindern. Plötzlich wurde mir bewusst, wie viel verfügbares Wissen ich 50 Jahre lang ignoriert hatte. Wie viele andere, die dem Treffen beiwohnten, war ich nun darauf erpicht, mehr zu erfahren, verlorene Zeit nachzuholen. Bruchstückhafte, bis dahin verleugnete Erfahrungen begannen sich zu einem Bild zu fügen, und ich war willens und begierig, Bücher zu lesen und Filme anzusehen, für die ich bisher stets Gründe gefunden hatte, um sie zu ignorieren. Meine eigene Psychoanalyse half mir, mit diesen neuen Erkenntnissen umzugehen.

Zu meiner Bestürzung stellte ich fest, dass verschiedene der Patienten in meiner privaten therapeutischen Praxis unter einem Holocaust-Trauma litten, das ich bisher nicht angesprochen hatte. Ich fand es seltsam, dass nun andere damit anfingen, mir von Dingen zu erzählen, die mit dem Holocaust zu tun hatten. Plötzlich hatte sich in meinem Kopf eine unbewusste Blockade gelöst, die dieses Thema zu einem Tabu gemacht hatte. Das Kindertransport-Treffen hatte mich befähigt, meine eigenen frühen Erfahrungen aus den Puzzleteilen von bis dahin Unbewusstem, nicht Gewusstem, zu rekonstruieren. Wichtiger noch, durch dieses Ereignis habe ich mir selbst die Erlaubnis gegeben, zu sehen und zu hören, was bis dahin ein Tabu gewesen war.

Dieses Tabu, das verhinderte, dass man sich der Auswirkungen der Holocaust-Erfahrung bewusst wurde, war nach dem Zweiten Weltkrieg weit verbreitet, sogar unter denen, die beruflich mit vom Holocaust traumatisierten Menschen arbeiteten. Dies wurde insbesondere von Alexander und Margarete Mitscherlich beobachtet und in ihrem 1967 erschienenen Buch »Die Unfähigkeit zu trauern« erläutert.[1] Auch die Kindertransport-Kinder wurden dazu angehalten, jegliches Fragen zu vermeiden, und das taten sie auch. Auf diese Weise wurde das »kollektive Schweigen« geschaffen und für so lange Zeit aufrechterhalten.

Um die durch die erste *Reunion* eingeleitete Bewusstseinsfindung zu unterstützen und einen Erfahrungsaustausch zu ermöglichen, leitete ich mit einer Kollegin, Judith Elkan, drei Jahre lang eine Reihe von Gruppen in London und eine Tageskonferenz in Sheffield für Kindertransport-Kinder. Ich habe diese Arbeit recht detailliert in einem Artikel dargelegt.[2] Daher möchte ich nur ein paar der Ergebnisse aus diesem Projekt und meine eigenen klinischen Erfahrungen erwähnen, die für den generationenübergreifenden Dialog Bedeutung haben. Im Folgenden wird auf drei Faktoren der ursprünglichen Entwurzelung und Trennung der Kindertransport-Kinder eingegangen, die das Potenzial der Kinder, sich an ihr neues Leben anzupassen, entscheidend beeinflusst haben.

Erstens: Die Kinder, die das Glück hatten, bis 1938 in einem stabilen

Umfeld aufzuwachsen, waren für die Erfahrung des Kindertransports besser gewappnet. Sie waren in der Regel fähig, neuen Menschen zu vertrauen und neue Erfahrungen zu verarbeiten. Doch viele Familien waren, zusätzlich zu den gewöhnlicheren Schwierigkeiten, die im Familienleben auftauchen, bereits in den fünf Jahren zwischen 1933 und 1938 durch die Nazis und deren Verfolgung erheblich schikaniert und zerrüttet worden. Einige Eltern schafften es, einen vernünftigen Dialog mit ihren Kindern aufrechtzuerhalten und ihnen zu helfen, aus den Schwierigkeiten einen gewissen Sinn zu ziehen. Andere versuchten, ihre Kinder dadurch zu schützen, dass sie ihnen das Wissen über die schwierigen Umstände vorenthielten: »Was sie nicht wissen, kann ihnen nicht wehtun.« Doch Kinder spüren es, wenn etwas falsch läuft, und ihnen nicht die Wahrheit zu sagen, kann furchteinflößend und wenig hilfreich sein. Es kann dazu führen, dass ein Kind die Wissenslücken mit irreführenden Phantasien füllt; so berichteten einige ehemalige Kindertransport-Kinder von immer wiederkehrenden Albträumen über nie passierte Begebenheiten. Ein ehrlicher und offener Dialog zwischen Eltern und Kindern hilft den Kindern mehr als das Fehlen desselben oder Auslassungen und Verschwiegenheit. Außerdem schuf dieser Austausch eine bessere Grundlage für den Dialog mit ihren eigenen zukünftigen Nachkommen.

Ein Beispiel: Joseph erinnert sich, wie er als Siebenjähriger mit seinem Vater in der »Kristallnacht« auf den Straßen Berlins am Rand einer Menge mitläuft: Sein Vater erklärte ihm, dass sie in der Menge sicher wären, da die Leute, die da hässliche und dumme Dinge anstellten, denken würden, dass sie mitmachten, und daher würden sie sie in Ruhe lassen. Außerdem erklärte der Vater ihm, dass die Nazis in jüdische Häuser und Wohnungen gingen und Menschen ohne vernünftigen Grund festnähmen (tatsächlich kam die SA in dieser Nacht in sein eigenes Heim). Als Joseph fragte, wie sich Erwachsene so benehmen dürften, obwohl dies Kindern verboten war, antwortete sein Vater, dass auch Erwachsene wütend würden und sich dann wie sehr schlechte Kinder benähmen, besonders dann, wenn deren Eltern ihnen nicht beigebracht hätten, wie man sich anständig benimmt. Dies ermöglichte Joseph, weiter auf die Fähigkeiten seiner Eltern, ihn zu beschützen, zu vertrauen, während das Vertrauen vieler anderer Kinder bereits vor der Trennung von den Eltern erschüttert worden war. Auf einer tieferen Ebene verstand Joseph, dass seine Eltern ihn in Sicherheit schickten, während andere Kinder sich ungewollt, fortgejagt und aufs Schlimmste betrogen und verlassen fühlten – selbst wenn sie auf rationaler Ebene wussten, warum die Trennung nötig war.

Zweitens war es für die Kindertransport-Kinder lebenswichtig, mit einer Person aus ihrem früheren Leben in Kontakt zu bleiben. Das konnte den Unterschied zwischen psychologischem und rein physischem Überleben bedeuten. Wie wir wissen, verbergen sich hinter den zahlreichen Erfolgsgeschichten der Transport-Kinder, die sich hervorragend anpassten und wertvolle, manchmal phänomenale gesellschaftliche Beiträge in ihren Gastländern leisteten, auch einige tragisch verlaufende von Gefallenen und Zerbrochenen. Bindungstheorien waren 1938/39 noch nicht entwickelt und wohlmeinende Erwachsene, die glaubten, dass es nur einer liebevollen Pflegefamilie bedürfe, trennten Geschwister und schickten sie in verschiedene Familien, woraufhin sie den Kontakt zueinander verloren. Diese Kinder mussten dadurch noch eine weitere Trennung erleiden.

Die Bedeutung des Dialogs mit einer vertrauten Person kann mit der Geschichte von Hans und Uschi illustriert werden. Die siebenjährige Uschi wurde die »Dolmetscherin« für den vierjährigen Hans. Für Hans war die ganze Welt auf einmal verrückt geworden, alles hatte sich verändert, und ohne Verständnis der englischen Sprache machte ihm das alles Angst. Doch Uschi erklärte stets alles zu Hans' Zufriedenheit. Dabei spielte es keine Rolle, dass sich vieles davon später als reine Erfindungen herausstellte. »Pass auf deinen kleinen Bruder auf«, waren die letzten Worte ihrer Eltern gewesen, und so wurde Hans Uschis *raison d'etre* und ihre Verbindung mit den Eltern.

Drittens war das Alter des Kindes zur Zeit der Trennung entscheidend, doch stimmt die Verallgemeinerung »Je jünger das Kind, desto schlimmer die Trennung« nicht. Sehr kleine Kinder im Vorschulalter, die aus Familien kamen, die die Stabilität aufrechterhalten hatten, und die bereits daran gewöhnt waren, einige Zeit von ihren Eltern getrennt zu sein, während sie gleichzeitig im Dialog mit einem Verwandten blieben, konnten sich leichter und erfolgreicher anpassen als ältere Kinder, die enttäuschende Erfahrungen gemacht hatten, wie etwa, dass Schulfreunde antisemitisch wurden, oder dass ein Verwandter aus dem Konzentrationslager körperlich und geistig gebrochen zurückkam.

Der Dialog zwischen den Generationen

Der 50. Jahrestag des Kindertransports stimulierte in vielen ehemaligen Transport-Kindern die innere Erlebniswelt, was dazu führte, dass sich in ihnen eine Art psychischer Verkrustung löste und sie nun über ihre Kindheits- und Jugenderfahrungen reflektieren konnten und sahen, wie diese ihr Leben verändert hatten. Durch den *ROK*-Newsletter wurde eine Gemeinschaft gebildet, die alternative Wege des Dialoges bot, genauso wie auch die vielen Gespräche, zu denen Bertha Leverton und andere eingeladen wurden. Die Kindertransport-Kinder beanspruchten nun eine eigene Identität, und das Londoner Zentrum für Holocaust-Überlebende, das ursprünglich für ehemalige KZ-Inhaftierte gegründet worden war, nahm sie sowie die Gruppe der versteckten Kinder herzlich auf. Allmählich fand eine wichtige Veränderung in der Betrachtung der Kindertransport-Kinder statt: Von Menschen, die gerettet wurden und daher auch angeblich nicht gelitten hatten, wurden sie zu Menschen, die alle zu einem gewissen Grad Traumata erfahren hatten.

Dorit Whiteman, eine amerikanische, in der Forschung tätige Psychologin und selber ein ehemaliges Transport-Kind, die ebenfalls am 50. Jahrestag zugegen war, bestätigte diesen Perspektivenwechsel. Sie traf und interviewte viele Transport-Kinder, die sie *Escapees*, also Entflohene, nannte. Ihre Absicht war, über »die Dinge, die denen passiert sind, denen überhaupt nichts passiert ist«, zu schreiben.[3] Doch als sie bei ihrer Forschungsarbeit entdeckte, wie sehr sich das Leben der von ihr Befragten durch den Kindertransport verändert hatte, änderte sie den Titel ihres sehr bewegenden Buches in *The Uprooted* – die Entwurzelten.[4]

Als Bertha Leverton und ihr Team 1999 den 60. Jahrestag der Kindertransporte vorbereiteten, hatte der Dialog innerhalb der Familien bereits begonnen, und daher fühlten sich auch die erwachsenen Kinder der Flüchtlinge ermutigt, an dem Treffen teilzunehmen. Meine Kollegin Judith Elkan und ich wurden gebeten, offene Workshops für die Kinder der Transport-Kinder einzurichten. Dies taten wir und erlebten Ähnliches: Es drängten sich doppelt so viele Personen wie geplant in die Räume. Die Kinder der Flüchtlinge kamen mit ihren Eltern und wollten in einen generationenübergreifenden Dialog eintreten. Diese großen Gruppen schufen eine bemerkenswert anregende und sichere Atmosphäre, in der sich Menschen jeder Generation in der Lage fühlten, ihre

Erfahrungen mit der jeweils anderen Generation auf eine Art und Weise zu beschreiben, wie sie es zuvor nie getan hatten.
Viele der erwachsenen Kinder berichteten, dass sie zwar fähig gewesen waren, ihre Eltern zu einem Besuch ihres Geburtsortes zu ermutigen und sie darin zu unterstützen; auch sie hatten ihr Wissen erweitert, und sowohl die Kindertransport-Kinder als auch deren Kinder hatten Kontakt mit ihren Wurzeln aufgenommen, die durch den Transport durchschnitten worden waren.
Sie waren jedoch nicht fähig gewesen, einander zuzuhören und miteinander darüber zu reden, was es für sie bedeutete, als Familie im unsichtbaren Schatten des Kindertransportes zu leben. Und dies war es, wofür sich die meisten nun bereit fühlten und was sie nachholen wollten. Aber für viele war dieses Thema noch immer zu sehr mit Ängsten belastet, als dass sie es innerhalb der Familie hätten tun können. Sie brauchten einen anderen, sichereren Ort dafür, und die Workshops sollten diese Möglichkeiten schaffen. Die dafür festgesetzte Zeit bei der *Reunion* war aber nicht ausreichend, nicht einmal mit genehmigten »Überstunden«. Die Teilnehmer wollten ganz eindeutig mehr.
Daraufhin luden Judith Elkan und ich all diejenigen, die uns eine Kontaktadresse hinterlassen hatten, zu einem Seminar ein, um den Dialog fortzusetzen. Bisher gab es sechs dieser Seminare unter der Schirmherrschaft des *LINK Psychotherapy Trust*, und weitere sind geplant. Einige Personen kommen regelmäßig, aber bei jedem Treffen gab es auch neue Teilnehmer. Es waren immer zwei, manchmal drei Generationen vertreten. Die persönlichen Erfahrungen der Mitglieder dieser Gruppe haben dadurch Gültigkeit erhalten, dass beide Generationen ihren Erzählungen zuhörten. Außerdem wurden dadurch beide Seiten zum Nachdenken über das Geschehene angeregt. Die erste Generation der Nachkommen, die mit der Ungeheuerlichkeit dessen, was ihre Eltern durchgemacht haben, zu kämpfen hat, nutzt die Gruppe, um Ausdrucksmöglichkeiten für ihre eigenen Erfahrungen zu finden, und sie werden angehört. Der Dialog hat allmählich an Kraft gewonnen und sich vom reinen Einander-Zuhören auf das Zwischen-den-Zeilen-Lesen verschoben, um die darin eingebundenen psychologischen Prozesse und Bedeutungen zu verstehen.
Dies bereitet einigen Teilnehmern Schwierigkeiten. Auf der einen Seite wollen sie zwar mehr verstehen, doch gleichzeitig ist es beängstigend,

Dinge auszugraben, die seit mehr als 50 Jahren verborgen waren. Diese Schwierigkeiten drücken sich in einer eigenartigen Art der Terminplanung für die Seminare aus. Am Ende jeder der sechs Sitzungen spürte man deutlich, dass die Teilnehmer weitermachen wollten, und man suchte eifrig nach einem provisorischen Termin, zu dem alle Zeit hätten. Dennoch war es jedes Mal so, dass keiner seine Teilnahmebestätigung bis kurz vor dem anberaumten Treffen einsandte. Judith Elkan und ich mussten am Ende diejenigen anrufen, die gesagt hatten, dass sie kommen wollten, aber ihre Teilnahme noch nicht bestätigt hatten. Das bedeutete auch, dass einige Treffen abgesagt werden mussten, als wir feststellten, dass wir weniger als vier Teilnehmer hatten.
Derartige Seminargruppen aufzubauen ist selten einfach. Viele andere Faktoren können eine Rolle gespielt haben, auch solche, die von der ursprünglichen Kindertransport-Erfahrung herrühren, wie etwa die Unsicherheit, ob der Zug tatsächlich abfahren würde, ob es die Eltern ertragen könnten, die Kinder gehen zu lassen, was danach geschehen würde. Es war sehr deutlich, dass die Teilnehmer am Ende einer Sitzung mehr wollten, aber in der Wartezeit bauten sie inneren Widerstand auf, so dass sie zum Zeitpunkt des nächsten Treffens nicht mehr das wollten, was sie »damals« gewollt hatten – das ist etwas, womit einige der Kinder nach der Trennungserfahrung kämpfen mussten. So hatten beispielsweise Transport-Kinder, die später wieder mit ihren Eltern vereint wurden, Schwierigkeiten, wieder eine Beziehung zu ihnen aufzubauen – sie wollten die Nähe »jetzt« nicht, weil sie sie »damals« gewollt hatten, als sie sie nicht bekommen konnten. Sie wollten auch die Nähe ihrer Pflegeeltern nicht, einerlei wie freundlich und verständnisvoll diese waren, weil sie ihre richtigen Eltern wollten.

Themen des Dialogs zwischen den Generationen

Trauer ist ein zentrales Thema. Die Generationen arbeiten zusammen, um die lange verleugneten oder heruntergespielten Verluste, die die Kindertransport-Kinder erlitten hatten, in Worte zu fassen und anzuerkennen. Dadurch wird eine Basis geschaffen, auf der es möglich ist, zu akzeptieren, dass auch die nachkommende Generation Verluste hatte: das mangelnde Wissen um ihre Herkunft, der gehemmte Dialog mit ihren Eltern, die Abwesenheit von Großeltern. Die Generationen helfen einander, das Wissen ertragen zu lernen. Die Kinder fangen an, das merkwürdige Verhalten ihrer Eltern zu begreifen, wenn sie zu verstehen beginnen, mit welchen Situationen die Eltern als Kinder fertig werden mussten. Gleichermaßen öffnen sich die Eltern für die Einsicht, dass ihre Kinder auch Schwierigkeiten hatten, trotz der gewaltigen Anstrengungen, die sie als Eltern unternommen hatten, um ihnen das Beste zu geben.

Beide Generationen entdecken in sich selbst Elemente eines Zwangs, »den Schaden wieder gutzumachen«, eher im wörtlichen Sinne als durch schmerzvolle Trauerarbeit. Viele Angehörige der ersten Generation benutzten dieses Bedürfnis, um die Bruchstücke ihres zerstörten Lebens zusammenzusammeln und weiterzumachen – nicht nur für sie selbst, sondern um ihrer verlorenen Eltern willen –, um sich fleißig dem Lernen zu widmen und sich anzupassen. Sie wurden *Workaholics* und hatten Erfolg. Manchmal waren sie für ihre Kinder ein allzu abschreckendes Beispiel, und es entstanden Missverständnisse, da die Eltern die Schwierigkeiten der Kinder nicht verstehen konnten. Die erwachsenen Kinder sagten, sie hätten das Gefühl gehabt, dass sie nicht ihr eigenes Leben haben konnten. Diese Missverständnisse wurden in den Seminaren zur Sprache gebracht. Ein weiterer wichtiger Diskussionspunkt war das Thema der Trennung. Erwachsene Kinder von Flüchtlingen tun sich schwer damit zu glauben, dass ihre Eltern ohne sie zurechtkommen können, und die Eltern haben Probleme damit, ihre Kinder loszulassen.

Identität ist ein weiteres wichtiges Thema. Es tauchte im Zusammenhang mit der neu gefundenen gemeinsamen Identität als Kindertransport-Kind auf. Ein gemeinsamer Faden lief durch die Geschichten beider Generationen, eine Wahrnehmung, die sich in folgenden Zitaten ausdrückt: »Ich hatte nie das Gefühl, dazuzugehören« oder »Es gab keinen Ort, an dem ich mich zugehörig fühlte«. Von ihren Wurzeln in einem anderen Land getrennt, gab es in England wirklich keinen Ort, zu dem die Kindertransport-Kinder ganz dazugehören konnten. Dies erging sogar denjenigen so, mit denen in liebevollen Pflegefamilien einfühlsam umgegangen wurde. Die Eltern, die Heimat und die Muttersprache konnten einfach nicht ersetzt werden. Auf schmerzliche Weise enthüllte der Dialog, wie die Kindertransport-Kinder dieses Gefühl von

»Wir gehören hier nicht wirklich hin« auf ihre eigenen Kinder übertrugen, die sich während ihrer ganzen Kindheit als »nicht ganz so wie die anderen« fühlten. Was mit der Religion und der jüdischen Kultur der Kindertransport-Kinder geschah, wurde wiederholt diskutiert, da einzelne Teilnehmer ihre persönliche Einstellung dazu ergründen mussten. Die Furcht davor, zu tief zu geraten, kommt bei der Erforschung schwieriger und schmerzhafter Gefühle, wie Schuld, Scham, Unwille und unterdrückte Wut, immer wieder auf. Ein Betroffener aus der zweiten Generation fühlte sich als »Gefangener des Holocaust«. »Ich kann es nicht abstellen. Es verfolgt mich. Ich muss mehr herausfinden.« Diese Ambivalenz über das Engagement manifestiert sich darin, dass die meisten Teilnehmer nicht fähig sind, sich für das nächste Mal zu verpflichten, und es erst wenige Tage vor jedem Treffen tun.

Der Verlust der Großeltern war für viele Teilnehmer aus der zweiten Generation besonders schmerzhaft. In den neunziger Jahren, als die Kindertransport-Kinder den Dialog miteinander aufnahmen, hatten die meisten schon Enkelkinder und einige stellten fest, dass sie als Großeltern die Fragen ihrer Enkel offener beantworten konnten als die ihrer eigenen Kinder. Sie hatten nicht das Gefühl, ihre Enkel, wie einst ihre eigenen Kinder, vor »beängstigendem Wissen« beschützen zu müssen. Sie mussten sich jedoch mit der Erkenntnis des Verlusts ihrer eigenen Großeltern auseinander setzen. Sara beschreibt es so: »Ich merkte, dass ich von Eifersucht gequält wurde – ich hatte meine Mutter nicht mehr, als ich nach England kam, aber ich habe auch meine Omi und meinen Opa verloren.« Auf der anderen Seite hatten die ursprünglichen Transport-Kinder vor der Trennung zum größten Teil ihre Großeltern gekannt, doch erst als sie selbst Großeltern wurden, begannen sie zu verstehen, dass ihre eigenen, ermordeten Eltern auch die verlorenen Großeltern ihrer Kinder waren. Vielleicht war es das, was es ihnen ermöglichte, ihren Kindern zuzuhören, die ihre Gefühle beschrieben und Fragen stellten. Warum hatten sie nicht schon früher über die ganze Familie gesprochen? Die Gruppe erörterte die Umstände und die Tatsache, dass es keine einfachen Entscheidungen waren.

Die Übertragung des Traumas auf die nächste Generation ist ein Thema, das Schmerzen hervorrief und bei dem zunächst viele Missverständnisse ausgeräumt werden mussten, bevor es verstanden, akzeptiert und dann erforscht werden konnte. Die Erfahrungen, die die Kindertransport-Kinder zur damaligen Zeit der Trennung und Neuanpassung an das Leben in England unmöglich verarbeiten konnten, wurden verdrängt. Es gab damals keinen, der ihnen half, ihren Erfahrungen Sinn zu geben (normalerweise würden Eltern dies tun), und daher vergruben sie diese in der Tiefe ihres Bewusstseins.

Besonders klar gezeigt wird dies in Diane Samuels' Theaterstück »Kindertransport«. So wie es in dem Stück dargestellt wird, sind es oft die Fragen der dritten Generation, die schließlich dazu führen, dass Licht ins Dunkel gebracht wird. Zunächst ist es für die Eltern sehr schmerzhaft, das zu realisieren, aber dann bringt es beträchtliche Erleichterung und Heilung für beide Generationen, wenn die Kinder der ursprünglich Betroffenen eine »zweite Chance« bekommen, die Verluste zu betrauern. Ein Teilnehmer, der der zweiten Generation angehört, formulierte das so: »Nur weil die Eltern nicht reden, bedeutet das nicht, dass die Kinder nichts wissen.« Sie kennen die Details nicht, aber sie bekommen ein paar Sachen mit; sie wissen, dass es da etwas Furchtbares gab, und empfinden das als Bedrohung. Wie auch ihre Eltern fühlen sie sich als »Flüchtlinge« vor etwas Schrecklichem, das sie noch immer bedroht.

Ein Mitglied der zweiten Generation beschreibt seine Schwierigkeiten, »loszulassen«, als eine Art von masochistischem Bedürfnis, am Schmerz festzuhalten, um sich angesichts einer lähmenden Depression noch am Leben zu fühlen. Die Depression konnte durch Trauerarbeit über die Verluste aufgehoben werden. Sich diesen Themen zu stellen, hat auf beide Generationen eine heilende Wirkung.

Schlussfolgerung

Um den kollektiv erzählten Bericht des Kindertransports als Teil der Geschichte zu verstehen, müssen wir nicht nur die verfügbaren Erzählungen, die gesammelt wurden, also die einzelnen Geschichten, untersuchen, sondern auch den Dialog zwischen den Kindertransport-Kindern, ihren Kindern und Kindeskindern. Die erste Stufe ist, die Flüchtlinge als eine Gruppe von Individuen zu identifizieren, die eine traumatische Trennungserfahrung erlitten haben, die den massiven Verlust von Eltern, Heimat, Land, Sprache und allem Gewohnten mit einschloss. Für viele Kindertransport-Kinder war dies der Beginn eines

Prozesses der Selbstfindung, der bedeutete, ihre persönliche Geschichte wieder und wieder umzuschreiben. Ihre Leben haben sich verändert und gemeinsam können wir anfangen zu verstehen, wie sie die Verluste bewältigten und sich an die neue Kultur anpassten. Ein besonders heikles Thema ist die kollektive Verleugnung der Möglichkeit, dass ihre Fähigkeit, Kinder großzuziehen, durch die Trennung von ihren eigenen Eltern in Mitleidenschaft gezogen worden sein könnte. Ganz oben auf ihrer Prioritätenliste nennen die Kindertransport-Kinder das Bedürfnis, ihre eigenen Verluste und die, die ihre Eltern erfuhren, an ihren Kindern wieder wettzumachen. Für viele bedeutet es eine gewaltige Ernüchterung zu akzeptieren, dass etwas, das durch die Erfahrung des Kindertransports entstanden ist, auf die nächste Generation übertragen wurde. Der Mechanismus dieser Traumaübertragung basiert, wenigstens zum Teil, auf dem Bedürfnis der Kindertransport-Eltern, ihre eigenen Kinder vor der Not und den Schrecken, die sie selbst erlebt haben, zu beschützen. Dies taten sie, indem sie ihnen nichts davon erzählten. Diese Mauer des Schweigens beeinträchtigte den normalen Gesprächsfluss zwischen den beiden Generationen. Die Kinder spürten meistens, dass es da etwas »Schlimmes« gab, über das man nicht sprechen durfte, und so befanden sie sich im Konflikt zwischen Herausfinden-Wollen und Aufrechterhaltung dessen, was sie als Schwäche und Schutzbedürftigkeit ihrer Eltern verstanden. So fühlten sich beide Seiten verpflichtet und auch bereit, die jeweils andere Seite davor zu bewahren, dass sie durch die Berichte der Kindertransport-Kinder verstört oder geschädigt würden. Tatsächlich aber schützte sich jede Generation vor den schmerzlichen Gefühlen, die eine solche Erzählung mit sich bringen würde. Durch unterstützten Dialog wurden viele Familien befähigt, damit anzufangen, die Gefühle und Erfahrungen der anderen zu ertragen. Dies hat dazu geführt, dass schmerzliche Gefühle teilweise mitgeteilt wurden, was für einige schwierig war und ist, aber es hat zu einer Bereicherung der generationenübergreifenden Beziehungen geführt. Außerdem hat es das Wissen über die kollektive Erfahrung des Kindertransports erweitert.

Die äußerlich erfolgreiche Akkulturation der Kindertransport-Kinder verschleierte die emotionalen Auswirkungen der Trennung, die sich bei den meisten jahrzehntelang aufgestaut hatten, weil die Gesellschaft diese kollektiv verleugnete. Ich habe nur einige der vielen Themen, die

in den generationenübergreifenden Seminaren behandelt wurden, umrissen. Die Seminare zeigen, dass der Dialog zwischen den Generationen tatsächlich ein wirksames Mittel sein kann, um die innere Akkulturation der Kindertransport-Betroffenen voranzutreiben.
Solange Kindertransport-Kinder leben, bleibt noch Arbeit zu tun, die zugunsten künftiger Nachkommen durch den generationenübergreifenden Dialog bewältigt werden muss. Viele Angehörige der ersten Generation nehmen nun die Gelegenheit wahr und arbeiten daran, die Fülle ihres Lebens Revue passieren zu lassen und dieses Leben zu akzeptieren, um sich darauf vorzubereiten, es verlassen zu müssen. Mehr und mehr von ihnen haben Bücher veröffentlicht. Die zweite Generation erkennt die Bedeutung des Dialogs mit ihren eigenen Kindern, der dritten Generation, und einige schreiben auch Bücher über ihre Geschichte, wie etwa Anne Karpfs »The War After«.[5] Forscher müssen nun darangehen, für die Nachwelt die einzelnen Geschichten in einem kollektiven Bericht einander gegenüberzustellen.
Aus der Erforschung der Kindertransport-Erfahrungen haben wir viel Wissen gewonnen, aber können wir dieses auch nutzen? Wie können wir es denjenigen vermitteln, die sich in einer Lage befinden, in der sie daraus Nutzen ziehen könnten? Immer noch werden Kinder von ihren Eltern getrennt, um sie aus Gefahrenzonen zu retten. So wurde beispielsweise eine große Anzahl von Kindern ohne ihre Eltern aus dem Kosovo nach Großbritannien gebracht. Unter den Asylsuchenden, die nach Großbritannien kommen, befinden sich auch viele kleine Kinder, die von skrupellosen Unternehmern eingeschleust werden. Können wir das, was wir von den Kindertransporten gelernt haben, anwenden, um die Kinder, die heute unter Trennung und Verlust leiden, zu verstehen und ihnen in angemessener Weise zu helfen?
Seit diesem Treffen, das vor nunmehr 13 Jahren stattfand, habe ich meine Geschichte wieder und wieder erzählt, da ich wie viele andere Kindertransport-Kinder sowohl englische als auch deutsche Schulen besuche, um als Zeitzeugin an Unterrichtseinheiten über den Holocaust teilzunehmen. Jedes Mal stellen mir die Schüler wenigstens einige neue Fragen, oder Fragen mit einer neuen Gewichtung, so dass ich nachdenken muss, um antworten zu können. Es tauchen immer neue Gedanken, sogar neue Erinnerungen, auf, meine Geschichte wird in zunehmendem Maße reicher, und Lücken werden geschlossen. Einige aus der zweiten

Generation (und einige wenige aus der ersten) nehmen sogar an Workshops teil, in denen die Nachfahren der Täter mit den Nachfahren der Opfer in Dialog treten. Sowohl die Forschung als auch die Lehre über den Holocaust zu erweitern, hilft Missverständnisse und Argwohn zu reduzieren, und so hoffentlich eines Tages den Teufelskreis aus Rassismus, Gewalt, Krieg, Genozid und Verleugnung zu verlassen.

Anmerkungen

1 Alexander Mitscherlich/Margarete Mitscherlich, Die Unfähigkeit zu trauern. Grundlagen kollektiven Verhaltens, München 1961.
2 Ruth Barnett, The Other Side of the Abyss. A Psychodynamic Approach to Working with Groups of People Who Came to England as Children on the Kindertransporte. In: British Journal of Psychotherapy 12 (1995), S. 178–194.
3 Dorit Bader Whiteman in einem Gespräch mit der Autorin.
4 Dorit Bader Whiteman, The Uprooted. A Hitler Legacy, New York, 1993 (dt.: Die Entwurzelten. Jüdische Lebensgeschichten nach der Flucht von 1933 bis heute. Weimar/Köln 1995).
5 Anne Karpf, The War after, London 1997 (dt.: Der Krieg danach. Leben mit dem Holocaust, München 2000).

Mona Körte

Armband, Handtuch, Taschenuhr

Objekte des letzten Augenblicks in Erinnerung und Erzählung

Im Februar 2001 erhielt das Jüdische Museum Berlin ein Päckchen mit einem Handtuch, fein säuberlich gefaltet, geplättet und bestickt mit einem Monogramm: »MK« für Margarete Kuttner. Der Absender, Paul Kuttner aus New York, nennt dieses Handtuch die letzte Gabe der Mutter an ihn, ihren Sohn, der 16-jährig am 8. Februar 1939 mit einem Kindertransport von Berlin nach England entkam. »Es ist bis heute noch so gefaltet wie am Tag, als es meine Mutter in meinen Koffer hineinlegte.«[1] Es gehöre, so Kuttner weiter, in ein Museum, wo es »für ewiglich« an seine Mutter erinnern werde. Er wolle verhindern, dass dieses bei seinem Tod vielleicht einfach weggeworfen werde. Die Mutter hatte jedes Hilfsangebot von Seiten einer Familie, die ihre Tochter Annemarie bis 1945 in Berlin versteckt hielt, ausgeschlagen, mit der Begründung, sie werde »nur in ein Arbeitslager«[2] verschleppt. 1942 wurde sie nach Auschwitz deportiert und dort 1943 ermordet. Paul Kuttner wanderte nach einem knappen Jahrzehnt in England Ende der vierziger Jahre nach Amerika aus.[3]

Objekte als Erinnerungsträger

Warum steht die Geschichte des Handtuchs am Beginn dieses Beitrags? Das Handtuch Paul Kuttners lässt sich verstehen als ein »Objekt des letzten Augenblicks«,[4] dem eine besondere Rolle in der Erinnerung und der Erzählung ehemaliger *Kinder* der Kindertransporte zukommt. Da neben einer thesenorientierten Debatte über die Kindertransporte auch eine eingehendere Analyse autobiographischer und fiktionaler Texte bisher ausgeblieben ist, stehen bestimmte Formen des Erinnerns und der Aufzeichnung ehemaliger *Kinder* im Mittelpunkt dieses Essays.

Neben ungeteilten und einzigartigen Erlebnissen, die sich in Titeln wie »I Came Alone« ausdrücken, gibt es geteilte Erfahrungen, inhaltliche und strukturelle Überschneidungen im Erzählen der Ereignisse. So können die »Kristallnacht« nahezu einvernehmlich als Initialereignis für die von Kindern als plötzlich empfundene Abreise nach England, der sehr kalte Winter 1938, die Ankunft im Feriencamp Dovercourt als kollektive Erinnerungsmomente gelten.[5]
Eine weitere, diesmal strukturelle Ähnlichkeit mancher Texte der aus Berlin, München, Wien, Prag kommenden Überlebenden liegt auch darin, dass sie ihre Geschichte an einem (geliebten) Objekt entlang erzählen. Objekte – in Gestalt von Andenken, Mitbringseln, Kleidern, Utensilien – übernehmen, so könnte man zunächst unspezifisch formulieren, »angesichts der vielen, kaum noch nachvollziehbaren Verluste eine symbolische Funktion«.[6] Nicht nur verdeutlicht das aus der Kindheit stammende Objekt kindliches Erleben, es ist ein Bindeglied zu den Eltern, wird später Erinnerungsstütze und hat im Abstand zu den Ereignissen die Funktion einer Erinnerungsbrücke oder auch Klammer der Ereignisse. Gefühle von Liebe, Kindheit, Heimat springen über auf das Objekt, das blitzhaft ganze Themenkomplexe erkennen lässt: »Was hat ein Gobelin mit dem Tod meines Vaters, meiner Mutter, meiner Schwester, meiner Onkel und meiner Tanten, meiner Cousins und Cousinen und sechs Millionen Juden zu tun? Ich werde Ihnen die Geschichte des Gobelins erzählen«,[7] so beginnt Ester Friedman (geborene Müller aus Wien) ihre Erinnerungen. Was folgt, ist die Geschichte des von der Mutter bestickten Gobelins, der als Erbstück an sie weitergereicht wurde, die vorherigen Generationen der Familie also aneinander bindet, eine Vorbereitung auf die Ehe der Eltern darstellt, der Mutter, einer Schneiderin, vor der Deportation als letzte Beschäftigung wegen ausbleibender Kundschaft dient, kurz: als fassbares Denkmal der Familie zum Leitobjekt der Erzählung Ester Friedmans erhoben wird.
Das Mitgegebene – ein Handtuch, eine Tasche, ein Spielzeug, ein Buch, aber auch Kleider – wird in der Erinnerung überformt; es reicht in die Kindheit zurück, ging mit den Kindern auf Reisen und gerät, aus dem Gebrauchszusammenhang gerissen, in die Nähe eines Fetischs. Die rationalisierende Stimme der Erwachsenen nennt ein solches Ding ein Objekt mit *»no value, except a sentimental one«*.[8] Der Abschied von den Eltern auf unbestimmte Zeit gab Erinnerungsstücken einen großen

Wert, die als Pfand und Ersatz der abwesenden Eltern fungierten und letztlich ein materieller Beweis ihrer Existenz waren. Als Dinge, die dem Kind eine altersbedingte, größtmögliche Freiheit von den Eltern und damit ein Älterwerden ermöglichen, gerade weil diese Gegenstände die Erinnerung an die Eltern mit sich führen, sind sie auf den ersten Blick nicht unähnlich dem, was der Psychologe Winnicott seit 1953 »Übergangsobjekte« nennt.[9] Doch ausgerechnet derlei Objekte fanden in dem einen Koffer, der neben einem Handgepäckstück und zehn Reichsmark mitgenommen werden durfte, keinen Platz, wodurch unter den Dingen im Koffer eine Art Ersatz für das Übergangsobjekt gefunden werden musste. »Da nur ein Koffer erlaubt war, mussten schwere Entscheidungen gefällt werden darüber, was zurückgelassen werden musste, vor allem, wenn es sich um Gegenstände handelte, die – anders als Kleidung – nicht unbedingt als nützlich erachtet wurden, z. B. Decken, Spielzeug, Fotos, Erinnerungsstücke.«[10]

Aus der Schreibgegenwart zurückblickend, gewinnen diese Objekte noch an Wert, da sie eine letzte Verbindung zu den geliebten Menschen verkörpern – »der Koffer stellt ihr Zuhause dar«,[11] so beschreibt es Karen Gershon in ihrer in der dritten Person gehaltenen Autobiographie »Das Unterkind«. Der Koffer ist jedoch bestenfalls ein Ausschnitt der Umwelt, aus seinem Inhalt wählt das Kind – und das zeigt seine immense psychische Beweglichkeit – eine Art Übergangsobjekt auf Lebenszeit, wie im Falle Kuttners das Handtuch. Denn im zunehmenden Bewusstsein der dauernden Emigration verändern die Gegenstände ihre Bedeutung: Sie verkörpern nicht mehr Kindheit, Familie und Heim, sondern den Verlust oder den »Traum vom Heim«.[12] Infolge des Wissens um die unwiderruflich verlorene Kindheit und den Tod der Eltern werden sie zum *Memento mori*, sie ersetzen den Grabstein, nicht zuletzt deshalb, da manche *Kinder* bis heute den Todesort und das Todesdatum ihrer Eltern nicht kennen. Durch die Bewahrung und Pflege der Objekte hält man ihnen die Treue, vielleicht, weil es intuitiv ein Bewusstsein darüber gibt, dass Erinnerung unter den Erfordernissen der Gegenwart immer neu modelliert wird. Erinnern bedeutet, die Affekte, die an Bilder oder Gegenstände gebunden sind, zu aktualisieren,[13] als solche werden diese Erinnerungsstücke zu Werkzeugen der Trauer. Abwesend sind die Zeit und die Menschen, die den Gegenstand früher einmal umhüllten.

Lore Segal erzählt in ihren bereits 1958 erschienenen Erinnerungen »Others People's Houses« von den letzten Stunden vor ihrer Abfahrt mit einem Kindertransport aus Wien. Ihre Mutter versucht – den Schmerz über den bevorstehenden Verlust der Tochter in blinden Aktionismus verwandelnd – ihr einen letzten Wunsch zu entlocken, indem sie dem wunschlos-traurigen Kind Essbares aufnötigt, eine Situation, die das erwachsene Kind vielleicht stellvertretend für vergleichbare Abschiedssituationen folgendermaßen interpretiert: »*She was wanting me to need something that she could give me*«.[14] Eigentlich wunschlos fällt dem Kind in seiner Verlegenheit nur eine wenig verlockende Knackwurst ein, die, von der Mutter im letzten Augenblick mühselig besorgt, ihr schließlich in den Rucksack gepackt wird.
Diese durch die Abschieds- und Trennungssituation hoch aufgeladene Knackwurst beschäftigt das Mädchen tagelang, auf der Reise, bei der Ankunft und, wenn man will, bis in die Schreibgegenwart hinein. Sie will sie nicht essen, sondern aufheben; in Dovercourt angekommen, versteckt sie die bereits angegammelte Wurst unter ihrem Bett; sucht, um nicht aufzufallen, mit den Kindern nach dem Grund des fürchterlichen Gestanks, versucht die Wurst in einem unbeobachteten Augenblick buchstäblich zu »begraben« und muss sie schließlich vor den Augen anderer ganz profan im Mülleimer »entsorgen«.[15] Ein sehr vergängliches Objekt oder besser, der starke Bezug auf dieses Objekt, das trotz vergeblicher Rettungsversuche zum Übergangsobjekt auf Lebenszeit nicht taugt, bildet das fragile Rückgrat ihres Erinnerungstextes.
Die Gegenstände dienen nicht nur der Selbstvergewisserung, sind nicht nur in dem Sinne eine Verlängerung des Selbst, sie halten über die Distanz hinweg die Verbindung, sie trösten, da sie suggerieren, dass die Eltern zwar weg, aber nicht verloren sind.[16] Mit den Dingen wird die Trennung insofern ausagiert, als man nun selbst über die Zukunft und das Schicksal dieses Objekts entscheiden und es sich nicht aus der Hand nehmen lassen möchte. Es »gibt [...] Dinge, die ich bis heute behalten habe. Die blaue Stofftasche, vielmals geflickt, enthält heute meinen *Schofar*«,[17] heißt es bei Bernd Koschland, ehemals aus Fürth. Ruth Westheimer bewahrt einen Waschlappen von zu Hause: »*Later, I was to wish so hard that I had brought more from that house – the Sabbath candlesticks, a dish, anything.*«[18]

Andere, wie zum Beispiel Eva Gladdish (geborene Berger aus Wien), berichten von dem Verlust ihrer Andenken bereits im Zug, wodurch auf der Überfahrt erste Schuldgefühle entstehen, zu denen sich noch andere – etwa im Hinblick auf ihr nicht vorbildliches Betragen – gesellen werden. Sie lässt das Silberarmband der Mutter, das aus den Tagen der russischen Kriegsgefangenschaft des Vaters stammte, die Taschenuhr der Großmutter und ein Etui im Zug liegen und kommentiert dies folgendermaßen: »Es war, als ob ich die letzten greifbaren Überreste meiner Eltern und meines Zuhauses verloren hätte.«[19]
Die Erwähnung einmal besessener und heute verschwundener Fotografien und anderer zu Andenken gewordener Dinge zieht sich als Faden durch die Erinnerungen und evoziert ganze Themenkomplexe, darunter auch die Schuld, Freude bei der Abfahrt empfunden zu haben, mit dem Zug in die Freiheit gefahren zu sein, elterliche Substitute überhaupt zugelassen zu haben. Aus manch einem Text spricht auch die Angst, die Dinge in ihrer Eigenschaft als Hinterlassenschaft nicht so zu behandeln, zu pflegen und zu schützen, wie sie es verdienen. Das Aufheben der Dinge kann auch eine Bürde sein, indem der Besitzer sich zeitlebens als der alleinige Leibwächter der Sachen versteht.[20]
Eine andere Variante im Hinblick auf die Implikationen von Erinnerungsstücken schildert John Najmann, ursprünglich aus Breslau. Erst nach dem Krieg erbt er äußerst sprechende und schmerzliche Dokumente seiner ermordeten Eltern. Er erhält das Gebetbuch seines Vaters, in dem »Schiffskarten liegen, die er für die ganze Familie gekauft hatte – nach San Domingo«.[21]

»The Power of Others«

Warum eignet sich die Geschichte geliebter Objekte als Leitfaden der Erzählung?[22] Die Gegenstände sind nicht allein deshalb wichtig, weil geliebte Hände sie berührt, manchmal verfertigt und ihren Abdruck auf ihnen hinterlassen haben. In der Erinnerung kommt ihnen auch eine andere Bedeutung zu: In England angekommen, erweist sich an den Andenken auch die Macht der Fremden, der Übergriff durch andere. Sind die Objekte für die einen der manchmal einzige Ausweis von Kontinuität, weil sie die im Werden begriffene Persönlichkeit des Kindes

schützen, so werden sie für andere zum Garant des gewaltsamen Bruchs in ihrer bisherigen Entwicklung.
In der kollektiven Autobiographie »We came as Children« von Karen Gershon beschreiben verschiedene Stimmen die Ankunft in Harwich. Eine schildert den bleibenden Eindruck, dass Fremde absolute Macht über die Kinder hatten, dass sie z. B. von Pflegeeltern wie auf einem Viehmarkt ausgesucht wurden.[23] Durch ein Pappkärtchen mit der Permitnummer um den Hals – verstärkt noch durch die vielen fotografierenden Reporter und Schaulustigen – fühlen sich die Ankömmlinge wie Ausstellungsstücke, was ein ehemaliges Kind wie folgt beschreibt: *»To settle down as a human being I became a sort of museumspiece.«*[24] Nicht nur manches Mädchen im Dirndl[25] oder mancher Junge mit langen, von Bändern gehaltenen Strümpfen[26] wird zum Gespött; viele Kinder sind, »um sie nicht wie Bettler in die Welt«[27] hinauszuschicken – so heißt es in Gershons Autobiographie –, von ihren Eltern in ihre besten Sachen gesteckt worden. Das harmoniert nicht mit den Vorstellungen von einem *refugee* und macht ihn unglaubwürdig – vielleicht das erste große Missverständnis, das die Kinder in der Fremde trifft. Die Verhinderung der alten Kleiderordnung oder das Gebot einer neuen war oft ein erster Hinweis auf fehlendes Einfühlungsvermögen nicht nur im Hinblick auf die Verteilung jüdischer Kinder auf christliche Familien, sondern auch auf im Vergleich zu den Herkunftsfamilien der Kinder weniger orthodoxe oder aber orthodoxere Familien.[28] Nicht selten wandern während der Verwandlung der Kinder in *»nice english girls and boys«* die Kleider dieser verdächtigen Exoten in den Ofen.[29] Kleidung ist immer auch von hohem symbolischen Wert: brandneue Schuhe verschwinden, heiß geliebte Kleidungsstücke werden einbehalten, nicht selten in dem naiven Glauben, die Kraft der Erinnerung durch Vernichtung dieser Dinge zu schwächen, die Anpassung zu erleichtern.
Noch schwerer als die Vernichtung der Erinnerungsstücke durch andere lastet die Erinnerung an die eigene Beseitigung der greifbaren Reste. Derselbe, der im Gebetbuch seines Vaters die Schiffskarten findet, folgt nach seiner Ankunft in England einem Rat, den er schon bald bitter bereut: »Einer sagte zu mir, dass es wegen des Krieges gefährlich sei, Briefe aus Deutschland aufzuheben – so vernichtete ich alle Briefe meiner Eltern«.[30] In der beschriebenen Behandlung von Kleidung und Mit-

gebrachtem offenbart sich der Zu- und Übergriff auf die Kinder durch Fremde, hinter denen die in der englischen Fürsorgepolitik zu spürende ambivalente Haltung den Kindern gegenüber erkennbar wird.[31] Die zu rettenden Kinder waren nicht nur bedroht, sondern wirkten für ihr Zielland bedrohlich: Die knapp 10 000 Kinder sollten den Steuerzahler keinen Penny kosten und eine möglichst geringe Gefährdung für den Arbeitsmarkt darstellen. Ihre Rettung mussten sie sich erst verdienen – so eine sicher nicht von allen geteilte, unausgesprochene Übereinkunft. Ein Blick auf die Bedeutung von Gegenständen hat gezeigt, dass sie zwar ganz verschieden aufgeladen und behandelt werden, für die ehemaligen *Kinder* aber eine – vielleicht die einzige – Art von Selbstvergewisserung, eine Kontinuität zwischen dem Leben vor und dem nach der Ankunft in England darstellen und ihre Wirkkraft über den Tod der Eltern hinaus bewahrt haben. In die Geschichte der Gegenstände ist das Verhältnis von erinnertem und erinnerndem Ich eingelassen; dadurch bricht diese am Leitobjekt geschliffene Erzählweise mit der gerne vermittelten, aber völlig verkürzenden Ansicht, dass die Geschichte der Überlebenden des Holocaust mit ihrer Rettung zu Ende ist. Die mitgeteilte Bedeutung von Objekten, der problematisierte Verlust bis hin zur Vernichtung machen deutlich, dass »kein natürlicher Wechsel von einem Lebensstadium ins nächste stattfand: Da die Orte der Kindheit nicht mehr zugänglich sind, werden auch Kindheit und Jugend selbst sowie die Erinnerung daran entzogen.«[32]

Literarische Verarbeitungen

Vergleicht man die unüberschaubare Fülle der Autobiographik zur Schoah mit der über die Kindertransporte, so fällt zunächst die geringe Zahl an Selbstzeugnissen von Kindern auf. Dies liegt wohl daran, dass ihnen lange nicht zugestanden wurde, über ihre Erlebnisse und Verluste zu trauern.[33] Die Umwelt und das eigene Bewusstsein schienen zu sagen, dass »wahre Überlebende« nur die aus den Konzentrationslagern Zurückgekehrten seien, während den *Kindern* eigentlich nichts passiert sei, da sie die schlimmste Zeit ja im sicheren Großbritannien zugebracht hätten. Treffend beschreibt ein ehemaliges *Kind* sein Überleben als »*a survival which is unglamorous, often sordid*«.[34]

Wie um den Stimmen der ehemaligen *Kinder* eine bis dato unerreichte Stärke zu verleihen, handelt es sich bei zwei auch im Deutschen zugänglichen Veröffentlichungen um »kollektive Autobiographien«: die Anthologie von Karen Gershon (»We came as Children«) und »I Came Alone. The Stories of the Kindertransports«.[35] Gerade die Pluralität der »Kinderstimmen« zeigt, wie wenig homogen, wie einzigartig ihre jeweiligen Erfahrungen sowie die schwierige Verarbeitung und Deutung dieser Erfahrungen sind. Spätestens durch Hans Keilsons Studie über »Sequentielle Traumatisierung bei Kindern« (1978) ist bekannt, wie massiv sich das jeweilige Alter der verfolgten Kinder auf die Erfahrungs- und Verarbeitungsweisen auswirkt.[36]

Die Anthologie »I Came Alone« versammelt unterschiedlich lange Erinnerungsfragmente ehemaliger *Kinder* in einem Umfang zwischen neun Sätzen und drei Seiten. Es gibt keine »Tradition« im Erzählen der Ereignisse, in seltenen Fällen bricht die Erzählung ab, ohne den Kindertransport als solchen erwähnt zu haben.

Ein Indikator für die stärker werdende öffentliche Präsenz des Themas Kindertransporte ist der Faktor, dass die Ereignisse allmählich ihren Weg in die Literatur finden. »Die Fiktion ist auch eine Form der Popularisierung – mit dem Vorteil, dass die Themen einem sehr viel weiteren Leserkreis zugetragen werden, als es etwa einer historischen Monografie möglich wäre«,[37] so der 2002 verstorbene Schriftsteller Winfried Georg Sebald zur Frage nach den Wegen des (historischen) Wissens. Literatur kann wie ein Resonanzraum der Erfahrungen sowie der Spuren wirken, die diese Erfahrungen hinterlassen.

Die amerikanische Autorin Cynthia Ozick, in vielen ihrer Werke stark mit dem Kind als dem *»scholar of loss«*[38] beschäftigt und mit dem Buch Lore Segals vertraut ist, beschreibt in ihrem 1987 erschienenen Roman »The Messiah of Stockholm« die vergebliche Suche *»one of those refugee orphans«*[39] nach seiner Herkunft, wie es eine der aus der Zeit herausgefallenen Figuren Ozicks formuliert. Der als Kleinkind dem Holocaust entgangene Protagonist Lars And'emening ist besessen von der fixen Idee, dass es sich bei seinem Vater um den 1942 in Drogobytsch (Galizien) ermordeten Schriftsteller Bruno Schulz handele. Reale und erfundene Indizien werden aufgereiht an einem in die Vergangenheit zurückreichenden Faden: ein verlorenes Manuskript von Schulz – »The Messiah« – wird zum Fetisch, das Vergangenheit nicht nur herstellt, sondern aktualisiert, indem die Erwähnung des Manuskripts bleibenden Brandgeruch mit sich bringt und die Beschäftigung mit dem abwesenden Vater nie aufzuhören braucht. Ein von Ozick aufgegriffenes Thema ist das bei den ehemaligen *Kindern* anklingende besondere Verhältnis zu Sprache und Sprechen: Satzfetzen, deutsche Vokabeln, vor allem aber der bleibende Akzent begleiten die Überlebenden wie das Gespenst ihres anderen, ihres früheren Ich und erinnern daran, dass man den Flüchtling in sich mitunter nicht loswird.[40]

Indem literarische Verarbeitungen bestimmte Momente eines Schicksals betonen oder ausdehnen – hier die obsessive Suche nach den unbekannten Eltern, greifbar allein in der Trauer um den Verlust eines materiellen Beweises der elterlichen Existenz –, filtern diese Annäherungen eine Erkenntnis heraus, die für viele ehemalige *Kinder* gilt: Ihre Identität besteht darin, keine festgelegte zu haben.

W. G. Sebald hat nach seinen viel beachteten Prosabänden »Die Ausgewanderten« (1992), »Die Ringe des Saturn« (1995) und »Logis in einem Landhaus« (1998) mit »Austerlitz« im Jahre 2001 ein neues Buch vorgelegt. Eigener Aussage zufolge »stecken zweieinhalb Lebensgeschichten in seiner Hauptfigur Jacques Austerlitz, Biographien, denen er nachgegangen ist«.[41] Ein Vorbild seines Protagonisten ist – wie man sich unschwer zusammenreimen kann – Susi Bechhöfer.[42]

Zentrale Figur in Sebalds Roman ist ein seltsamer Fremder mit Rucksack und schweren Wanderstiefeln, dem der Erzähler zu Beginn im Bahnhof von Antwerpen begegnet. Der Erzähler spricht den mit Studien über die Architektur der Bahnhöfe Beschäftigten an, kommt in den Genuss eines unermesslichen Fachwissens in baugeschichtlichen und historischen Dingen, gewinnt infolge weiterer zufällig wirkender Begegnungen das Vertrauen des Fremden, der ihm schließlich Bruchstücke seiner Herkunft anvertraut: Aufgewachsen in Wales im Hause eines calvinistischen Dorfpfarrers, erfährt er als Jugendlicher im Internat unerwartet seinen eigentlichen Namen – Jacques Austerlitz. Diese Mitteilung bestätigt sein bis dahin diffuses Gefühl, »nie wirklich am Leben gewesen zu sein«.[43] Mehr als den neuen Namen hat er jedoch nicht, da seine Zieheltern nicht nur seinen geliebten Rucksack, sondern alle Spuren seiner Herkunft vernichtet haben, und der Ziehvater nach dem Tod seiner Frau in geistiger Umnachtung unansprechbar bleibt. Der Name Austerlitz ist allerdings mehr und zugleich weniger als ein Eigenname:

Er ist eine Einschreibefläche und beschwört die berühmte Schlacht bei der Stadt in Mähren, die Spuren dieser Schlacht in der Pariser Stadtlandschaft, die namensverwandten Vorfahren Fred Astaires. Anfangs gibt es neben der Ungewissheit nur den Namen, bald den wie zufällig aufgefundenen Wartesaal, in dem Austerlitz als Vierjähriger von seinen Zieheltern in Empfang genommen wurde, dann durch eine Radiosendung die schockhafte Gewissheit, dass er in früher Kindheit mit einem der Kindertransporte, mit dem Fährschiff »Prague von Hoek« über die Nordsee nach England gelangt sein muss. Jetzt erst weiß er, wie wenig er von sich weiß – »Ich merkte jetzt, wie wenig Übung ich in der Erinnerung hatte, und wie sehr ich, im Gegenteil, immer bemüht gewesen bin, mich an möglichst gar nichts zu erinnern«[44] –, und er versucht, seine über Jahrzehnte durch die Anhäufung von Wissen verfeinerten »Abwehrreaktionen« zu durchbrechen. Bisher nämlich war für ihn »die Welt mit dem Ausgang des 19. Jahrhunderts zu Ende«.[45]
Nach seinen teilweisen Entdeckungen wandert Austerlitz, nun erst recht unruhig geworden, zwischen Belgien, England, Tschechien und Frankreich hin und her, findet in Prag sein Kindermädchen aus früheren Tagen, fährt nach Theresienstadt, wo sich die Spur der Mutter 1942 verloren hat. Seine Recherchen ergeben, dass sich der sozialdemokratisch gesinnte Vater kurz vor dem Einmarsch der Deutschen in Prag nach Paris absetzen konnte, von wo jedoch kein Lebenszeichen mehr kam. Austerlitz' melancholisches Resümee, dass es wenig nützt, die Quellen der eigenen Verstörung entdeckt zu haben,[46] ist auch dem Wissen geschuldet, dass selbst die Summe aller biographischen Details nie ein Ganzes ergeben würde. Der empfundene Zwang, ein anderes als das eigentliche Leben leben zu müssen, ist Quelle seines Unglücks, ein Gefühl, das keineswegs alle *Kinder* teilen.[47] Austerlitz interessiert das scheinbar Zufällige oder Beiläufige, das ihm ein falsches Versprechen macht. Es fördert den Glauben, dass unendliche Aufmerksamkeit ihm bei der Suche nach sich selbst behilflich sein könne.
Die »verwaiste Verfassung«, die ihn »keinen Platz in der Wirklichkeit«[48] finden lässt, hat ihn durchlässig gemacht für eben diese Wirklichkeit in Gestalt architektonischer Wunder und Monstrositäten. Sein Spezialwissen, das architektonische Gebilde in Gedenkstätten verwandelt, ist nicht allein »Wissensanhäufung als ersatzweises, kompensatorisches Gedächtnis«,[49] wie Austerlitz sich selbst bescheinigt. Es ist auch

kein bloßer Platzhalter für die fehlende Biographie, sondern im mitgeteilten Wissen kommt das Unbewusste des Protagonisten selbst zum Vorschein. »Bei seinen Studien über die Architektur der Bahnhöfe [...] bringe er nie den Gedanken an die Qual des Abschiednehmens und die Angst vor der Fremde aus dem Kopf, obwohl dergleichen ja nicht zur Baugeschichte gehöre«,[50] sagt er, noch bevor er weiß, wie schicksalhaft Bahnhöfe in seiner Biographie sind.

Nicht nur an dieser Stelle stehen die architektonischen Ausführungen manchmal in leisem, nur angedeutetem Bezug zu sich selbst; doch lohnt es sich, den Stellenwert der Ausführungen jeweils neu auszuloten. Einmal findet man in der Beschreibung »verbackener« Orte die für die phantastische Großstadtliteratur eines Gustav Meyrink charakteristische Entsprechung von Ich und Stadt, wenn etwa die *Banlieu*-Ansichten einen Spiegel seiner verwaisten Verfassung darstellen, dann wieder löst er Bauwerke aus ihrer historischen Bedeutung heraus und sieht sie im Zeitfluss, bedenkt ihre hybrishafte Entstehung ebenso wie ihren vorhersehbaren Niedergang.

Sebald gehört zu den vielen Autoren, deren Prosa von der literarischen Kritik in den Stand einer »poetischen Geschichtsschreibung« erhoben wurde, und in der Tat will Sebald sein Buch nicht als Roman, sondern als »Prosa unbestimmter Art« verstanden wissen. Seine hochreflektierten dokumentarischen Prosawerke sind allesamt hybride Konstruktionen, die sich im Zusammenspiel von Fotografien, Plänen und typographischen Hervorhebungen dem Spannungsverhältnis von Fakten und Fiktion aussetzen. Wie der Name ist Austerlitz' Leben also mehr als ein Lebensweg, nämlich die Biographie eines Kollektivs »abgesonderter« Kinder, wie es bei dem Schriftsteller Georges-Arthur Goldschmidt heißt. Die genaue Beschreibung »des Verstoßen- und Ausgelöschtseins« und andere absichtliche Parallelen lassen literarische Reminiszenzen sowohl an Georges-Arthur Goldschmidts »ausgesonderten« Jungen (»Die Absonderung«, »Die Aussetzung«) erkennen als auch an Georges Perecs Ich-Erzähler in »W oder die Kindheitserinnerung«, dessen Mutter ihn am *Gare de Lyon* auf immer verabschiedet, nicht ohne ihm – wie Austerlitz – eine Zeitschrift mit Charlie Chaplin auf dem Titelblatt in die Hand zu drücken.

Eines der großen Themen Sebalds ist das Erzählen, genauer der Zusammenhang von Ereignis und Erzählung, wie bereits in seinem theoretischen Buch »Luftkrieg und Literatur« (1999) deutlich geworden ist. Etwas Tragisches haftet dem Erzählen deshalb an, weil das Sprachwerkzeug durch den Holocaust derart beschädigt wurde, dass der Versuch, »die Dinge [...] in eine halbwegs ordentliche Reihenfolge zu bringen«,[51] vergeblich bleiben muss. Daher löschen Sebalds Protagonisten ihre Bilder und Aufzeichnungen oft aus, noch bevor sie jemand sieht. Von Austerlitz heißt es, dass ihm »das Geschriebene [...] von Grund auf verkehrt vorgekommen« sei, dass er »es auf der Stelle vernichten und von neuem beginnen musste«.[52] Sebald leugnet den Materialcharakter seiner Prosa nicht, im Gegenteil sieht er in ihm eine Alternative zu den schwindenden Überlebensberichten auf der einen und der offiziellen Geschichtsschreibung auf der anderen Seite. Sein Verfahren definiert sich daher weniger über den Begriff einer »poetischen Geschichtsschreibung«, sondern ist vielmehr die Verunsicherung traditioneller Geschichtsschreibung mit poetischen Mitteln.

Auch Sebald greift das Motiv wertvoller Mitbringsel, der Objekte des letzten Augenblicks, auf, vielleicht, um mit deren Hilfe die lebensprägenden Ereignisse »in eine halbwegs ordentliche Reihenfolge zu bringen«: In der Pfarrersfamilie angekommen, verschwindet sein Rucksack auf rätselhafte Weise; später gehört ein Rucksack – ein nicht ganz adäquater Ersatz für den verschwundenen Rucksack seiner Kindheit – zu den unentbehrlichen Utensilien des Itinerars auf der Suche nach sich selbst.

»*To forget and never to forget*«[53] benennt eine Überlebende das *Double Bind*, mit dem sich Überlebende des Holocaust konfrontiert sehen. Man erinnert sich an das, was man auszuhalten in der Lage ist, und das ist vielleicht eine Erkenntnis auf dem langen Weg der Annäherung an Traumata. Knackwurst, Waschlappen, Rucksack, verlorenes Manuskript oder Handtuch werden dabei zu unentbehrlichen Erinnerungshilfen. Wohl gibt es so etwas wie das »Wissen« der Dinge, sie nämlich waren im allerletzten Moment dabei und haben vielleicht etwas gesehen, das sich ihnen im geeigneten Augenblick entlocken lässt. Ungleich den Übergangsobjekten, wie sie Winnicott für das nicht traumatische Eltern-Kind-Verhältnis geltend macht,[54] scheinen die hier erwähnten Objekte des letzten Augenblicks noch keinen Platz innerhalb der Psychologie persönlicher Dinge zu haben.[55] In ihnen manifestiert sich nicht nur kindliches Erleben,[56] in ihnen ist auch die manchmal endgültige Trennung von den Eltern und Liebsten aufgehoben. Als Trauerobjekte machen sie Mitteilungen über die Zeit hinweg. Sie enthalten symbolisch in sich verdichtet ganze Themenkomplexe und sind somit in einer doppelten Bewegung Konservatoren des Gedächtnisses.

Anmerkungen

1 Zitiert nach Museumsjournal des Jüdischen Museums Berlin, 2. Ausgabe, 2001, S. 3.
2 Ebenda.
3 Vgl. zum Schicksal von Mutter und versteckter Tochter: Akte Kuttner, Annemarie; Retterin: Dora Klimmeck (im Zentrum für Antisemitismusforschung der Technischen Universität Berlin).
4 Tilman Habermas, Geliebte Objekte. Symbole und Instrumente der Identitätsbildung, Frankfurt am Main 1999, S. 369.
5 Verwiesen wird des Öfteren auch auf die Bücherverbrennung. Diese Ereignisse lesen sich als Geschichtssignale, die das zu Erzählende rahmen und authentisch verankern sollen.
6 Eva Lezzi, Verfolgte Kinder. Erlebnisweisen und Erzählstrukturen, in: Menora. Jahrbuch für deutsch-jüdische Geschichte 1998, S. 181–223, hier: S. 185.
7 Rebekka Göpfert (Hg.), Ich kam allein. Die Rettung von zehntausend jüdischen Kindern nach England 1938/39, München 1997, S. 39 f.
8 Karen Gershon, We came as Children. A Collective Autobiography, London 1966, S. 27.
9 Donald W. Winnicott, Übergangsobjekte und Übergangsphänomene, in: Psyche 23 (1969), S. 666 ff.
10 Göpfert, Ich kam allein, S. 77.
11 Karen Gershon, Das Unterkind. Eine Autobiographie, Hamburg 1992, S. 281.
12 Göpfert, Ich kam allein, S. 153.
13 Sigrid Weigel, Pathologie und Normalisierung im deutschen Gedächtnis. Zur Dialektik von Erinnern und Vergessen, in: Gary Smith, Hinderk M. Emrich (Hg.), Vom Nutzen des Vergessens, Berlin 1996, S. 270–301, hier: S. 279.
14 Lore Segal, Others People's Houses, New York 1958, S. 27.
15 Ebenda, S. 47.
16 Selbst unter normalen Umständen sind Gegenstände »Garanten von Kontinuität«, sind zeichenhaft in den Kreislauf von Leben und Tod integriert. Vgl. Gert Selle, Siebensachen. Ein Buch über die Dinge, Frankfurt am Main 1997, S. 22.
17 Ebenda, S. 55.
18 Ruth Westheimer, All in a Lifetime, New York 1987, S. 3. Vgl. auch Inge Sadan (ursprünglich Ingeborg Engelhard aus München), die eine ihr vom Vater im letzten Moment gekaufte »Spielzeugmaus« zum Aufziehen bewahrt (in: Göpfert, Ich kam allein, S. 118 f.); vgl. Gershon, Das Unterkind, S. 271.
19 Göpfert, Ich kam allein, S. 99.
20 Den Hinweis auf die unfreiwillige Rolle des Leibwächters verdanke ich dem Dis-

kussionsbeitrag von Martin Lubowski bei der Kindertransport-Tagung im Juni 2002 in Berlin.

21 Göpfert, Ich kam allein, S. 172.

22 »Leitfaden« hier durchaus auch verstanden als ein Faden, an dem entlang die Leidensgeschichte erzählt wird.

23 Gershon, We came as Children, S. 40.

24 Ebenda, S. 72.

25 Göpfert, Ich kam allein, S. 113 und S. 120.

26 Ebenda, S. 135 und S. 147 f.

27 Gershon, Unterkind, S. 270.

28 Lezzi, Kinder, S. 209.

29 Göpfert, Ich kam allein, S. 148.

30 Ebenda, S. 54.

31 Vgl. Claudia Curio, Das Refugee Children's Movement. Ein Instrument der Integration deutsch-jüdischer Flüchtlingskinder in die britische Gesellschaft, in: Jahrbuch für Antisemitismusforschung 10 (2001), S. 287–308.

32 Rebekka Göpfert, Der jüdische Kindertransport von Deutschland nach England 1938/1939, Frankfurt am Main/New York 1999, S. 192.

33 Diese Ausführungen sollen nicht den Fehler einer Hierarchisierung der Erlebnisse – Überleben der Konzentrationslager auf der einen, Überleben in der Emigration auf der anderen Seite – reproduzieren.

34 Gershon, We came as Children, S. 150.

35 Bertha Leverton/Shmuel Lowensohn (Hg.), I Came Alone. The Stories of the Kindertransports, Sussex 1990.

36 Vgl. den Beitrag von Ute Benz in diesem Band.

37 Gespräch mit W. G. Sebald in: Der Spiegel 11/2001, S. 233.

38 Naomi B. Sokoloff, Imagining the Child in Modern Jewish Fiction, Baltimore 1992, S. 47.

39 Cynthia Ozick, The Messiah of Stockholm, New York 1987, S. 90.

40 Ähnlich auch Cynthia Ozicks Erzählung: The Shawl. A Story and Novella, New York 1990, in der die Emigrantin Rosa »an unadopted refugee posing as a successful immigrant« ist. Vgl. Lawrence L. Langer, Admitting the Holocaust. Collected Essays, New York, Oxford 1995, S. 140.

41 Der Spiegel 11/2001, S. 228.

42 Manche kennen ihr Schicksal durch Sally Georges BBC-Film »Whatever happened to Susi?«. Susi Bechhöfer wurde zweieinhalbjährig zusammen mit ihrer Zwillingsschwester aus einem Münchner Waisenhaus auf einen Kindertransport geschickt und wuchs bei einem walisischen Pfarrer auf.

43 Winfried Georg Sebald, Austerlitz, München 2001, S. 198.

44 Ebenda, S. 201.

45 Ebenda.

46 Ebenda, S. 326.

47 Manchen bot das Leben in England zumindest im Hinblick auf Ausbildung und Fortkommen Chancen, die sie nach eigener Aussage vom Elternhaus nicht erwarten konnten.

48 Sebald, Austerlitz, S. 265.

49 Ebenda, S. 21.

50 Ebenda.
51 Ebenda, S. 65.
52 Ebenda, S. 177.
53 Gershon, We came as Children, S. 232.
54 Winnicott, Übergangsobjekte.
55 Vielleicht liefert das bei Abschluss dieses Essays noch nicht vorliegende Buch von Ulrike Langbein, Geerbte Dinge. Soziale Praxis und symbolische Bedeutung des Erbens, Wien 2002, einen Beitrag dieser Art.
56 Lezzi, Verfolgte Kinder, S. 193.

Andrea Hammel

Familienbilder im Spannungsfeld

Autobiographische Texte ehemaliger Kindertransport-Teilnehmer

1994 schrieb Laura Marcus in ihrem Buch »Auto/biographical Discources. Theory, Criticism, Practice«, dass »der größte Teil des zeitgenössischen Interesses an Autobiographien sich auf die Beziehungen zwischen Theorie und Erfahrungen, das Zusammenspiel verschiedener Stimmen gründet«.[1] Akademische Studien der Autobiographik haben sich von dem Studium einiger ausgewählter kanonisierter Texte und der Idee entfernt, dass »das Modell des beispielhaften Lebens sich in das Modell des beispielhaften Textes verwandelt, dessen Beispielhaftigkeit sich paradoxerweise auf die Darstellung der Einzigartigkeit und Eigenartigkeit des individuellen Lebens« gründet.[2]
Bis dahin marginalisierte Gruppen und Erfahrungen haben sich einen Platz in der Autobiographik erobert. Diese Entwicklung gibt den Anstoß für ein größeres Interesse an vormals randständigen Gruppen in der Gesellschaft und spiegelt diese Entwicklung zugleich wider. In den achtziger Jahren sah man in Großbritannien ein gesteigertes Interesse an Texten von Autoren der Arbeiterschicht, was in Studien wie »The Autobiography of the Working Class« (1984)[3] und innovativen Autobiographien wie Carolyn Steedmans »Landscape for a Good Woman. A Study of Two Lives« (1986)[4] reflektiert ist. Steedman verwebt die Biographie ihrer Mutter und ihre eigenen Kindheitserfahrungen in einer Arbeiterfamilie mit sozialgeschichtlichen Untersuchungen der Arbeiterklasse in Nordengland, soziologischen Fallstudien und sowohl psychoanalytischer Theorie als auch *Oral History*.
Eine weitere Autobiographie dieser Art ist Anne Karpfs Buch »The War After«, teils autobiographische Erzählung ihres Lebens als Tochter zweier Überlebendender der Shoah und teils sozialgeschichtliche Analyse der Einstellung der britischen Bürger gegenüber der Shoah. Der 27. Januar 1995, schreibt Karpf, »der 50. Gedenktag der Befreiung des

Konzentrationslagers Auschwitz, war der Anlass für einen Ausbruch an Medieninteresse am Holocaust in Großbritannien.«[5] Ein offizieller Holocaustgedenktag fand in Großbritannien zum ersten Mal am 27. Januar 2001 statt. Dieser war von der britischen Regierung zum Gedenken an alle Völkermorde des zwanzigsten Jahrhunderts initiiert worden, doch der Mord an Millionen Juden durch die Nationalsozialisten stand im Mittelpunkt. Diese Entscheidung löste einige Kontroversen aus, doch ist sie symptomatisch für das allmähliche Erwachen des Interesses der britischen Öffentlichkeit für eine Periode der europäischen Geschichte, die bis dato fast ausschließlich von der britischen Beteiligung am Zweiten Weltkrieg geprägt war. Die Entwicklung kann als ein Teil eines größeren Interesses an der Geschichte Europas oder an zeitgenössischen Problemen in Bezug auf die multikulturelle Gesellschaft der Zukunft gedeutet werden, doch ist sie auch ein Zeichen dafür, dass der gesellschaftliche Beitrag von ehemaligen Flüchtlingen in der britischen Öffentlichtkeit zur Kenntnis genommen wird.

Diese doch recht langsame Entwicklung wird von Publikationen wie der Autobiographie des bekannten Verlegers George Weidenfeld,[6] aber auch den Memoiren zahlreicher weniger bekannter Personen begleitet. Gründe für die wachsende Anzahl von Autobiographien ehemaliger Flüchtlinge sind nicht nur im gesellschaftspolitischen Bereich zu suchen: Memoiren sind ein Genre, das traditionsgemäß später im Leben geschrieben wird, und da selbst die Mehrheit der Flüchtlinge, die mit den Kindertransporten nach Großbritannien kamen, sich dem achten oder neunten Lebensjahrzehnt nähert, ist die Zunahme dieser Art von Publikationen aus persönlichen Gründen nicht verwunderlich.

In dieser Studie sollen die Biographien der weniger bekannten Personen im Vordergrund stehen, wobei dem Konzept der »Familie« besondere Beachtung geschenkt wird. Die Wahl dieses Themas ist auf der einen Seite sehr offensichtlich, da zum Beispiel vier der Autoren der ausgewählten Autobiographien von ihren Geburtsfamilien getrennt wurden, als sie nach Großbritannien kamen. Doch beruht der Anstoß für diesen Ansatz nicht nur auf den biographischen Details der Autoren. Jerome Bruner und Susan Weisser schreiben in ihrem Artikel »The Invention of Self: Autobiography and its Form«, dass »wir früh lernen, unser Leben zu erfinden, aus der einfachen Notwendigkeit, in der Familie zurechtzukommen«.[7] Die Familie stellt ein kulturelles Konzept dar, und wir müssen uns unsere eigene Lebensgeschichte schaffen, um uns in der symbolischen Kulturwelt verorten zu können. Am Beispiel von Martha Blends »A child alone« (1995), Vera Gissings »Pearls of Childhood« (1988), Charles Leighs »The Autobiography of a Refugee« (ein unveröffentlichter Text aus dem Archiv des *Centre for German-Jewish Studies*), Silvia Rodgers' »Red Saint, Pink Daughter« (1996) und Hannele Zürndorfers »The Ninth of November« (1983)[8] wird der Verortungsprozess zwischen Geburtsfamilie und Kontinentaleuropa, Pflegefamilien und britischer Kultur untersucht. Martha Blend, Charles Leigh und Hannele Zürndörfer kamen mit Kindertransporten aus Deutschland und Österreich nach Großbritannien: Blend am 21. Juni 1939 im Alter von neun Jahren, Leigh am 4. Mai 1939 als 13-Jähriger und Zürndörfer ebenfalls am 4. Mai 1939, auch sie war 13 Jahre alt.

Vera Gissing war eines der so genannten Winton-Kinder, eine Gruppe jüdischer Kinder, die von dem Londoner Börsenmakler Nicholas Winton aus der Tschechoslowakei kurz vor dem Einmarsch der deutschen Truppen nach Großbritannien gerettet wurde. Sie war elf Jahre alt, als sie im Juni 1939 ankam. Silvia Rodgers hingegen emigrierte am 21. März 1939 zusammen mit ihrer Mutter und ihrem jüngeren Bruder im Alter von ebenfalls elf Jahren nach London. Ihr Vater befand sich bereits seit dem 10. November 1938 in Großbritannien.

Silvia Rodgers' Autobiographie »Red Saint, Pink Daughter« zeigt die innerfamiliären Schwierigkeiten eines Kindes, das in der beneidenswerten Situation war, mit seinen Eltern und seinem Bruder auswandern zu dürfen. In ihrem Text steht das Mutter-Tochter-Verhältnis im Mittelpunkt, ein Merkmal, das auch in einer Reihe anderer autobiographischer Texte von jüdischen Autorinnen auffällig ist, die in den letzten Jahren veröffentlicht wurden.[9] Texte wie Cordelia Edvardsons »Gebranntes Kind sucht das Feuer«[10] und Ruth Klügers »weiter leben«[11] weisen die traditionell idealisierte Rolle der Mutter zurück. In diesen Texten nimmt, so Carmel Finnan, »die vieldeutige Mutter-Tochter-Beziehung die Rolle eines Motivs ein, das sowohl die gelebte Erfahrung als auch den Prozess der Erinnerung strukturiert«.[12]

Silvia Rodgers' Darstellung ihrer Kindheit in Berlin wird von den politischen Aktivitäten ihrer kommunistischen Mutter dominiert; das Porträt einer relativ sorgenfreien Zeit wird von der Tatsache beeinträchtigt,

dass das Kind Silvia es nicht schafft, im Mittelpunkt der Familie zu stehen. Der Diskurs der Anfangskapitel in »Red Saint, Pink Daughter« zeigt die Mutter als eine selbstsüchtige Frau, die bereit ist, ihre Kinder ihren politischen Ambitionen zu opfern. Silvia Rodgers schreibt:
»Die deutsche Geheimpolizei hatte bis 1936 kein richtiges Interesse an meinen Eltern. Dann kam das gefürchtete Klopfen an der Tür [...] und drei Männer kamen ohne Aufforderung herein und nahmen eine Hausdurchsuchung vor. Alles wurde auseinander genommen, aber sie fanden nichts. In dem Moment, als die Truppe wieder gegangen war, nahm mein Vater das Bügeleisen meiner Mutter hoch, fischte deren KPD-Mitgliedsausweise aus dem Versteck und zerriss sie in kleine Stücke [...] und schrie meine Mutter wegen der vergeblichen und verrückten Risiken an, die sie auf sich nahm [...] Hätten die Hausdurchsucher in das Bügeleisen geguckt [...], wäre ich nach Hause gekommen und hätte [...], ich weiß nicht genau, was ich vorgefunden hätte. Hätten sie meine beiden Eltern mitgenommen?«[13]
Rodgers beschreibt weiter, wie sie die Geburt ihres jüngeren Bruders André als eine weitere Zurückweisung erlebt, da sich zeigt, dass die Mutter sehr wohl fähig ist, ein Kind zu lieben und im Mittelpunkt stehen zu lassen. André bleibt lebenslang das Lieblingskind der Mutter, was sich auch in praktischen Details zeigt: Er bekommt die bessere Ausbildung, nachdem sich die Familie in England niedergelassen hat. André wird auf eine Privatschule geschickt, während Silvia mit der örtlichen öffentlichen Schule vorlieb nehmen muss. Dieses Phänomen ist relativ oft in der Literatur dargestellt; in Charles Hannams »Almost an Englishman«[14] muss das Mädchen als Hausangestellte arbeiten, während der Junge auf ein angesehenes Internat geht.
Silvia Rodgers' Eltern trennen sich letztendlich, was dazu führt, dass die Mutter auf die finanzielle Hilfe der Tochter angewiesen ist und sie daher überzeugt, einen Karriereweg einzuschlagen, der weniger Silvias Wünschen als der finanziellen Notwendigkeit entspricht. Die Tochter wird zur Versorgerin des Elternteils. Diese Umkehrung der Rollen ist ein häufiges Thema in Exilantenautobiographien.
Anne Karpf schafft in ihrem Buch »The War After« einen Diskurs, der die Familienstruktur von Überlebenden der Shoah und Exilanten analysiert, indem sie die autobiographische Erzählung über das Verhältnis zu ihren eigenen Eltern mehreren Interviews mit ihrem Vater und ihrer

Mutter und einer wissenschaftlichen Studie über Flüchtlinge in Großbritannien gegenüberstellt.
Silvia Rodgers' Autobiographie gelingt es dagegen nicht, über den Diskurs einer unglücklichen Tochter, die unter einer dominanten Mutter leidet, hinauszukommen. Diese eine Stimme des Textes übertönt alle anderen. Die Analyse der Mutter-Tochter-Beziehung wird dadurch auch nicht zur Struktur, da es ihr an Reflexion fehlt.[15]
Die Texte der folgenden Analyse sind ausschließlich von ehemaligen Flüchtlingen geschrieben worden, die ohne ihre Eltern mit Kindertransporten nach Großbritannien kamen. Es ist besonders bemerkenswert, dass eine Reihe von Autobiographien Titel haben wie Martha Blends »A child alone«[16] oder die von Bertha Leverton und Shmuel Lowensohn zusammengestellte Sammlung autobiographischer Texte »I came alone«,[17] obwohl es die kollektive Erfahrung von fast 10000 Menschen war.
Einige Aspekte der Rettungsaktion, wie zum Beispiel das Verteilen der Kinder über ganz Großbritannien, unvorbereitete und in manchen Fällen ungeeignete Pflegefamilien, die Tatsache, dass die Kinder dazu angehalten wurden, nicht zu viel über die Vergangenheit nachzudenken, trugen zu einem Mangel an Gemeinschaftsgefühl unter den Kindern bei.
Vera Gissing zeigt in »Pearls of Childhood«, wie wichtig es ihr ist, mit anderen Kindern in der gleichen Situation zusammenzukommen. Gissing zeigt das Kind Vera in der beneidenswerten Position, zwei wohlmeinende Pflegefamilien gehabt zu haben: die Rainfords und, nach ihrer Evakuierung von Liverpool nach Stockport, *Aunt* Margery. Nach dem Umzug ihrer ersten Pflegefamilie in die Nähe von Stockport findet sie sich dem Dilemma ausgesetzt, entscheiden zu müssen, bei wem sie denn wohnen soll. Ein Kompromiss wird gefunden, und sie pendelt von da an zwischen den beiden Familien: »Ich zog nie ein und ich zog nie aus!«[18] Nichtsdestotrotz beschreibt Gissing das überwältigende Verlangen nach der Gemeinschaft mit anderen tschechischen Flüchtlingskindern. Die Idee, ein anderes tschechisches Kind einzuladen, wird *Aunt* Margery zugeschrieben. Das Kind Vera wird als überglücklich dargestellt, als sie herausfindet, dass Olga wie sie jüdisch ist und mit dem gleichen Zug nach England gekommen ist. Auch spielen patriotische Gefühle in diesem Diskurs eine wichtige Rolle. Der Teenager Vera liebt es, zu tsche-

chischen Flüchtlingstreffen zu gehen, und schwärmt für Präsident Beneš. Letztendlich werden diese Gefühle der Solidarität und das Verlangen, ihre tschechische Identität auszuleben, als stärker dargestellt als ihre Loyalität zu ihren Pflegefamilien. 1941 zieht Vera in ein tschechisches Internat in *Hinton Hall* nahe Whitchurch in Shropshire. Gissing schreibt: »Ich war angekommen, ich fühlte mich wohl und zu Hause.«[19]
All dies kann als spezifischer Aspekt der Autobiographie eines ehemaligen tschechisch-jüdischen Kinderflüchtlings im Exil gesehen werden, die sich von der Situation deutschsprachiger jüdischer Flüchtlingskinder unterschied. Die Memoiren der deutsch-jüdischen Kinder beschreiben häufig den Mangel an Verständnis seitens der britischen Bevölkerung für ihre komplizierte Situation zwischen deutscher oder österreichischer Identität und ihrer Position als Juden im nationalsozialistischen Deutschland. Martha Blend schreibt über Hänseleien bei Kriegsanfang in der Schule in England, da »einige meiner Schulkameraden entschieden, dass ich ein deutscher Spion sei«.[20]
Doch auch der deutsch-jüdische Flüchtling Charles Leigh stellt die Gemeinschaft, die er zusammen mit anderen Flüchtlingskindern in einem Jugendheim in Brighton erfährt, als positives Erlebnis dar, und er zieht diese Art von Betreuung dem Leben in einer Pflegefamilie vor.
Die Philosophie der sozialen Betreuung elternloser Kinder hat in Großbritannien seit den dreißiger Jahren mehrere Veränderungen erlebt. Wo früher die Unterbringung in Kinderheimen angesagt war, steht in den letzten Jahrzehnten das Zusammenleben in Pflegefamilien im Mittelpunkt. Die Unterbringung der Kindertransport-Kinder in Pflegefamilien war eigentlich ihrer Zeit voraus. Doch heute findet in England eine weitere Wandlung statt; in den letzten Jahren wurden Stimmen laut, dass es für manche Kinder vielleicht doch von Vorteil ist, gemeinschaftlich mit anderen Kindern in einer institutionellen Einrichtung untergebracht zu werden, anstatt verschiedene Pflegefamilien zu durchlaufen. Studien über ehemalige Kindertransport-Kinder könnten zu dieser Debatte einen wichtigen Beitrag leisten. Die Analyse von Autobiographien als Zeitzeugnisse ist deshalb eine berechtigte Methode, weil die meisten Akten über das Leben der Kinder in Großbritannien und ihren weiteren Werdegang nicht mehr existieren.
Dabei sollte aber die Tatsache auf jeden Fall mit in die Analyse einbezogen werden, dass die Autobiographik ein spezifisches literarisches

Genre darstellt, und dass auch die ehemaligen Flüchtlinge ihre Erinnerungen als literarischen Diskurs darstellen, der von der retrospektiven Schreibsituation beeinflusst wird. So ist zum Beispiel die Originalsprache der Texte eines der Elemente, das einer näheren Untersuchung bedarf. Alle in diesem Beitrag untersuchten Autobiographien wurden auf Englisch geschrieben, auch Ausschnitte aus Briefen und Tagebücher, die ursprünglich auf Deutsch geschrieben waren, sind darin ins Englische übersetzt worden. Gelegentlich wird eine jiddische oder hebräische Wendung eingefügt, deutsche Ortsnamen oder deutsche Spitznamen erscheinen, doch dies sind nur kleine Brüche in der englischsprachigen Erzählung, die als Authentizitätshinweise gelesen werden können.

Fast alle Texte behandeln das Thema Muttersprache. Vera Gissing beschreibt ihr Entsetzen über ein Mädchen, das sein Tschechisch vergessen hat, als Teil des Diskurses der patriotischen Identifikation mit ihrem Vaterland:

»Ich fragte sie geradeheraus, wie es nur ein Kind kann: ›Warum ist dein Tschechisch so schlecht?‹

›Wenn du ein Jahr durchlebt hättest wie ich,‹ antwortete sie, ›ohne je die Chance gehabt zu haben, es zu benutzen, würdest du es wahrscheinlich ganz vergessen.‹ Der Gedanke erfüllte mich mit Furcht. Zu meinen Eltern zurückzukehren und nur gebrochenes Tschechisch zu sprechen, oder überhaupt kein Tschechisch mehr zu sprechen [...], das war undenkbar. Ich schwor, dass mir dies nicht passieren würde.«[21]

Gissing schafft es mit Hilfe ihrer Schwester und anderer tschechischer Flüchtlinge, mit denen sie zusammenkommt, ihre Muttersprache zu bewahren. Sie besteht die Sprachprüfung, die ein Teil der Aufnahmebedingungen für das tschechische Internat in England war. Tschechisch zu sprechen stellt außerdem eine Form des Widerstands gegen die deutschen Besetzer der Heimat dar. Gissing beschreibt einen Vorfall, der noch in ihrem Elternhaus in der Tschechoslowakei stattgefunden und sich ihr ins Gedächtnis geprägt hat: Der deutsche Offizier, der Räume in der Wohnung der Familie requiriert hat, besteht darauf, dass die Familie von nun an ausschließlich Deutsch spricht. Der Vater weigert sich und wird daraufhin von dem deutschen Offizier bespuckt.

Martha Blend beschreibt die Distanz zu ihrer Identität als Österreicherin in dem Kapitel »Grammar School Girl«. Nachdem sie fünf Jahre in

Großbritannien gelebt hat, ist die Erinnerung an Österreich überwiegend schmerzhaft, und sie erlaubt sich daher nicht, in diesen Gedanken zu schwelgen. »Oberflächlich sah es so aus, als ob ich meine österreichische Sprache und Persönlichkeit abgelegt hätte, wie eine Schlange, die sich häutet, und als ob mir ein schützendes englisches Fell gewachsen wäre.«[22] Die Autobiographie »A child alone» zeigt Martha ohne jeglichen Kontakt zu anderen Flüchtlingskindern. Anders als Gissing zeigt Blend die positiven Seiten ihrer neuen Identitätsschicht, die als schützender Schild gegen schmerzliche Erinnerungen verstanden wird. Als einer der Lehrer an ihrer *Grammar School* vorschlägt, Deutsch nach Französisch und Latein als dritte Fremdsprache zu lernen, realisiert das Kind Martha, dass sie sich nur an den Stammteil der deutschen Wörter erinnert; Endungen und Konjugationen scheint sie vergessen zu haben. Außerdem bemerkt sie den Unterschied zwischen der Sprache einer Neunjährigen und der einer 14-Jährigen. Blend mischt ihre retrospektive Überzeugung von der Richtigkeit der Entscheidung, das Kind Martha Deutsch lernen zu lassen, mit Kritik an Autoritätspersonen, die nie versuchten, dem Kind Martha ihre Entscheidungen zu erklären: »Es war typisch für die Zeit, dass nie jemand versucht hat, mir die Gründe hinter der phantasievollen Idee meiner Lehrer zu erklären, mich Deutsch lernen zu lassen, doch erlaubte dies mir später, einige Bruchstücke meiner gebrochenen Verbindung zur Vergangenheit wieder zusammenzusetzen.«[23]

Alle fünf Autobiographien, die hier betrachtet wurden, zeigen die Schwierigkeiten der Sprachakquisition. Die erste Phase des absoluten Nichtverstehens, besonders in der Schulsituation, ist inzwischen ein Teil der populären Mythologie über Exilantenkinder geworden: In Judith Kerrs Kinderbuch »When Hitler Stole Pink Rabbit« fungiert dieses Nichtverstehen als ein amüsanter Teil des Abenteuergeschichten-Diskurses der Erzählung.[24] Die 142 Fehler in dem Diktat der Hauptperson Anna können von dem jugendlichen Lesepublikum als erfolgreiches Übertreten der Erwachsenennormen gesehen werden.

Martha Blend dagegen beschreibt das Gefühl, »vom Hauptgeschehen abgeschnitten zu sein«.[25] Der Vater und die Mutter ihrer Pflegefamilie sind selber ostjüdische Emigranten und haben ihren Lebensmittelpunkt in einer Gemeinschaft gleicher Herkunft im East End von London. Die Ähnlichkeit zwischen gesprochenem Deutsch und Jiddisch hilft Martha

in der Kommunikation mit ihren Pflegeeltern und Nachbarn. Doch da die Erwachsenen ihrer Gemeinschaft am Rande der englischen Gesellschaft bleiben, muss sie in der Schule allein mit einem völlig neuen Bezugsystem fertig werden. In ihrer Autobiographie zeigt Blend die amüsante Seite dieses Problems: »›Was bedeutet *father temsis*?‹ fragte ich eines Tages nach einer Singstunde. ‚*Father temsis? No such ting*', antwortete mein Onkel. ›Doch, das gibt es!‹ beharrte ich. ›Wir haben es doch heute gesungen: *Old father temsis rolling along down to the mighty sea*. Totales Unverständnis bei allen Beteiligten.«[26]
Die Pflegeeltern können Martha das Geschehen in der Schule nicht erklären, da sie selbst den kulturellen Zusammenhang nicht verstehen und mit dem englischen Volkslied wenig anfangen können. *»Old father Thames is rolling down to the mighty sea«* bezieht sich auf den Fluss Themse, der durch London fließt. Wie viele Sprachanfänger bemerken weder Martha noch ihre Pflegeeltern, dass der Satz nur verstanden werden kann, wenn man die zwei englischen Wörter *»Thames«* und *»is«* als grammatikalisch selbständig sieht. Doch wird diese Anekdote ganz klar von einer Erzählerin erzählt, die selber die Sprachprobleme erfolgreich gemeistert hat, denn sie gibt die Probleme ihres Pflegevaters, der das englische *›th‹* nicht aussprechen kann, phonetisch im Text wieder und erzielt damit eine komische Wirkung. So auch an anderer Stelle: »Einmal fragte Werner, ein junger Mann aus Berlin, der immer noch bei uns wohnte und eine Ausbildung als Schneider machte, nach einem *›simble‹*, wie er es mit seinem deutschen Akzent aussprach. Mein Onkel lächelte nachsichtig. ›Nicht *›simble‹*, *›timble‹*‹, korrigierte er. Es handelte sich natürlich um einen *›thimble‹* [einen Fingerhut], das englische *›th‹* schafften sie beide nicht.«[27]
Dies kann als ein Teil des Erfolgsgeschichten-Diskurses der Exilantenautobiographien gesehen werden. Hannele Zürndorfer beschreibt die Anfangsschwierigkeiten ihrer Sprachakquisition, »wie taubstumm in einer Menschenmenge«[28] zu sein, doch meistert auch sie die Schwierigkeiten und stellt den Prozess rückblickend als Teil einer erfolgreichen Akkulturation dar. Diese Darstellung überwiegt in den meisten hier behandelten Texten, außer vielleicht in Charles Leighs Autobiographie. Alle Kinder außer dem jungen Charles werden als erfolgreiche Schüler dargestellt, aber Charles Leigh muss die Abendschule besuchen, um einen Schulabschluss zu erreichen.

Doch haben die autobiographischen Texte nicht nur die Anpassung an die neue Sprache, sondern auch die Anpassung der Kinder an die wiederholt veränderten Bezugssysteme zum Thema. Denn selbst die glückliche Situation, in einer geeigneten Pflegefamilie gelandet zu sein, schützte nicht vor weiteren Veränderungen. Die Entscheidung der britischen Regierung, nach Kriegsanfang vor allem Kinder aus Ballungsgebieten zu evakuieren, wurde für die Teilnehmer der Kindertransporte zu einer weiteren traumatischen Erfahrung.
Blend kommentiert den Mangel an Verständnis, den die zehnjährige Martha für die Probleme aufbringt, die sie ihrer Pflegefamilie bereitet, indem sie sich weigert, mit den anderen Kindern ihrer Gegend evakuiert zu werden. Letztendlich zieht die ganze Familie zusammen nach Devon. Andere Kinder befolgten die Anweisungen der Autoritätspersonen und mussten unter den Konsequenzen leiden. In ihrer Autobiographie »The Ninth of November« beschreibt Hannele Zürndorfer das Auswahlverfahren nach ihrer Evakuierung, und dass saubere und hübsche Mädchen am populärsten bei den Pflegefamilien auf dem Lande waren. Kinder mit starkem deutschen Akzent, die obendrein wie Zürndorfer auch noch darauf bestanden, zusammen mit ihren Geschwistern untergebracht zu werden, waren wenig gefragt. Zürndorfer erinnert sich daran, dass sie und ihre Schwester zuletzt abgeholt wurden, und dann auch nur von der Nachbarin der zukünftigen Pflegefamilie. In diesem Text reihen sich die Bilder der zweiten Neuankunft in eine Erzählung ein, die von der Suche nach Liebe und Wärme geprägt ist.
Zürndorfers Darstellung ihrer Pflegefamilie erscheint extrem, und es ist schwer zu sagen, inwieweit dies ein spezifisches Problem der Kindertransport-Teilnehmer war. Studien der letzten Jahre über die Evakuierung von Kindern in Großbritannien haben allgemeine Probleme mit dem Ablauf aufgezeigt. Die Schwierigkeiten, die die Unterbringung von Arbeiterkindern aus dem East End von London bei provinziellen Bürgerfamilien mit sich brachten, sind inzwischen in die populäre Mythologie eingegangen. Zürndorfer beschreibt das seltsame Verhalten ihre Pflegemutter Mrs. H., die die Mädchen während eines deutschen Bombenangriffs dazu anhielt, die ganze Nacht mit einem Kartoffelsack über dem Kopf in der Ecke ihres Schlafzimmers zu knien und zu beten: »Am nächsten Morgen in der Schule verglichen wir die aufregenden Vorkommnisse der letzten Nacht. Ich fand heraus, dass sonst niemand

unter einem Sack knien musste. Alle lachten, als ich dies erzählte, oder dachten, ich hätte es erfunden. Es scheint, dass Mrs. H. keine typische englische Hausfrau ist.«[29]

Diese Darstellung kann als Erinnerung an die Instabilität des Bezugssystems eines Kindes gesehen werden, dem die kulturellen Unterschiede unverständlich sind. In Zürndorfers Text wird das Kind Hannele als sehr selbständig geschildert. Letztendlich macht sie den *Billetting Officer* selber auf die unerträgliche Situation in ihrer Pflegefamilie aufmerksam, um sich und ihrer kranken Schwester Lotte zu helfen. Die Kinder bekommen wieder eine neue Pflegefamilie, die äußerlich sehr viel besser geeignet scheint. Doch bietet sie immer noch nicht die bedingungslose Liebe, nach der sich die Mädchen sehnen. Wieder müssen sie für kurze Zeit umziehen, als die Tochter des Hauses krank wird und der Haushälterin die zusätzliche Arbeit nicht zugemutet werden kann. Zürndorfer macht deutlich, dass sich die Kinder immer auf Probe gefühlt haben. Auch Charles Leighs Text ist von einem Unterton des wiederholten Verlassenwerdens geprägt. Er beschreibt, wie seine erste Pflegefamilie den Evakuierungsbescheid zum Anlass nahm, ihn loszuwerden:

»Bevor er an diesem Tag wegging, sagte mir Mr. Burns, dass seine Frau und er mich nicht wieder in ihrem Haus in Frognal aufnehmen könnten, aber dass ich ihnen schreiben sollte. Diese Nachricht war ein Schock für mich und ich hatte dieses schreckliche Gefühl des Verlassenwerdens. Es war dreist von ihnen, anzunehmen, dass jemand anderes die Last, mich aufzunehmen, übernehmen würde, besonders da sie ja nicht die volle Bezahlung für meinen Unterhalt bekommen würden. Ich war wie eine Ware, die den Besitzer wechselte.«[30]

Zürndorfers und Blends Texte zeigen außerdem die wachsenden Schwierigkeiten zwischen den Pflegefamilien und den Kindertransport-Teilnehmern, als diese in die Pubertät kommen. Blend nähert sich dem Thema sehr vorsichtig. Sie unterbricht die autobiographische Narration und kommentiert ihre Situation als Teenager: »Zwei Elternpaare zu haben, die so verschieden waren, und in so vielen unterschiedlichen Kulturkreisen aufzuwachsen, machte mir das Leben ziemlich schwer.«[31] Die Autobiographie kehrt die positiven Seiten hervor und zeigt überwiegend, dass sich alle Beteiligten bemühen, das Beste aus einer schwierigen Situation zu machen. Doch Blend idealisiert auch nicht –

sie erwähnt den Wutanfall ihrer Pflegemutter, die sie während eines Streits anschreit: »Ich zeige dich beim *Bloomsbury House* an.«[32]
In der Erzählstruktur der fünf Autobiographien gibt es Gemeinsamkeiten sowie Unterschiede. Alle sind am Anfang chronologisch aufgebaut. Die Erzählungen beginnen mit dem Familienhintergrund der Geburtsfamilien; die Verortung in der Geburtsfamilie ist also für alle wichtig. Hannele Zürndorfer widmet dem Leben in Nazideutschland einen längeren Teil des Buches. Ihre Autobiographie mit dem Titel »The Ninth of November« wurde 1983 veröffentlicht und hat einiges gemein mit anderen Autobiographien von Holocaustüberlebenden, die in den achtziger Jahren publiziert wurden, was sie von den Texten, die in der neunziger Jahren herauskamen, unterscheidet. Doch auch die anderen Texte dieser Studie nehmen die Konventionen des Schreibens über den Holocaust auf: Die Mehrzahl der Texte schildert das Leben vor 1933 als Kontrast zur Situation danach und die schwere Entscheidung der Eltern, die Kinder mit einem Transport nach England zu schicken.
Der Verortungsprozess in Bezug auf die Geburtsfamilie wird nicht nur durch das Schreiben der Erinnerungen erreicht, sondern durch die Präsentation von Zeitdokumenten, meist Auszügen aus Briefen und Tagebüchern. In der Darstellung der ersten Wochen und Monate nach der Ankunft unterlegen Zürndorfer, Blend und Gissing ihre Erzählungen über ihre Eltern mit übersetzten Zitaten aus den Briefen von den Eltern. Charles Leigh reproduziert die Briefe seiner Eltern als separaten Band mit dem Titel »Letters from a Terrible Past, 1939–1941«.[33]
Der Kriegsbeginn bedeutet das Ende der Briefwechsel. Es wird als zu schwierig dargestellt, einen Austausch durch Rot-Kreuz-Postkarten aufrechtzuerhalten, auf denen nur 25 Wörter erlaubt waren. In allen vier Fällen bricht die Kommunikation am Ende ganz ab. Gissing schreibt an ihre Eltern in ihrem Tagebuch, aus dem Ausschnitte im Buch wiedergegeben sind. In Blends und Zürndorfers Texten trägt das Fehlen der Zitate aus den Briefen der Eltern zu einer veränderten Erzählstruktur bei, die die langsame Entfernung vom Bezugskreis der Geburtseltern widerspiegelt.
Martha Blend bietet uns den Text mit der umfangreichsten Analyse. Das Ende des Krieges wird im Buch durch einen Bruch in der Chronologie der Erzählung markiert. Von diesem Moment an analysiert Blend ihre Situation und die der Kindertransport-Teilnehmer als

Gruppe. Völlig überraschend präsentiert sie dem Leser einen Vorfall aus dem Jahr 1940 und einen Brief, der sie über den Tod ihres Vaters informiert:

»In der Tat hatte ich etwas ›vergessen‹, was im Frühling 1940, als ich zehn Jahre alt war, vorgefallen war, und was [...] auch weiter während des Schreibens dieses Textes [in Vergessenheit blieb]. Jetzt fällt es mir in all seiner Grausamkeit wieder ein. Ich hatte einen offiziell aussehenden Brief vom Roten Kreuz erhalten, der an mich adressiert war. Als ich ihn öffnete, stand da, dass meine Mutter über den Tod ihres Mannes informiert worden war. Meine Tante fand mich hysterisch weinend und verlangte, da sie selber den Brief nicht lesen konnte, den Grund für meinen Kummer zu wissen. Als ich ihn ihr erzählte, sagte sie beharrlich: ›Nein, das ist nicht wahr!‹ Ich wusste, dass dies ein falscher und törichter Trost war, doch will man das Schlimmste nicht glauben, so war ich halb überzeugt von ihrem Leugnen.«[34]

Diese Textstelle ist im Blick auf das Studium der Autobiographik als Genre von großem Interesse.

Traditionsgemäß lieferten autobiographische Texte lineare Entwicklungen und stabile Identitäten. Das zeitgenössische autobiographische Genre ist hingegen von Texten dominiert, die fragmentierte Entwicklungen und instabile Identitäten darstellen. Unter den englischsprachigen Texten haben zum Beispiel zwei Autobiographien von Frauen mit einem osteuropäisch-jüdischen Familienhintergrund, Eva Hoffmans »Lost in Translation« (1989)[35] und Lisa Appignanesis »Losing the Dead« (1999)[36] viel Beachtung gefunden.

In Kindertransport-Autobiographien ist die fragmentierte Entwicklung und instabile Identität von dem Spannungsfeld zwischen Geburts- und Pflegefamilien, Kontinentaleuropa und Großbritannien geprägt. Die chronologische narrative Struktur der Kindertransport-Autobiographien lässt das Schicksal der leiblichen Eltern zumeist offen und daher das Lesepublikum auf eine Auflösung der Situation des verlassenen Kindes hoffen. Die Nachricht vom Tod der Geburtseltern zerstört diese Hoffnung auf Wiedervereinigung. Diese Enttäuschung unterbricht den Erfolgsgeschichten-Diskurs der Exilantenbiographie und führt das Lesepublikum aus dem »Märchenwald der Erfolgsgeschichten«,[37] wie Ruth Klüger dies bezeichnet hat. Das ist signifikant, wenn man aus der Sammlung von Einzelschicksalen auf das kollektive Schicksal der

elternlosen Kinderflüchtlinge schließen will, denn die meisten Kinder sahen ihre Eltern nie wieder.
Carmel Finnan argumentiert, dass der Bruch der linearen Entwicklung in den autobiographischen Texten Ruth Klügers und Cordelia Edvardsons »den Leser auf der Suche nach Abschluss und Erlösung verwirrt«.[38] In den Autobiographien der Kindheitsexilanten besteht diese Suche nach Erlösung wenigstens teilweise aus dem Verlangen nach Akkulturation und Erfolg in der neuen Kultur. Sicher ist, dass das erfolgreiche Erzählen einer Lebensgeschichte nicht nur ein Teil der erfolgreichen Positionierung zwischen verschiedenen familiären und kulturellen Kreisen ist, sondern auch ein Teil der erfolgreichen Akkulturation. Durch den Prozess des Erschaffens und Wiedererschaffens einer Lebensgeschichte können verschiedene Stimmen, Stimmen der Analyse, der Anekdote, der Theorie und der Erfahrung, integriert werden. Dies sollte das Interesse an diesen autobiographischen Texten über den Kreis der Kindertransport-spezifischen Forschung hinaus wecken, und es bleibt zu hoffen, dass dies zu einer größeren Beachtung des Themas und der Texte führen wird.

Anmerkungen

1 Laura Marcus, Auto/biographical Discourses. Theory, Criticism, Practice, Manchester/New York 1994, S. 278. Alle Übersetzungen der Zitate aus dem englischen Original ins Deutsche sind von der Verfasserin vorgenommen worden.
2 Ebenda, S. 2.
3 John Burnett/David Vincent/David Mayall (Hg.), The Autobiography of the Working Class. An Annotated, Critical Bibliography, Bd. 1: 1790–1900, Brighton 1984.
4 Carolyn Steedman, Landscape for a Good Woman. A Study of Two Lives, London 1986.
5 Anne Karpf, The War After. Living with the Holocaust, London 1996, S. 289.
6 George Weidenfeld, Remembering My Good Friends, London 1995.
7 Marcus, Discourses, S. 274
8 Silvia Rodgers, Red Saint, Pink Daughter. A Communist Childhood in Berlin and London, London 1996; Hannele Zürndorfer, The Ninth of November, London 1983.
9 Siehe Dagmar Lorenz, Jewish Women Authors and the Exile Experience. Claire Goll, Veza Canetti, Else Lasker-Schüler, Nelly Sachs, Cordelia Edvardson, in: German Life and Letters, 1/2, 1998, S. 225–239.
10 Cordelia Edvardson, Gebranntes Kind sucht das Feuer, München 1986.

11 Ruth Klüger, weiter leben, Göttingen 1992.
12 Carmel Finnan, Gendered Memory? Cordelia Edvardson's ›Gebranntes Kind sucht das Feuer‹ and Ruth Klüger's ›weiter leben‹, in: Mererid Puw Davies/Beth Linklater/Gisela Shaw, Autobiography by Women in German, Oxford 2000, S. 273–290, hier S. 280.
13 Rodgers, Red Saint, S. 100.
14 Charles Hannam, Almost an Englishman, London 1979.
15 Siehe auch Andrea Hammel, ›Still on Edge?‹ Marginality and Centrality in Exile Autobiography. Silvia Rodgers' Red Saint, Pink Daughter, in: German-speaking Exiles in Great Britain. The Yearbook of the Research Centre for German and Austrian Exile Studies Bd. 3, 2001, S. 177–187.
16 Martha Blend, A child alone, London, 1995.
17 Bertha Leverton/Shmuel Lowensohn (Hg.), I came alone. The Stories of the Kindertransports, Sussex 1990.
18 Vera Gissing, Pearls of Childhood. A poignant true wartime story of a girl growing up in an adopted land, London 1988, S. 75.
19 Ebenda, S. 86.
20 Blend, child, S. 72.
21 Gissing, Pearls, S. 39.
22 Blend, child, S. 104 f.
23 Ebenda, S. 105.
24 Judith Kerr, When Hitler Stole Pink Rabbit, London 1971.
25 Blend, child, S. 58.
26 Ebenda, S. 61.
27 Ebenda.
28 Zürndorfer, The Ninth of November, S. 89.
29 Ebenda, S. 108
30 Charles Leigh, The Autobiography of a Jewish Refugee, o. O., o. J. (unveröffentlichtes Manuskript, Archiv des Centre for German-Jewish Studies, University of Sussex, Brighton), S. 43.
31 Blend, child, S. 120.
32 Ebenda, S. 121.
33 Charles Leigh, Letters from a Terrible Past, 1939–41, o. O., o. J. (unveröffentlichtes Manuskript, Archiv des Centre for German-Jewish Studies, University of Sussex, Brighton).
34 Blend, child, S. 118 f.
35 Eva Hoffman, Lost in Translation. A Life in a new Language, London 1989.
36 Lisa Appignanesi, Losing the Dead, London 1999. Mein Dank gilt Laura Marcus, die diese Ideen in ihrem Beitrag »From Confession to Testimony. Some Recent Autobiographical Models« auf der eintägigen interdisziplinären Tagung zum Thema »Cultures of Confession« an der University of Sussex in Brighton am 16. Mai 2001 vorgetragen hat.
37 Klüger, weiter leben, S. 106.
38 Finnan, Memory, S. 278.

Erinnerungen

Ilse Aichinger und Helga Aichinger-Michie
Aus der Geschichte der Trennungen

Ilse Aichinger
Einübung in Abschiede: Wien, vierter Juli 1939

Meine Schwester kommt mir am 4. Juli 1939 auf dem Wiener Rennweg entgegen. Sie wirkt rasch und glücklich neben der grauen Mauer. Es ist der Weg zu unserer Großmutter, die sie noch einmal, zum letzten Mal, sehen wird, bevor der von den Quäkern, der »Society of Friends«, organisierte Kindertransport am Westbahnhof abgeht. Der Verkehr ist gering, der Himmel hell. Unterwegs zu einem Abschied, von dem keiner ahnte, wie endgültig er sein sollte. Ihr Glück ist jung, diffus und noch nicht zu durchkreuzen auf diesem Weg zu unserer Großmutter, die mit ihren jüngeren Kindern, der alten Wohnung und dem Bösendorferflügel zurückblieb. Mit der letzten böhmischen Köchin, Toni, die an dem Küchentisch ihren eigenen Kummer – auch er war tödlich – mit der eifrigen Suche nach der Lösung der damals neuen Kreuzworträtsel zu ersticken suchte. Unsere Großmutter sah ihr ruhig zu, ließ sie gewähren und strich ihr leicht über das wirre Haar, ehe die Etüden der Klavierschüler ihrer jüngsten Tochter auf dem Bösendorferflügel geläufiger wurden und es Zeit war, zum Mittagessen zu rufen: Der Tisch im Wohnzimmer wurde schräg gerückt, Servietten und Besteck aufgetragen, die ziegelroten Mokkatassen klirrten, das kleine Kind aus dem armseligen Haus jenseits der Verbindungsbahn winkte zögernd zurück, wenn wir es auch an diesem Tag aus dem Küchenfenster mit hellen Taschentüchern und Rufen zu erreichen suchten. Der Vater der drei Schwestern weiter gegen die Kreuzung zu hatte längst sein Domizil gewechselt, war aus dem hübschen Eckhaus umgezogen, in Richtung gegen die Friedhöfe zu, die Trauerzüge, die zwischen Salesianerinnenkloster und *Sacré Coeur* vorbeiführten, von denen die meisten mit zurückgeworfenen Schleiern ver-

wegen und erhitzt zurückkehrten, das Trauerdinner war zu Ende, ein neuer Jubel begann. Der neue Gemeindebau auf dem Schulweg unserer Kinderzeit war längst abgebrochen, die dunkelblauen Matrosenuniformen waren verräumt und vergessen, die Erinnerung daran konnte zu wachsen beginnen, die Schulhefte, die Billetts mit »très bien«, »bien«, »assez bien« und »pas de note« ruhten, die Schreib- und Buchstabierkünste ruhten, verborgen genug die Kirchenschleier in den Schleierkästen: Auch sie ruhten und waren erst einmal zu Ende gefaltet, Leben und Sterben konnten neu beginnen, flach in ein ruhigeres Licht tauchen, ehe die Aufbrüche begannen, von denen sich keiner träumen ließ, der Staub, der immer wieder neu aufwirbelte und kurz zur Ruhe kam.
Ein erster Weg in London sollte meine Schwester ins Londoner *Sacré Coeur* nach Hammersmith führen: »J'étais á l'école« – eine Atempause, und dann glücklich: »Sacré Coeur, Vienne.« Die Oberin, nicht mehr in der steifen Tracht der *Mère Beriot* in Paris, lachte verwundert und hätte auch »unbelievable« sagen können, wie unsere Großmutter oft »unglaublich« sagte.
Aber das war alles danach oder davor. Noch stand der Tag unter der Julisonne und half der Hoffnung, nicht zu zersplittern, half den weißen Krägen, die selbst unsere Großmutter über den hellgrauen, mittelgrauen und selten hell durchzogenen Kleidern trug, half den vergessenen Frisuren. Der Abschied war genommen, die Unruhe kurz in Glück verwandelt, der Himmel offen.
Die Abreise erfolgt Samstag. Wie lässt sich der Abschied qualifizieren, vor einem Ausmaß schützen, das ihn aus der Reihe bringt und verquer macht, das ihn an sich selbst abprallen lässt, das ihn hindert, zum Vexierbild zu verkommen, das ihn weniger krass macht und aus der Bodenlosigkeit reißt? Der die Lücke zugleich unausfüllbar macht und doch sichert, der sie konstruktiv macht, ohne die Erstarrung voranzutreiben, der nicht nach Querverbindungen sucht, wo keine mehr möglich sind: Wer geht, geht, aber die Verbliebenen bleiben, lange ohne Nachrichten, zurück, in der Bahnhofshitze, unter dem Julihimmel. »Der Wirklichkeit wird so sehr zugesetzt, dass sie Farbe bekennen muss« (Walter Benjamin). Nichts mehr ist zwanglos. Die vage Erkenntnis der Flüchtlinge, die verzweifelt genaue der Zurückgebliebenen, die nach England nicht alles berichten, nicht den Mord, wo handelt es sich um wirkliche Ferne?
Die Nummer 201 an der hellen Schnur ist das Erkennungsschild. Wir

blieben zurück. Aber meine Schwester? Im heißen Juli die Kälte auf dem Fährboot, die verschüchterten Mitfahrer, die bald zerstreut werden, der unruhige Ärmelkanal. Bahnhöfe, aneinander gereihte Bänke, die Nummer 201 schwankt an der hellen Schnur: noch längst keine irische See. Dover kommt in Sicht, die Kreide, die auf den alten Schultafeln knirschte. »When the war is over, the white cliffs of Dover, and Johnny will lay in his own little cot again.« Die Landung ist überstanden, die Ungewissheit aber noch nicht vorbei. Der 4. Juli 1939. Noch einmal die böhmische Kirche, die polnische Kirche, der graue Rennweg, die französische Botschaft, der Getreidemarkt, die Freundinnen Anni, Ada, Bernadette, Maria, Alice – keine taucht wieder auf.

Die neuen werden Jean, Joan und June sein, die Freunde John, Johnny und Jack.

Aber der Krieg hat noch nicht begonnen, er hat wie meine Schwester eine unruhige Nacht vor sich. »Ich sehe immer noch meine Großmutter am Fenster stehen und uns nachwinken, obwohl meine Großmutter blind war«, schreibt Ursula Rosenfeld aus Hamburg in einem Buch mit Erinnerungen an Kindertransporte. Unsere Großmutter war nicht blind, eher still und hellsichtig, sie blieb zurück. Geboren am 29. Februar 1869 in Zauchtl an der mährisch-schlesischen Grenze, erreichte sie nur Lemberg, einmal Fiume, einige Jahre in Sarajevo, zuletzt Wien. Nordwestbahnstraße, Lazarettgasse, Hohlweggasse – dabei blieb es. Zuletzt das Massenquartier am Esteplatz nahe der Weißgerberlände, die sie entlangging: die letzten Spaziergänge, das Zimmer im Massenquartier mit den beiden jüngsten Kindern, das Küchenfenster, die letzten Nachrichten, kein Training mehr für eine neue Welt.

4. Juli 1939: Der Abschied am Westbahnhof war genommen, die Unruhe kurz in ein Glück des Aufbruchs und in die Hoffnung, nachzukommen, verwandelt, der Himmel offen. Es blieb kein kurzer, sondern ein langer Abschied: London, York, Edinburgh werden die Stationen meiner Schwester in den kommenden Jahrzehnten sein, die Jägerhausgasse in Hetzendorf, wo die schon nach England geflohene älteste Tante mit ihr gewohnt hatte, für kurz noch für unsere Großmutter.

Delogierung aus der Hohlweggasse, Zuweisung eines Zimmers neben der Gestapo für mich und meine Mutter, die durch den »Mischling« bis auf Widerruf »geschützt« war, ein Zwangsquartier am Esteplatz für unsere Großmutter, ihre jüngste Tochter und ihren Sohn, Deportation. Auf

den wenigen Zeilen, die durch das Rote Kreuz nach England geschickt werden konnten, ließen wir die Namen aus. Die älteste Schwester meiner Mutter, die vor dem Krieg noch nach England fliehen konnte und die auf meine Schwester wartete, sammelte bis zu ihrem eigenen Tod Kleider für ihre Mutter. Wir konnten mit ihr nie darüber sprechen.
Ging das Glück, um wieder heraufzutauchen, tauchte es herauf, um wieder zu gehen? Diese Frage wird von jetzt ab noch eine Weile unsere Welt bestimmen, diesseits, jenseits des Ärmelkanals und selbst noch nach Minsk 1942, wo sie im Mai 1942 erschossen wurden. Drei Jahre davor: zwei Schwestern, die noch ahnungslos sind. Die sich miteinander jahrelang über die Korrespondenzkarten des Roten Kreuzes unterhalten, mit limitierter Wortanzahl. 1941 kam aus England einmal die Nachricht: »Bin verheiratet, riesig glücklich, erwarte Baby nächsten Juli, tausend Grüße: Helga.«

Ein Gespräch mit Ilse Aichingers Zwillingsschwester, geflohen aus Wien nach London mit dem Kindertransport am 4. Juli 1939

Helga Michie, mit ihrer Zwillingsschwester Ilse Aichinger am 1. November 1921 als Tochter einer jüdischen Ärztin und eines »arischen« Vaters geboren und mit einem der letzten Kindertransporte vor Kriegsbeginn 1939 nach England geflohen, spricht, am Telefon, von London aus, wo sie seit dem September 1939 lebt:
Es gibt ein Foto vom 4. Juli 1939, das hat wohl die Ilse gemacht, als ich den Rennweg entlang ging, hinauf zur Hohlweggasse, um mich von der Großmama zu verabschieden, am Vormittag, bevor ich weggefahren bin.
Mit welchen Gefühlen beides: der Abschied und das Wegfahren?
Es war ein Doppelgefühl, von Neuem – ich war so jung, da war es auch ein Aufbruch zu ganz Neuem, ein Abenteuer, das wir, weil wir nirgends dabei sein durften, nie hatten –, aber auch eines von furchtbarer Traurigkeit. Ich erinnere mich, ein merkwürdiges Gefühl: die Stiegen in der Hohlweggasse herunterzugehen und zu wissen, man geht nie wieder hinauf.
Ilse Aichinger sprach in ihrer Rede zum Österreichischen Staatspreis 1995 von einer Lebensmittelhändlerin in der Hohlweggasse, die schon

Jahre vor Hitler auf euch Kinder gezeigt habe, höhnisch: »Das sind Juden.«
Dabei waren wir, nach der absurden Terminologie der Nürnberger Rassengesetze, gar keine »echten«, sondern auch das nur halb. Der Transport, den die Quäker, die *Society of Friends*, organisiert hatten, war auch für die Leute, die nirgends hingepasst haben. Er war also voll mit Kindern – an diesem Tag insgesamt 180, von zwei bis 18, ich war bei den ältesten –, bei denen irgendwas nicht gestimmt hat, aber auch das Falsche nicht ganz war. Was den Antisemitismus in den Jahren davor betrifft: Die Bedrohung wurde gespürt, es hat aber in der Hohlweggasse niemand darüber gesprochen, Erna, die jüngste Tochter meiner Großmutter, eine Pianistin, hat immer bei offenem Fenster gespielt, und das machte unserer Großmutter, aber auch uns Kindern, schon Angst.
Ilse Aichinger erzählte, ihr beide wärt zusammengezuckt, als eure Großmutter in einem Park auf die Frage nach ihrer Religion, die sie gar nicht mehr praktizierte, sagte: »Jüdisch.« Aus diesem Schockerlebnis für das kindliche Bewusstsein wäre zu schließen: Der Antisemitismus lag so stark in der Luft, dass »Judentum« in Wien um 1930 schon automatisch sehr negativ konnotiert war.
An dieses Erschrecken auf diese Antwort erinnere auch ich mich. Wir waren kleine Kinder, es muss noch vor 1930 gewesen sein.
Wie verlief der Abschied konkret?
Sogar unser Vater, die Eltern waren seit langem geschieden, war gekommen. Ich erinnere mich nicht an viele Details, aber seltsamerweise ganz genau an seinen Satz: »So kann's nicht mehr lang weiter gehen.« Großmama war traurig und ängstlich, auch etwas – »verwirrt« ist nicht das richtige Wort, eher »ratlos« vor der großen Ungewissheit. Es sollten ja alle nachkommen, das war eine Hoffnung. Aber dann brach der Krieg aus. Die älteste Schwester unserer Mutter, Klara, die wir immer *Auntie* nannten, weil sie, eine Fremdsprachenkorrespondentin, immer schon eine tiefe Beziehung zu England gehabt hatte und fließend und wunderschön Englisch sprach, war einige Monate vor dem 4. Juli schon nach England gegangen. Es muss nach dem 20. April 1939 gewesen sein, denn ihren Geburtstag – sie teilte Geburtstag und Geburtsjahr mit Hitler – hatte sie noch in Wien gefeiert und gesagt, dass sie Großmama, mit der sie zuvor schon zusammenlebte, in Hietzing, ganz schnell nach England holen wolle.

Die Fahrt auf dem Kindertransport, die Ankunft, die Ängste?
Die Kontrollen der Nationalsozialisten auf der Bahnfahrt durch Deutschland fürchteten wir. Als wir Holland erreichten, bekamen wir Schokolade, daran erinnere ich mich: Endlich wurden wir freundlich behandelt. Mit dem Schiff landeten wir in Harwich, von dort mit dem Zug nach London, und bei der Liverpool Station erwartete mich *Auntie* mit Irma Hift, einer Jugendfreundin unserer Mutter, sie hatten gemeinsam in Wien Medizin studiert. Ich kam zunächst, das war, glaube ich, von den Quäkern eingeteilt, in ein *Boarding House* in Hampton, zu einer Witwe mit zwei Töchtern, 14 und 18 Jahre alt, ich war gerade noch 17.
Welche Ängste hat man da: ohne ausreichende Englischkenntnisse in einer fremden Familie?
Es war mir so fremd.
Es gibt eine Briefstelle von damals: »Ich habe jeden englischen Spatzen gehasst.«
Dabei liebe ich Spatzen. Aber das Heimweh war so groß. In diesem *Boarding House* blieb ich einige Monate, dann kam ich in ein Kloster in Hampstead, in der Fitzjohn Avenue, ein schönes Zimmer und sie waren sehr nett. Sigmund Freud wohnte daneben. Vom Garten aus wurde mir einmal ein alter Mann gezeigt im Nachbargarten: »This is Professor Freud from Vienna.«
Und wo wohnte die Tante, wie oft konnte man einander sehen?
Auntie war für mich alles. Sie arbeitete und wohnte bei einer jüdischen Familie, zuerst in einem größeren Haus in Earls Court, dann in einem kleineren Haus in St. Johns Wood. In beide Häuser kam ich oft. Für *Auntie* war es fürchterlich, die Angst um Großmama, um Ilse und unsere Mutter. Wir waren so einsam.
Über den Kriegsausbruch am 1. September 1939 schreibt Ilse Aichinger in »Kleist, Moos, Fasane«: »Ich glaube, ich war im Kino.« Wie wurde dieser Tag in London von »Refugees« erlebt?
Wenn so etwas Riesiges geschieht, dann weiß man es ja nicht. Der Tag verläuft zunächst ganz normal: Man macht etwas. Im Krieg dann, da war die Hoffnung nicht sehr groß, dass er bald enden würde. Die Nachrichten waren so dazwischen, und wir hatten bis zuletzt Angst, dass die Nazis siegen werden.
Wie war noch Kontakt mit Wien möglich?

Über das Rote Kreuz, auf Korrespondenzkarten: 25 Wörter, einmal in drei Monaten.

Ilse Aichinger erzählte, nach der Deportation der Verwandten 1942 hätten sie die Namen eurer Großmutter, von ihrer Tochter Erna und ihrem Sohn Felix auf diesen Mitteilungen weggelassen. Wie habt ihr darauf reagiert?

Sehr ängstlich. Ich glaube heute, dass Ilse uns da auch etwas mitteilen wollte, ohne es auszusprechen. Wir haben es gemerkt. In England hat man ja schon 1942 von den Deportationen gehört, und *Auntie* war immer sehr, sehr besorgt. Es war wie in einem bösen Traum.

Wie ist das genau, dieses schwarze Loch in der Kommunikation zwischen England und Wien, diese Ungewissheit, verbunden offensichtlich mit einer Ahnung?

Es war wie in einem bösen Traum. Auch, was die Machtlosigkeit und das Ausgeliefertsein betrifft und dass weder wir von England aus noch Ilse und unsere Mutter in Wien etwas tun, etwas verhindern konnten. *Auntie* hatte große Angst, zu Recht natürlich, wie sich herausgestellt hat. Eigentlich haben wir es, ohne dass es zwischen uns je ausgesprochen wurde, ab 1942 gewusst. *Auntie* hat aber weiter Kleider gesucht und gesammelt für Großmama. Die wollte sie mitnehmen nach Wien, nach dem Krieg.

Und Sie waren weniger einsam als Ihre Tante?

Wenn man jung ist, findet man leichter Kontakt. Es gab Jugendklubs wie den der »Young Austrians«, dort war auch Erich Fried, und beim Pingpong-Spielen lernte ich einen geflohenen Österreicher kennen, der als Matrose in der englischen Handelsmarine diente und danach in der Armee der tschechischen Exilregierung. Er wurde mein Mann, die Uniformen haben mir so imponiert, und im Juli 1942 kam unsere Tochter zur Welt, Ruth. Für *Auntie* ein großes Glück, alles andere war nur große Angst. Und wenn man nach »Identität« fragt – jüdisch eigentlich nicht, englisch auch nicht, österreichisch auch nicht. Aber die Engländer waren hilfsbereit, und durch Ruth – die erste Sprache, die ich mit ihr sprach, war Englisch – ist also ein Teil von England in mir; und durch das Deutsch, das wir mit Großmama sprachen, ist es auch noch Wien, ein versunkenes halt.

Das Gespräch mit Helga Aichinger-Michie
führte Richard Reichensperger

Iris Guske und Vernon Saunders

Zwischen Anpassung und Abschottung

Der Lebensweg des Vernon Saunders

Die Darstellung der folgenden Lebensgeschichte beruht vor allem auf drei Interviews, die ich zwischen Februar und Juni 2002 mit Vernon Saunders in England und Deutschland geführt habe, sowie auf Notizen und Beobachtungen während dreier Vorträge, die er vor deutschen Studenten beziehungsweise Gymnasiasten im Juli 2002 gehalten hat. Die Auswahl und Anordnung des Materials erfolgte unter der Maßgabe, die Hauptthemen, die sich während der Gespräche herauskristallisiert hatten, entsprechend hervorzuheben und durch Zitate aus Telefongesprächen sowie dem Schriftverkehr zwischen uns seit Oktober 2001 zu ergänzen. Mit eingeflossen sind aber auch Auszüge aus Briefen seines Vaters, aus den Tagebüchern verschiedener Mitglieder seiner Pflegefamilie sowie aus seinen eigenen Briefen an diese Familie, die zwischen Januar 1939 und Dezember 1954 datiert sind und die eigenen Erinnerungen um den Blickwinkel anderer Personen erweitern.

Im Rahmen der ersten beiden Interviews, die im Wesentlichen der Chronologie der Ereignisse folgten und sehr sachlich und emotionslos waren, bot Vernon Saunders, der am 15. Juni 1927 als Werner Schwarz in Berlin geboren wurde, zunächst einige Hintergrundinformationen. So erzählte er, dass zu der Zeit, als er mit dem ersten Kindertransport Deutschland verließ, seine Mutter bereits vier Jahre tot war, so dass er ab dem Alter von sieben Jahren im Reichenheimschen Waisenhaus am Weinbergsweg lebte und seinen Vater nur sonntags sah. Bisweilen schloss sich ihnen auf ihren Friedhofsbesuchen oder den Wanderungen durch den Grunewald sein Bruder Hans-Peter an, der mit 17 Jahren zu alt für einen Kindertransport war und sich in einer *Hachscharah* auf die Emigration nach Palästina vorbereitete. Richard Schwarz, bereits 69 Jahre alt, musste nach dem Verlust seines Arbeitsplatzes in einer Handelsfirma die ehemalige Familienwohnung aufgeben und sich eine kleinere Bleibe suchen. Dabei verheimlichte er seinem jüngeren Sohn die prekäre Lage nicht, versuchte allerdings häufig, das geringere Budget als eine Art Herausforderung darzustellen. »Wenn wir sonntags zum Essen gingen, sagte er zum Beispiel: ›Versuch mal, ob du es schaffst, heute unter 1,10 (Reichsmark) zu bleiben.‹«

Abgesehen von diesen persönlichen Einschränkungen ging Vernon aber unbeschadet durch seine Schulzeit und wurde nie Opfer antisemitischer Zwischenfälle: »In der 126. Volksschule hat mich nie jemand geschlagen oder mich als ›dreckiger Jude‹ beschimpft. Und der einzige andere jüdische Junge in der Klasse ist mir nur als jemand in Erinnerung, der ausgewandert ist, nicht etwa als Leidensgenosse.«

Die Situation änderte sich schlagartig mit dem 9. November 1938, aber »im Nachhinein bin ich dankbar für die ›Reichskristallnacht‹. Sie hat mir das Leben gerettet. Das klingt vielleicht seltsam, aber es stimmt.« Denn als Einziger von etwa 60 Jungen bekam Vernon zwei Tage vor dem 1. Dezember von Betreuern des Waisenhauses einen Koffer und fing mit ihrer Hilfe an zu packen, ohne Fragen zu stellen. »Das wäre mir gar nicht in den Sinn gekommen.« Als ihn sein Vater schließlich am 1. Dezember abholte, war er mit dem Nötigsten an Kleidung ausgestattet und hatte die offiziell genehmigten zehn Mark in der Tasche.

Abschied und Ankunft

An den eigentlichen Kindertransport hat Vernon so gut wie keine Erinnerungen. »Der Abschied und die ganze Reise sind irgendwie an mir vorbeigegangen und haben keine bleibenden Eindrücke hinterlassen. Ich weiß nicht mehr, wie wir zum Bahnhof Zoo gekommen sind. Mein Vater war bei mir. An ihn erinnere ich mich. Er hat sich nichts anmerken lassen, und er sagte nur etwas wie: ›Benimm dich immer gut, damit wir stolz auf dich sein können.‹ Alles andere ist nur ein Lebwohl, ein Winken.«

Diese Gedächtnislücke versucht Vernon zu erklären, indem er sagt: »So bin ich nun mal, irgendwie habe ich mich fast auf etwas Neues gefreut.« Das, meint er, liegt darin begründet, dass er »schon von klein auf selbständig sein musste. Ab sieben oder acht hatte ich meine Monatskarte für die Straßenbahn und bin alleine in Berlin herumgefahren.«

Ebenso kurz handelt er seine Zeit in Dovercourt ab: »Die Tage gingen wie im Flug vorüber; da ist mir nichts im Gedächtnis geblieben.« Zwar bezeichnet er Tee mit Milch, Porridge oder Wärmflaschen als »seltsame Erfahrungen«, geht aber ohne eine weitere Erklärung darüber hinweg, die erst anlässlich einer Kindertransport-Konferenz in Berlin im Juni 2002 nachgeliefert wird: »Ich glaube, ich habe neue Situationen einfach so akzeptiert, wie sie waren und sie als selbstverständlich hingenommen ... – ganz zu schweigen von den Menschen.«

Als er die Weiterreise von Dovercourt zu seiner Gastfamilie in Bath schildert, erwähnt Vernon, dass irgendwo unterwegs sein Koffer »verloren ging«, so dass er bei seiner Ankunft außer einem Bademantel, in den er ein paar Habseligkeiten gewickelt hatte, nichts Eigenes mehr besaß.

Dementsprechend ist auch eine der Feststellungen, die er im Zusammenhang mit der Familie trifft: dass sie ihn »mit allem ausstatteten, was ich brauchte, um ein neues Leben anzufangen«. Während unseres ersten Gesprächs erwähnt er nicht, ob sich in dem Koffer auch Gegenstände befanden, die von persönlichem Wert waren; dies wird erst Monate später klar, als er berichtet, dass sein Vater am Abend vor seiner Abreise extra ins Waisenhaus kam, um ihm noch ein Wörterbuch sowie ein Fotoalbum mit Familienbildern mitzugeben. Dass ihn dieser Verlust doch tiefer getroffen hat, als es anfänglich den Anschein hatte, zeigt folgende E-mail (12. März 2002): »Bitte lassen Sie mich wissen ..., wann und wo ich Ihnen das Material (Briefe, Fotos, Zeitungsausschnitte) übergeben kann: Ich werde es nicht aus der Hand geben – ich habe schon viel zu viel verloren: Sicher haben Sie Verständnis dafür.«

Dennoch erlaubt er sich in diesem Zusammenhang keine weitere Sentimentalität und schreibt während eines Vortrags zum Thema »Erinnerungsstücke« im Rahmen der Kindertransport-Konferenz in Berlin sogar folgende Notiz: »Ich bin wohl kein bisschen empfänglich (gewesen) für die Auswirkungen, die Gegenstände und neue Situationen in England auf meine Psyche hatten.« (28. Juni 2002)

Neue Familie(n) und neue Welt(en)

Wie gut Vernon es bei den Willways in Bath getroffen hat, wird daraus ersichtlich, mit welcher Fürsorge und Weitsicht sie alles in ihrer Macht Stehende getan haben, um ihm die Eingewöhnung so leicht wie möglich zu machen. Der folgende Auszug aus einem Tagebuch, das Irene Willway Jahre nach den Ereignissen geschrieben hat, mag dies belegen: »22. Dezember 1938: Ein Datum, das ich nie vergessen werde: Werner Schwarz kam zu uns [...] Am Tag seiner Ankunft luden wir Dr. Salomon und seine Frau (selbst jüdische Flüchtlinge) zum Tee ein, damit der Junge bei seiner Ankunft von jemandem seiner Herkunft begrüßt werden könnte. [...] Nie werde ich den Augenblick vergessen, als Werner hereinkam – ein Junge von elfeinhalb Fuß, ungefähr so groß wie ich. Er beugte sich über meine Hand – ich gab ihm erst später einen Kuss. [...] Er war sehr ruhig, weil er nicht viel Englisch sprach. Als ein paar Tage vergangen waren, holten wir jeden Tag Claude Levinthal, um als Dolmetscher zu fungieren. [...] Die ersten ein, zwei Tage musste er sich häufig übergeben – wegen der seelischen Auswirkungen genauso wie wegen des unbekannten Essens, denke ich. Also haben wir Frau Salomon gebeten, zu uns zu kommen und ihm etwas zu kochen, von dem sie wusste, dass es ihm schmecken würde. [...] Er war ein reizender Junge, hübsch anzusehen und mit guten Manieren.«
Vernons Gastfamilie war insofern ungewöhnlich, als sie aus zwei Brüdern (Edward und Theodore) und zwei Schwestern (Irene und Christine) bestand, alle in den 40ern und 50ern und unverheiratet. »Drei von ihnen waren Akademiker, einer Gärtner, und die Leute sahen sie schon als etwas seltsam an. Aber man respektierte sie. Sie waren sehr englisch, gehörten der Mittelschicht an, waren liberal und nonkonformistisch.« Seine anfängliche Zurückhaltung weicht Gefühlen aufrichtiger Zuneigung und großer Achtung, als er sagt: »Sie waren das wunderbarste und beste Beispiel von Menschen, die ihren christlichen Glauben leben, ohne groß darüber zu reden. Sie waren die aufrechtesten, anständigsten Leute auf Gottes Erdboden.«
»Die für die Entwicklung des Werner Schwarz bestimmenden Faktoren«, so Vernon über die erste Zeit in England, »kann man als eine Art Dreieck sehen, in dessen Mittelpunkt der junge Flüchtling aus Deutschland vor allem von drei Personenkreisen geprägt wird.« Bevor der Krieg

dem bis dahin regelmäßigen Briefverkehr ein Ende setzte, muss zu diesen auch noch sein Vater gezählt werden, mit dem er sogar »in seltenen, kostbaren Augenblicken« telefonieren konnte. Diejenigen jedoch, deren Einfluss in England am stärksten war, waren in allererster Linie die Willways, die ihre Beziehung zu ihm als »Hilfsverein auf Gegenseitigkeit« bezeichneten, »weil ich die Welt in ihr Haus brachte und sie mir alles gaben, was sie zu geben vermochten«.
Dasselbe gilt auch für Frau Wertheim und Frau Salomon, selbst Flüchtlinge aus Nazideutschland, die ebenfalls in Bath lebten und ihn unter ihre Fittiche nahmen. Diese beiden Frauen nennt Vernon einen »Bonus« in seinem Leben, was er im Wesentlichen auf ihren »ausgleichenden Einfluss« zurückführt. »Während die Willways für mein leibliches Wohl sorgten, waren Frau Wertheim und Frau Salomon für mein seelisches Wohlbefinden zuständig.«
Genauso wichtig scheint es in der Nachbetrachtung aber auch zu sein, dass es ihnen ein Anliegen war, seine Bindungen an Deutschland aufrechtzuerhalten, indem sie sich mit ihm – »absichtlich auf Deutsch« – zum Beispiel über Theateraufführungen in Berlin unterhielten, ihm Bildbände über Berlin oder Potsdam zur Verfügung stellten und ihn stets ermunterten, sich andere deutsche Bücher von ihnen auszuleihen. Wenn man sich die Beziehung Vernons zu den beiden Damen ein bisschen genauer ansieht – zu der gut siebzigjährigen Frau Wertheim, »die eine unerschöpfliche Quelle gesunden Menschenverstandes war und es schaffte, sich über Wasser zu halten, indem sie binnen eines Monats nach Verlassen ihres ehemals wohlhabenden Zuhauses tatsächlich Böden schrubbte«, und zu der 30 Jahre jüngeren Frau Salomon, »die versuchte, an einem Lebensstil, wie sie ihn von Potsdam gewohnt war, festzuhalten, und einen Mann hatte, der preußischer nicht sein konnte« –, so wird man seine Fähigkeit erstaunlich finden, den wechselnden Erwartungen ganz unterschiedlicher Menschen scheinbar problemlos gerecht zu werden.
So beschreibt er zum Beispiel einen jener lange vorher geplanten und genau festgelegten Besuche bei den Salomons, die sehr förmlich waren und einem festen Ritus folgten. Wie er sagt, waren sie bisweilen »eine ganz schöne Qual«, was auch seinen Freund Heinz, einen anderen Flüchtlingsjungen, des Öfteren zu der Bemerkung veranlasste: »Gott sei Dank bin ich nicht eingeladen.« Andererseits äußert Vernon sich

sehr dankbar vor allem für das Interesse an kulturellen Dingen, das Frau Salomon in ihm wachgehalten und genährt hat, denn »hinterher fragt man sich schon, wie und wo man eigentlich den letzten Feinschliff abbekommen hat«.

Darüber hinaus war Frau Salomon auch diejenige, »die noch am ehesten Strukturen im jüdischen Sinn aufrechterhielt. Sie erinnerte mich immer an die Feiertage und erklärte mir, warum sie begangen wurden. Sonst trat das Jüdische nur in der Form zutage, dass sie auch Flüchtlinge waren, nicht aber in religiöser Bedeutung.«

Schließlich »wuchs ich in einer sehr christlichen Familie ohne irgendwelche Bezüge zum Jüdischen auf. Die habe ich mir selbst geschaffen. Ich habe zum Beispiel eine *Menora* gemacht und den Willways erzählt, was es mit *Chanukka* auf sich hat.« Aus einem Brief seines Vaters erfahren wir auch, dass Vernon, ohne daran erinnert zu werden, im Alter von elf Jahren daran dachte, des Todestages seiner Mutter zu gedenken: »Es war recht, dass du für Mutti ein Jahrzeitlicht angezündet hattest. Die Jahrzeit ist immer am 13. *Nissan*, das war diesmal der 2. April.« (5. April 1939)

So entschloss er sich auch 1941 nahezu ohne Einfluss von außen dazu, seine *Bar Mizwa* zu feiern, was sein Vater als einen erstrebenswerten Weg ins Auge gefasst hatte, ohne vor anderen jedoch die Augen zu verschließen: »Möge Werner nur ruhig sonntags zur Kirche gehen, das kann ihm, wie Sie sehr richtig sagen, nicht schaden, zum mindesten seinen Englischkenntnissen nur nützen und seinen Horizont erweitern. So wird seiner späteren Zukunft dadurch nichts vorweggenommen; wenn er das entsprechende Alter erreicht hat, mag er selbst über den Weg entscheiden, den er gehen will.« (Brief an Frau Salomon, 16. Januar 1939)

Dass offensichtlich den Willways ebenfalls daran gelegen war, Vernon größtmögliche Entscheidungsfreiheit zu lassen, zeigt sich auch in einem Schreiben seines Vaters an die Familie: »Was den Besuch der Rabbis angeht, so kann ich nichts anderes sagen, als Sie es schon getan haben: Ich bin damit einverstanden, dass Werner jüdischen Religionsunterricht bekommt, solange seine schulischen Pflichten nicht darunter leiden. Außerdem stimme ich aus dem Grund zu, dass Werner konfirmiert werden sollte [seine *Bar Mizwa* feiert], wenn er sein 13. Lebensjahr vollendet hat.« (Brief an I. Willway, 29. April 1939)

Vernons Erinnerung bekräftigt den Eindruck, dass es den Willways nie darum ging, ihm ihre Vorstellungen, Werte oder Ideale aufzudrängen, sondern dass sie ihm stets eigenständige Entscheidungen ermöglichten. So zum Beispiel, als dann schließlich seine »entfernte Familie in London meine *Bar Mizwa* arrangierte und die Willways sich einfach für mich freuten. Eine Schwester hätte es vielleicht lieber gesehen, wenn ich Baptist geworden wäre, aber sie sagten trotzdem: ›Uns ist es egal, welchen Weg du gehst, solange du dich nur für einen entscheidest.‹«
Der dritte »größere Einfluss in der Entwicklung des Werner Schwarz war die Erweiterung der Familie. Man hat mich den Horstmanns und einem anderen Zweig der Familie, den Catchpoles, vorgestellt. Das waren ganz normale Familien mit vielen Kindern, und ich wurde ein Teil von ihnen. In gewissem Sinn wuchs ich mit ihnen auf und erlebte ein richtiges Familienleben, wo man zusammen am Tisch saß, Marmelade machte oder einfach nur herumalberte. Wir stehen uns heute noch nah. Die Mütter behandelten mich genauso wie ihre eigenen Kinder. Sie mahnten zum Beispiel: ›So langsam ist es an der Zeit, dass du lernst, die r's zu rollen!‹ Oder sie sagten mir immer wieder ein ›th‹ vor. Und weil ich dieses alte jüdische Leiden – Plattfuß – habe, haben sie dafür gesorgt, dass ich regelmäßig meine Übungen machte. Sie haben versucht, mich zu formen. Aber manchmal haben sie sich auch über mich lustig gemacht. Wahrscheinlich habe ich manchmal wütend reagiert, weil sie mich dann ›ungestümer Flüchtling‹ nannten. Aber ich bin mit ihnen in Urlaub gefahren, und als während des Blitzkriegs die Doppelhaushälfte neben den Willways getroffen wurde, haben die Horstmanns mich aufgenommen. Ich bin dann von dort aus zur Schule gegangen und habe bei ihnen gegessen. Ich war einfach Teil der Familie. Später habe ich gehört, dass ich in den ersten fünf bis sechs Monaten in England nur wenig gesagt habe. Ich hatte vorher 18 Monate Englischunterricht gehabt und konnte das Nötigste verstehen, aber um die Sprache so zu lernen, dass ich mich an Gesprächen beteiligte, brauchte ich etwa ein halbes Jahr.«
Aus Irene Willways Tagebuch für Dezember 1938 erfahren wir etwas über seine Lern- und Anpassungsprozesse, die auf eine relativ reibungslose Eingewöhnung hindeuten: »Aber Werner lernte schnell, hielt seinen Teller hoch und sagte *›more‹*, und bald sprach er von *›our house‹*, *›our car‹*.«

Daneben war sicher auch die Tatsache, dass Edward Willway Direktor einer kleinen Privatschule war, in die er neben Vernon noch vier andere jüdische Jungen aufnahm, maßgeblich daran beteiligt, dass der Übergang von einer jüdischen höheren Schule in Deutschland in eine völlig fremde Lernumgebung relativ problemlos vonstatten ging, wie in folgendem Brief seines Vaters bereits drei Monate nach seiner Ankunft in England zu erkennen ist: »Was die Neuigkeiten über Werner angeht, so bin ich angenehm überrascht, dass er einer der besten Schüler ist! Wie ist das nur möglich, wo er die englische Sprache doch noch gar nicht beherrschen kann?« (Brief an C. Willway, 2.März 1939)
Wenn man das Zusammenwirken dieser Triade, die die Akkulturation Vernons maßgeblich mitgestaltete, ein wenig genauer betrachet, so ist zu erkennen, dass er durch seine Integration in die Familien Horstmann und Catchpole rasch mit den »täglichen Gepflogenheiten« in England vertraut wurde, während die Willways wesentlich für seine Fortschritte beim Erlernen der Sprache und seine guten Leistungen in der Schule verantwortlich waren. Darüber hinaus ist es ihrer offenen Geisteshaltung zu verdanken, dass sie ihm nicht ihre christlichen Werte aufzwangen, sondern vielmehr zuließen und unterstützten, dass dank der Bemühungen Frau Wertheims und Frau Salomons der deutsch-jüdische Teil seiner Identität nicht, wie das bei vielen anderen Kindern in ihren Gastfamilien üblich war, in Frage gestellt oder gar entwertet, sondern geachtet und sogar gestärkt wurde. Dieser Umstand hat später sicher nicht unerheblich zu seiner erfolgreichen Re-Akkulturation in Deutschland beigetragen.

Zunehmend unabhängig, aber unverändert loyal

Eine erste Möglichkeit, die sich ihm zum Geldverdienen bot und sich darüber hinaus als entscheidend für seine spätere berufliche Laufbahn erweisen sollte, hatte etwas mit der Tatsache zu tun, dass Vernon das Essen bei den Willways nicht schmeckte. »Wissen Sie, ich bin einfach mit einem guten Geschmack geboren worden, und der bleibt. Die Familie war sehr genügsam, so dass die Rationierung schon gar keinen Unterschied mehr machte. Da habe ich eines Tages gesagt: ›Hört mal, ich weiß, wie Karotten zu schmecken haben. Nicht wie aus dem Wasser ge-

zogen.‹ Also habe ich angefangen zu kochen und zu backen. Teils aus dem Gedächtnis, teils mit Hilfe des 85-jährigen Vaters der Familie. Er war der Einzige, der wusste, wie man einen guten *Apple Pie* macht. Der Familie hat es wirklich gut geschmeckt, aber für sich selbst hätten sie das nie gemacht – Sie wissen schon, Karotten mit weißer Sauce zum Beispiel.« Offensichtlich erfuhr auch sein Vater von Vernons häuslichen Aktivitäten, über die er sich als Ausdruck der Dankbarkeit seines Sohnes sehr freute und die er folgendermaßen kommentierte: »[...] ich bin überglücklich, von seiner Hilfe im Haus, in der Küche und im Garten zu hören. Ich hoffe, er wird es nie müde und wird immer dankbar für Ihre Liebe sein.« (Brief an I. Willway, 29. April 1939)
»So ein Schnitzel, wie es Mutti gemacht hat, möchte ich gerne wieder einmal essen. Willst du mich nicht dazu einladen? Ich habe gar nicht gewusst, dass du so etwas bei Mutti gelernt hast.« (5. Juli 1939)
Diese Gelegenheit nutzte Richard Schwarz, um seinen Sohn eher wie einen kleinen Jungen anzusprechen, als wolle er so einen Bogen zur Vergangenheit spannen und die Erinnerung an die Mutter aufrechterhalten, während er ihn weitaus häufiger wie einen ebenbürtigen Erwachsenen behandelte und ihm auch bittere Wahrheiten nicht ersparte. In seinen Briefen an die Willways versuchte er in ähnlichen Fällen, ihnen ein klein wenig von dem Hintergrund zu vermitteln, vor dem sie Vernons Verhalten besser verstehen könnten. Da es nicht unbedingt die natürlichste Sache der Welt ist, dass sich ein elfjähriger Junge selbst Kochen und Backen beibringt, hilft als Begründung vielleicht, was sein Vater in einem anderen Zusammenhang anführte: »Ich bin froh, dass er seine Kindheit nachholen kann, da er auf Grund des allzu frühen Todes seiner gütigen Mutter ein richtiges Familienleben vermisst hat.« (Brief an C. Willway, 30. März 1939)
Diesen Neigungen entsprechend arbeitete Vernon in den Schulferien bald regelmäßig in einer Bäckerei, nach Erlangen der Hochschulreife mit 16 Jahren sogar als Teilzeitkraft, während er nebenher noch als Krankenwagenfahrer seinen Teil zum Haushalt beitrug. »Ich wollte einfach etwas dazutun, ich wollte Geld verdienen«, begründet er seine Entscheidung, kein Studium aufzunehmen, obwohl es sich bei diesem familiären Hintergrund aufgedrängt hätte. »Ich war der Sohn; sie hätten mich behalten und weiter für mich gesorgt. Also musste ich eine Entscheidung treffen. Darüber haben wir dann gesprochen, und sie

haben gesagt: ›Wenn du dich dazu entschlossen hast, dann ist es gut so.‹«

Erneut sehen wir hier Vernons Bereitschaft und Fähigkeit, sich nach eigenständigen Überlegungen selbst ein Ziel zu setzen und dieses konsequent zu verfolgen, auch wenn es vielleicht nicht das nahe liegendste und bequemste war.

Dass Richard Schwarz allerdings durchaus konkrete Vorstellungen und Wünsche hinsichtlich der Charakterbildung seines Sohnes hatte und dementsprechend versuchte, die Weichen für dessen Zukunft zu stellen, wird in den folgenden Zeilen deutlich: »Bleib nur immer der brave, fleißige Junge, offen und ehrlich zu jedermann, so wie ich dich kenne, dann wird auch der Erfolg nicht ausbleiben.« (3. Januar 1939)

Sicherlich haben die meisten Kindertransport-Kinder ähnliche Worte ihrer Eltern im Ohr, aber der folgende Appell, den Vernons Vater an ihn richtet, zeigt, wie genau er die Entwicklung seines Sohnes aus der Ferne verfolgte und zu beeinflussen versuchte. So warnt er Vernon vor Oberflächlichkeit und Gleichgültigkeit und will ihm die Augen dafür öffnen, dass sich ihm die Welt und seine eigene Rolle darin nur erschließen werden, wenn er bereit ist, sich stets sowohl intellektuell als auch emotional stärker einzubringen: »[...] und ich freue mich sehr, wenn du recht ausführlich schreibst, nicht nur Tatsachenberichte, sondern auch über den inneren Zusammenhang der Dinge, und besonders wie du selbst denkst und fühlst.« (5. Juli 1939)

Eines der größten Anliegen seines Vaters, sein Sohn möge sich den Willways stets dankbar zeigen, ist bei Vernon ebenso ausgeprägt. Wie Richard Schwarz schon vermutet hat, findet es allerdings seinen Ausdruck nicht in großen Gefühlsregungen, sondern in Form praktischer Hilfe. Diese Neigung, Gefühle, die rationalen Entscheidungen im Wege stehen und damit seine eigentlichen Pläne vereiteln könnten, gar nicht erst an die Oberfläche kommen zu lassen, wird auch an anderer Stelle deutlich. Hier sehen wir zunächst in einem Brief, den Vernon im November 1953 an Irene Willway geschrieben hat, dass er sich der Familie verpflichtet fühlt, dies aber nicht mit Sentimentalität verbunden ist: »In zehn Tagen jährt sich der 15. Jahrestag meiner Ankunft hier in England, und das ist jetzt der geeignete Augenblick, um das bisschen, was ich tun kann, auch zu leisten, um euch die schwierige Situation zu Hause ein wenig leichter zu machen. Ab nächster Woche hoffe ich, euch wöchentlich einen Beitrag zum Haushalt schicken zu können, den ihr verwenden könnt, wie es euch richtig erscheint. Gerne hätte ich das schon früher getan, aber die viereinhalb Jahre Lehrzeit haben dies verhindert.«

Sicherheit – das überragende emotionale Bedürfnis

Das Fehlen großer Gefühle, beziehungsweise das Unbehagen, sie zu zeigen, hat sicherlich zumindest teilweise seine Ursache darin, dass »Liebe und Wärme« in den drei Personenkreisen, denen er sich während seiner Schulzeit zugehörig fühlte, fehlten, denn »Zuneigung wurde nicht zur Schau gestellt. Umarmungen gab es nicht«. Und obwohl natürlich mit seinem Eintritt ins Waisenhaus im Alter von sieben Jahren körperliche Zuwendung auch nicht mehr auf der Tagesordnung stand, erinnert er sich doch daran, dass »da immer ein Arm um meine Schulter war, wenn Vater mich sonntags zurückbrachte«. Dies bestätigen zahlreiche Briefe, aus denen hervorgeht, mit welcher Liebe Richard Schwarz an seinem Sohn hing, und dass er sich auch nicht schämte, seinen Gefühlen Ausdruck zu verleihen: »Du musst wissen, dass ich – abgesehen von Peter – niemand auf der Welt habe, an den ich so mit Liebe und Hoffnung denke.« (5. Juli 1939) »So oft ich Ihren lieben Brief auch lese [...], kommen mir die Tränen.« (Brief an C. Willway, 5. Februar 1939)

Dennoch schien nicht einmal diese Veränderung in seinem Leben Vernon viel auszumachen, denn er zuckt nur die Achseln: »Was man nicht hat, das vermisst man auch nicht.« Nach einigem Nachdenken erläutert er sein Verhältnis zu Irene Willway: »Sie stand mir am nächsten, und ich fühlte mich ihr genauso eng verbunden wie meinem Vater und konnte mit ihr genauso offen sein wie mit ihm. Wir standen einander in dem Sinne nah, dass man sich in der Gesellschaft des anderen wohl fühlte und nicht jedes Wort auf die Goldwaage legen musste.«

Während er ihr in den vielen Briefen, die er zwischen 1946 und 1954 geschrieben hat, nie Einblick in sein Gefühlsleben gewährt oder ihr gar sein Herz ausschüttet, sondern sich, mit einem Wort seines Vaters, an »Tatsachenberichte« hält, sind sie doch mehr als reine Pflichtübungen seinerseits, was aus ihrer Häufigkeit und Länge sowie dem Inhalt und

Ton geschlossen werden kann. Die aufrichtige Loyalität, die er im Übrigen all denjenigen, die sich in seinen frühen Jahren in England um ihn kümmerten, zeit seines Lebens entgegenbringen sollte, wird im folgenden Brief an Irene Willway aus dem Jahre 1946 deutlich:
»Ich bin nicht (hundertprozentig) sicher, dass ich frei bekomme, also sei bitte nicht allzu enttäuscht, wenn ich doch noch telegrafisch absagen muss; es ist nicht sehr wahrscheinlich, würdest du es also bitte auch Frau Wertheim wissen lassen? Ich habe ihr schon geschrieben, um ihr zu sagen, dass die Wahrscheinlichkeit besteht, dass ich komme. Bitte sage es sonst niemandem, weil ich nicht zu viele Leute besuchen will, sondern nur die, für die ich wirklich Zeit habe, und ich möchte in den paar Stunden auch nicht zu lange von zu Hause weg sein.«
So war es dann auch nur natürlich, dass Irene und Edward Willway anlässlich der Hochzeit ihres Zöglings der Platz zuteil wurde, der sonst Vernons Eltern gebührt hätte: »Auf dem Empfang ist ein Tisch für Braut und Bräutigam und zwei Mitglieder aus jeder Familie sowie den Geistlichen vorgesehen. Ich wäre dankbar, wenn du und Onkel Edward zu meiner Seite sitzen würden – mit Heinz natürlich.« (Brief an I. Willway, 11. November 1954)
Es ist interessant, dass Vernon als wichtigsten Grundstein der Beziehung zu seiner späteren Frau Jutta das Gefühl von »Sicherheit« anführt, das auch sein Verhältnis zu Irene Willway bestimmt hat. So findet auch Jutta als Einzige seiner Freundinnen je in seinen Briefen an Irene Willway Erwähnung.
Allerdings wiederholte sich auch hier in der Anfangszeit das Schema, dass er, sobald er sich wirklich zu einem Mädchen bekennen sollte und den letzten Rest seiner Privatsphäre bedroht sah, zunächst Ausflüchte machte und sich, wenn das nicht half, »einfach davonmachte«: »Meinen nächsten Urlaub habe ich im September. In der Woche fahre ich sofort ganz alleine weg, einfach so zum Abschalten. Jutta ist zu der Zeit auch fort, und ehrlich gesagt brauche ich auch wieder einmal totale Luftveränderung und vor allem Ruhe.« (22. August 1954)
Ein wichtiger Aspekt unterschied Jutta von seinen vorherigen Freundinnen: »Sie war das erste Mädchen, das ich kennen lernte, das einen ähnlichen Hintergrund hatte wie ich, denn ihre Familie war auch 1938 aus Berlin geflohen.« Ein gemeinsames Schicksal als Garant für das Gefühl von Sicherheit und Nähe wird hier also als wesentliches Ele-

ment für das Funktionieren einer Beziehung angeführt, und so kann Vernon denn auch mit Zufriedenheit auf eine fast 50-jährige Ehe zurückblicken, aus der zwei Kinder und fünf Enkelkinder hervorgegangen sind. Mit den Worten »Das war die Gründung von Heim und Familie« schließt er dieses Kapitel in seiner Erzählung ab, bevor er sich seiner Zeit in der Armee und seinem beruflichen Fortkommen zuwendet.

Berufliche kontra private Entscheidungen

Obwohl Vernon als Nicht-Engländer nicht eingezogen worden wäre, empfand er es als seine Pflicht, dem Land, das ihm das Leben gerettet hatte und das im Kampf gegen Hitler hohe Opfer zu beklagen hatte, zu dienen. So trat er mit Erreichen des Mindestalters von 17 ½ der Armee bei und brachte es schließlich, im Einklang mit seinen Küchenfertigkeiten und Interessen, zum jüngsten *Captain* in Nahost, der in Ägypten sein eigenes Depot zu verwalten und die Versorgung der sechsten Luftlandedivision sicherzustellen hatte.
Ein nachhaltiges Ereignis jener Tage war folgende Begegnung: »An meinem zweiten Tag wurde mir der Feldwebel vorgestellt, der die deutschen Kriegsgefangenen befehligte, die die meiste Arbeit für uns machten. Das war schon etwas seltsam. Ich hatte schon lange kein Deutsch mehr geredet, aber die wichtigsten Sachen konnte ich immer noch verstehen. Er fragte mich, wo ich denn Deutsch gelernt hätte, und ich antwortete: ›In einer deutschen Schule. Ich bin immer noch ein deutscher Jude.‹ Daraufhin sagte er erst mal gar nichts mehr, sondern dachte einen Augenblick nach, salutierte dann und fragte nur: ›Was kann ich für Sie tun, Sir?‹ Das war so eine Begebenheit, die den normalen Tagesablauf ein wenig durcheinander brachte. Aber wir mussten an einem Strang ziehen und taten das auch, weil wir beide gute Arbeit leisten wollten.«
Solcher Pragmatismus sollte es Vernon auch später immer wieder möglich machen, mit unbehaglichen Situationen, in denen er mit der Vergangenheit konfrontiert wurde, fertig zu werden, um seinen Aufgaben weiterhin bestmöglich nachzukommen, ohne sich von Gefühlen wie Wut, Hass oder Rache beeinträchtigen zu lassen.
Nach dreieinhalb Jahren in der Armee galt es im Jahr 1949 für Vernon wieder, ein neues Leben anzufangen. Dass der Schwerpunkt dieses Le-

bens in England sein sollte, stand spätestens seit seiner Einbürgerung im Jahr 1947 außer Frage, die ihm augenscheinlich sehr viel bedeutete: »Das war wahrscheinlich das einzige Mal in meinem Leben, dass ich mich so richtig betrunken habe!«

Seit dem Zeitpunkt hatte er sich natürlich bisweilen Gedanken über die Anglisierung seines Namens gemacht, aber erst mit Beginn seiner beruflichen Laufbahn stellte sich diese Frage auch wirklich ernsthaft. Entsprechend seinen Neigungen und Fähigkeiten entschied er sich für eine Ausbildung im Hotel-Management beim J.-Lyons-Konzern. Dort war er rund 30 Jahre in den unterschiedlichsten Bereichen tätig, bevor er 1980 von der Penta-Hotelkette als Direktor ihrer technischen Entwicklungsabteilung abgeworben wurde. Auch nach seinem altersbedingten Ausscheiden ist er dieser Branche als selbständiger Berater treu geblieben.

Mit Erklimmen der Karriereleiter wurde ihm von Seiten der Unternehmensführung jedoch klar gemacht, dass sein Nachname unter Umständen Schwierigkeiten bereiten würde, weil niemand ihn verstehen und richtig aussprechen könne. Und obwohl Vernon erklärte, er hätte dieses Problem selbst während der Armeezeit in den Griff bekommen, wollte er sich bei der Verwirklichung seiner beruflichen Ziele keine Steine in den Weg legen, und so griff er zum Telefonbuch. »Ich wurde ›Vernon Saunders‹, weil ich die Initialen behalten wollte. Gut, ›Vernon‹ war natürlich die Entsprechung zu ›Werner‹. Was das ›S‹ angeht, so habe ich einfach durchgeblättert von ›Seymore‹ zu ›Sinclair‹ und habe gleich alles ausgeschlossen, was zu englisch oder zu schottisch war. ›Saunders‹ fand ich am unaufdringlichsten. Das ist ein schlichter Name und er kommt oft vor, also fiel ich damit nicht weiter auf.«

So sachlich beschreibt er seinen Namenswechsel vor deutschen Studenten, ohne innere Konflikte anzudeuten, wie sie häufig von anderen Kindertransport-Kindern in diesem Zusammenhang erwähnt werden: einerseits das mögliche Auftreten von Schuldgefühlen, wenn die äußeren Bande an die eigene Familie gekappt werden, andererseits die Schwierigkeiten, die sich ergeben können, wenn dadurch eine ohnehin fragile Identität erneut in Frage gestellt wird. Doch seine emotionslose Schilderung spiegelt nicht ganz die damalige Wirklichkeit wider, denn in einem Brief an Edward Willway wird durchaus ein innerer Zwiespalt deutlich:

»Endlich kann ich dir die Nachricht meiner Namensänderung mitteilen [...] *Auntie* Irene hat mir erzählt, dass ›WILLWAY‹ als möglicher neuer Name im Raum stand; ich habe mir das reiflich überlegt, vor allem angesichts der großen Schuld, in der ich gegenüber dieser Familie und dem Namen stehe. Dennoch fand ich, es wäre nicht richtig, diesen Namen anzunehmen, weil ich mit ihm in gewisser Weise die altehrwürdige Tradition eurer Gegend erben würde. Das wäre fast so, als würde ich unter Vorspiegelung falscher Tatsachen leben! – Und schließlich war einer der Hauptgründe für den Namenswechsel ja die Notwendigkeit, einen schlichten und einfachen Namen zu finden, mit dem die Leute möglichst wenig verbinden. Außerdem sollte er zwar nicht gewöhnlich sein, aber doch ein gewisses Maß an Anonymität gewähren, um mir so die Möglichkeit zu geben, ihm durch meine eigenen Leistungen Würde zu verleihen. – Also heiße ich jetzt offiziell Vernon Saunders; aber natürlich bleibe ich für alle, die mich kennen, weiterhin ›Werner‹. Was ›SCHWARZ‹ angeht, so musste – obwohl ich (natürlich) sehr an meinem Familiennamen hing – der Bruch sowieso über kurz oder lang erfolgen, da ich nun ja britischer Staatsbürger bin.« (1. März 1951)

Konfrontation mit der Vergangenheit und Rückkehr nach Deutschland

Obwohl während der ersten zwei Interviews das Schicksal seines Vaters nur vage angedeutet wird, stellten sich Vernons diesbezügliches Wissen sowie seine Erinnerungen daran später als sehr umfassend heraus. Aber bei diesem Thema dauerte es länger, bis – nicht zuletzt nach den drei Vorträgen an deutschen Schulen – die letzten Steine dieses Mosaiks zusammengesetzt werden können.
»Sowohl die Willways als auch die Salomons haben alles versucht, um Vater herauszuholen, aber er sagte immer nur, er würde erst gehen, wenn Peter in Sicherheit wäre, der in einer *Hachscharah* täglich auf die Emigration nach Palästina wartete. Ich wusste nicht, was ich tun konnte, um zu helfen – ich war ja erst elfeinhalb. Ich konnte nur immer wieder sagen: ›Bitte helft!‹«
In seinen Briefen, so Vernon, hätte sein Vater nicht davon berichtet, wie das Leben für die Juden in Deutschland wirklich gewesen sei, sondern

hätte nur »das Gute« beschrieben. Aber in manchen Zeilen wird dennoch deutlich, welche Verzweiflung Richard Schwarz bisweilen überfallen hat, die er dann auch nicht vor seinem Sohn verheimlicht: »Es sieht für uns Juden in der Welt wohl schlecht aus. Warum bin ich nicht als Mohammedaner auf die Welt gekommen?« (9. Februar 1939)
Außerdem gibt es kaum einen Brief, in dem Richard Schwarz nicht seine Sorgen hinsichtlich des Schicksals seines älteren Sohnes anspricht und auch von weiteren Bekannten und Verwandten berichtet, denen noch die Flucht aus Deutschland gelungen ist: »Peter werde ich am 3.9. besuchen. Mit [...] *Erez* (Israel) scheint es leider nichts zu werden. Es ist eine große Sorge für mich.« (25. August 1939)
So trug der damals Elfeinhalbjährige doch die Bürde des Wissens um die sich verschlechternden Lebensumstände seiner nahen Verwandten, wenn auch die zunehmende Ausweglosigkeit der Lage seines Vaters und dessen wachsende Mutlosigkeit, die unmittelbar vor Kriegsbeginn einer gottergebenen Resignation Platz macht, nur in den Briefen an die Willways wirklich deutlich wird.
Nach Ausbruch des Krieges konnten Vater und Sohn noch eine Zeit lang über Holland Briefe austauschen; nach dessen Okkupation blieb nur die Übermittlung von 25 Wörtern durch das Rote Kreuz. So erhielt Vernon schließlich am 7. April 1942 folgende Mitteilung seines Bruders: »Vater Richard Schwarz 8. Februar verstorben. Mitteilt dies schonend Bruder Werner.« Dazu Vernon: »Für mich war das sicher der größte Verlust, den ich je erlitten habe. Aber ich hatte diese wunderbaren Menschen um mich herum. Sie waren einfach da. Und sie waren überzeugte Christen mit einem unerschütterlichen Glauben an das Leben nach dem Tod.«
So änderte sich also an seinem Leben äußerlich nichts, und es sollte etwa 15 Jahre dauern, bis Vernon die wirklichen Umstände des Todes seines Vaters erfahren sollte. »Wissen Sie, es ist eigenartig, wie Peter das formuliert hat. Er wollte vor mir verbergen, dass Vater Selbstmord begangen hat«, gab er schließlich anlässlich des dritten Interviews preis, um am nächsten Tag vor einer Gruppe Gymnasiasten noch deutlicher zu werden: »Eine Gruppe älterer Juden beschloss, sich lieber das Leben zu nehmen, als sich entmenschlichen zu lassen und in Viehwaggons abtransportiert zu werden. Was ich mir nur gesagt habe, war ›Gott sei Dank!‹ Denn die Vorstellung dessen, was geschehen wäre – und Sie wissen, was mit den anderen passiert ist –, war grausam genug.«

Die Schilderung vom Tod seines Bruders nutzt Vernon anschließend zu einer Demonstration der Gründlichkeit der Nazis, indem er die Nummer des Transports (34) angibt, auf dem Peter im Frühjahr 1943 nach Auschwitz gebracht wurde, die Gesamtzahl der Deportierten an jenem Tag (1120) sowie den Prozentsatz der Überlebenden (1,25). Unglücklicherweise war sein Bruder jedoch nicht darunter, sondern starb vier Monate nach seiner Ankunft im Konzentrationslager.
Mit welchen Gefühlen er denn dann das erste Mal nach Deutschland zurückgekehrt sei, war daraufhin die Frage, die die deutschen Schüler und Studenten am meisten beschäftigte, und Vernon beschreibt daraufhin eine Fahrt entlang des Rheins und der Mosel in den sechziger Jahren. »Ein großes Unbehagen« hätten er und seine Frau verspürt, da sie sich nicht nur bei jedem Deutschen über einem bestimmten Alter fragten, was er wohl zu jener Zeit getan hatte, sondern zum Beispiel am Frühstückstisch tatsächlich Bemerkungen mitanhören mussten, wie: »Ja, das wäre zu Adolfs Zeiten nicht passiert!« Und nachdem Vernon zuvor schon einmal kurz allein in Berlin gewesen war, um etwas über das Schicksal von Verwandten in Erfahrung zu bringen, war er nun nicht mehr bereit, ohne triftigen Grund in seine Heimatstadt zurückzukehren. Dieser bot sich ihm dann jedoch Anfang der achtziger Jahre, als er für die Penta-Hotelkette angeworben wurde. Bei seinem ersten Vorstellungsgespräch in Ascot stellte sich heraus, dass sein erster großer Auftrag ihn nach Berlin führen würde, wofür ihm sein zukünftiger Chef, Fred Dillmann, einen Dolmetscher in Aussicht stellte. »Ach, ich denke, ich komme ohne aus; wahrscheinlich kann ich noch genug Deutsch, um klarzukommen«, lautete jedoch Vernons Antwort. Daraufhin musste er natürlich erklären, wo er Deutsch gelernt hatte und warum er nicht mehr in Deutschland lebte, was er in diesem wie in vielen ähnlichen Fällen später mit einem lakonischen »Ja, ich wurde als Jude geboren, ganz einfach« beantwortete. Und auch die nächste Frage, ob er sich denn überhaupt vorstellen könne, für einen Deutschen zu arbeiten, wurde – wie so viele, hauptsächlich von anderen projizierten Probleme – lediglich mit einem Achselzucken abgetan: »Sonst wäre ich ja wohl nicht hier.«
Im Hinblick auf die Sprache trifft er zunächst analytisch folgende Feststellung: »Die Besprechungen bei Penta waren alle deutsch, und es gab viel Fachwortschatz zu lernen, aber insgesamt wurde es bald besser, fließender.« In der nächsten Äußerung werden allerdings auch zwie-

spältige Gefühle deutlich: »Gelegentlich fühlte ich mich sogar geschmeichelt, wenn jemand sagte: ›Sie könnten glatt Deutscher sein.‹ Aber man kann seine Sprache auch schlechter machen, wenn man sich nicht als ehemaliger Deutscher zu erkennen geben will.« Dieses Hin- und Hergerissensein spiegelt sich auch in seinen Gefühlen seiner Heimatstadt Berlin gegenüber wider. »Irgendwie schlagen da zwei Herzen in meiner Brust. Wenn ich in Berlin war, habe ich eigentlich immer das Gefühl gehabt, ich könnte dorthin gehören; aber dort leben könnte ich nicht, obwohl ich mich in der Stadt durchaus wohl fühle.«

Teilweise lässt sich das vielleicht damit erklären, dass er zum einen als Kind nie irgendwelchen Anfeindungen aufgrund seiner Herkunft ausgesetzt war, zum anderen aber auch noch Zeuge zweier Ereignisse wurde, die in seinem Gedächtnis einen gänzlich anderen Eindruck von der »Reichskristallnacht« hinterließen, als sie den meisten anderen Kindern in Erinnerung ist: »An jenem Abend wurde das Waisenhaus umstellt. Nein, nicht von Nazis, sondern von den Schupos, die das Heim dann die ganze Nacht bewachten. Am folgenden Morgen haben wir zwar gehört, was geschehen war, aber auch unsere Synagoge in der Oranienburger Straße war eine der wenigen, die nicht niedergebrannt wurde, weil die örtliche Feuerwehr ein kleineres Feuer dort tatsächlich gelöscht und sie dann geschützt hat.«

Dementsprechend ist Vernons Bild von seiner Heimatstadt relativ heil geblieben, was sicher auch dazu beitrug, ihm die Eingewöhnung nach 1980 zu erleichtern. Anteil an seiner erfolgreichen Re-Akkulturation hatten aber auch die zahlreichen Freunde, die er im Rahmen seiner Arbeit »hauptsächlich unter der jüngeren Generation« gewann. »Und als die Rechte in Berlin wieder ihr hässliches Haupt erhob, meldete sich sofort ein Freund bei mir, um mir zu versichern: ›Wenn du je in Schwierigkeiten kommst, weil du Jude bist, ruf mich an, ich komm' sofort!‹«

In diesem Zusammenhang ist Vernons Fähigkeit, einen Augenblick lang aus seiner eigenen Haut zu schlüpfen und eine Situation quasi als Unbeteiligter zu beobachten und objektiv zu bewerten, bemerkenswert. So zum Beispiel im Jüdischen Museum in Berlin im Juni 2002, wo wir gerade einen Lift betreten hatten, als sich hinter uns etwa zehn Deutsche in den Siebzigern noch hineindrängten und uns an die Rückwand pressten. Ich wagte mir gar nicht auszumalen, wie Vernon zumute sein mochte, aber von sich aus erwähnte er diesen Moment nicht. Erst als ich

ihn Tage später darauf ansprach, nickte er mit dem Kopf. »Ja, ich weiß schon, was Sie meinen«, war jedoch alles, was er sich dazu entlocken ließ, bevor er etwaiges Unbehagen gleich wieder abschüttelte.
Diese Einstellung erscheint bei vielen – vorwiegend männlichen – Kindertransportkindern recht ausgeprägt, sie sehen keinen Sinn darin, zurückzuschauen oder die eigenen Emotionen zu ergründen, sondern konzentrieren sich stets auf das vor ihnen Liegende. In diesem Sinne blickt Vernon auch auf ein Interview zurück, das er im Anschluss an die erste große Kindertransport-*Reunion* 1989 einer Psychotherapeutin gegeben hat: »Ich sollte nicht nur irgendwelche Ereignisse Revue passieren lassen, sondern sie fragte dauernd, was ich damals dabei empfunden hätte. Ich konnte nur sagen: ›Ehrlich gesagt, ich weiß es nicht, aber vermutlich war ich nicht gerade glücklich.‹ Sie hätte es am liebsten gehabt, wenn ich mich und mein Verhalten selbst analysiert hätte und Ärger oder Wut oder sonst etwas empfunden hätte. Immer wieder kam sie auf irgendwelche mutmaßlichen Gefühle zu sprechen. Es war grauenvoll!«
Dennoch hat seine freiwillige Mitarbeit an meinem Dissertationsprojekt, entgegen seiner Annahme, er könnte dabei ziemlich neutral bleiben, inzwischen Spuren bei Vernon hinterlassen. Denn während wir manchen Fragen vor allem auch unter Einbeziehung persönlicher Dokumente auf den Grund gingen, drangen Gefühle an die Oberfläche, die vielleicht 65 Jahre unter Verschluss gehalten worden waren. Wie sehr sich in der Zwischenzeit seine Einschätzung gewandelt hat, sieht man im Vergleich folgender Äußerungen: »Im Hinblick auf die Vergangenheit bin ich immun, oder besser gesagt, objektiv.« (Telefonat am 18. Januar 2002)
»Ich habe jetzt praktisch alles zusammengetragen – Briefe, Fotos, Zeitungsartikel etc. –, was einen detaillierteren Einblick bietet als die Kurzfassung der Geschichte, die wir in Brighton erarbeitet haben. Was mich dabei aus der Fassung gebracht hat, waren die Briefe meines Vaters an mich und Mitglieder der Familie Willway, als ich die Geschichte von Vater und Sohn zwischen Ende '38 und September '39 mit anderen Augen las.« (E-mail vom 12. März 2002)
Unliebsame Gefühle unter einem Berg von Aktivitäten, den hohen Anforderungen einer anspruchsvollen beruflichen Tätigkeit sowie familiären Verpflichtungen zu begraben kann dabei sicher als ein Überlebensmechanismus gesehen werden, besonders in den letzten 20 Jahren,

in denen Vernon beruflich bedingt einen Großteil seiner Zeit als Pendler zwischen England und Deutschland zubrachte. Ohne diese Fähigkeit hätte sicher auch der Schluss seines Vortrages vor deutschen Studenten nicht so versöhnlich gelautet:

»Ich wünsche mir, dass die neuen Generationen in Deutschland das Ganze nicht ständig weiter mit sich herumschleppen müssen. Seit 1980 bin ich immer wieder geschäftlich hier gewesen, und jeden Abend kann man im Fernsehen sehen, wie sehr die Vergangenheit die Deutschen im Griff hat. Ich hoffe nur, das wird irgendwann einmal weniger, denn diese Generation ist neu, sie ist anders. Es muss ein Ende haben mit dieser ewigen Nabelschau! Wir müssen die Sache im richtigen Rahmen sehen: Wir dürfen nicht vergessen, aber wir dürfen uns das Leben nicht unnötig schwer machen!«

Fred Jordan

Mein Kindertransport*

Rückblick nach 63 Jahren

Einem zufälligen Betrachter mochte entgehen, dass sich am Wiener Westbahnhof in jener Augustnacht etwas Ungewöhnliches abspielte. Ungefähr dreißig Kinder zwischen zehn und 15 Jahren waren da auf dem Bahnsteig versammelt, jedes mit einem Rucksack und in Begleitung der Mutter und anderer Familienmitglieder. Man hätte denken können, dass die Kinder sich für etwas so Alltägliches wie einen Ausflug ins Sommerlager versammelt hatten. Aber es war das Jahr 1939, 17 Monate, nachdem Hitler in Wien einmarschiert war, und die Mädchen und Jungen auf dem Bahnsteig waren Juden, im Begriff, eine Reise ins Ausland anzutreten, in die Sicherheit – und Ungewissheit – Großbritanniens.
Ich war eines jener wenigen Kinder, die das Glück hatten – wie sich bald herausstellte –, ausgewählt zu sein, die Heimat zu verlassen, kurz bevor der Zweite Weltkrieg begann. Man hatte uns angewiesen, eine Stunde vor der Abfahrt für letzte Instruktionen und den tränenreichen Abschied am Bahnhof zu sein. Nach dem Einsteigen bekam ich zum Glück einen Fensterplatz, so hatte ich ein paar Minuten mehr Zeit, meiner Mutter und Schwester Lebewohl zu sagen. Ich habe später Fotografien von Szenen wie dieser gesehen: Hände, ausgestreckt gegen ein halbes Dutzend aufgeregter, sich im Rahmen eines Zugfensters drängender Kindergesichter. Mit dem Abstand von sechzig Jahren erscheint es mir, als würde ich mein eigenes Gesicht unter denen der unbekannten Kinder wiedererkennen, die auf diesen Fotografien einen letzten Blick auf ihre Familien werfen.
In den Jahren, die seitdem vergangen sind, ist diese Szene in meiner Erinnerung zu einer Ikone geworden, denn sie stellt einen Meilenstein dar, der das Ende meiner Kindheit markiert. Natürlich endet im wirklichen

* Aus dem Amerikanischen: Claudia Curio

Leben die Kindheit nicht an dem einen Tag, und am anderen Tag beginnt das Erwachsenenleben. Viele Ereignisse waren diesem Augenblick auf dem Bahnsteig vorausgegangen, beginnend mit dem Tag im März 1938, als meine Familie, um das Radio gedrängt, den widerlich süßlichen Takten des Walzers »Schenkt man sich Rosen in Tirol« lauschte, der, wieder und wieder gespielt, der kurzen Rücktrittsrede des Kanzlers Schuschnigg folgte, während Hitlers Armeen über die Grenzen strömten. Ich erinnere mich, wie meine große Schwester Charlotte schluchzte, als der »Sieg-Heil« brüllende Pöbel unten auf der Straße vorbeimarschierte. »Lass uns sofort fliehen«, bat sie unseren Vater, der versuchte, sie zu beruhigen. »Alles zurücklassen, was wir besitzen? Außerdem, wo sollen wir denn hingehen ohne Papiere oder Geld?« In Deutschland würden auch weiterhin Juden leben, obwohl die Nazis schon seit fünf Jahren an der Macht seien, sagte er und nannte seinen Berliner Bruder Eli als Beispiel.

Aber die Befürchtungen meiner Schwester stellten sich als nur zu wahr heraus. Zuerst kamen die Männer mit den Hakenkreuzarmbinden und donnerten nachts gegen unsere Tür; obwohl sich herausstellte, dass sie nichts weiter als gewöhnliche Kriminelle auf der Suche nach herumliegendem Bargeld waren, versetzten sie uns in Schrecken. Dann wurde meine Schwester zusammen mit vielen anderen Juden aufgegriffen, um die pro-österreichischen Schriftzüge abzuschrubben, die vor der Ankunft der Deutschen an die Häuser gemalt worden waren. Noch ernster zu nehmen waren die Inhaftierung und Deportation von Juden polnischer Staatsangehörigkeit, der Vater nur deshalb knapp entkam, weil sein polnischer Pass abgelaufen war. Als die »Kristallnacht« am 9. November kam – zufällig mein dreizehnter Geburtstag –, hielt mein Vater bereits nicht mehr daran fest, dass Juden in Nazideutschland würden weiterleben können.

Sein Geschäft lag in Scherben, und jeder Tag brachte neue Degradierungen. Wir hatten unsere Wohnung aufgegeben und wohnten nun mit einer Arztwitwe zusammen, um unsere Reserven zu schonen. Wir brachten viel Zeit damit zu, vor unzähligen Konsulaten und Regierungsbüros anzustehen, um Visa für jedes beliebige Land, das uns aufnehmen würde, zu beantragen. Unsere erste Wahl waren natürlich die Vereinigten Staaten, wo seit vielen Jahren Vaters jüngere Schwester in Paterson, New Jersey, lebte. Aber es gab ein Quotensystem, das selbst für die wenigen die Einreise beschränkte, deren amerikanische Angehörige wohlhabend genug waren, eines der begehrten Affidavits zu schicken.

Es war kurz vor Mittag am 9. November 1938, als Gestapomänner erschienen, um Vater ein weiteres Mal mitzunehmen, und mit ihm alles von Wert, was sie in der Wohnung, in die wir gerade eingezogen waren, finden konnten. Am folgenden Tag kam er zurück, aschfahl, sammelte ein paar Besitztümer ein und sagte uns, dass er eine Erklärung hatte unterschreiben müssen, nach welcher er innerhalb von 24 Stunden das Gebiet des Deutschen Reiches zu verlassen hatte. Wir gingen in dieser Nacht alle zum Westbahnhof, um ihn zu verabschieden. Da er keinerlei Papiere hatte – weder Pass noch Visa –, plante er, bis nach Trier an der luxemburgischen Grenze zu fahren und dann die Grenze illegal zu überqueren. Wundersamerweise fand er in Trier einen Taxifahrer, der ihn nachts zu einer Stelle fuhr, wo die Grenzwachen bestochen worden waren. Sobald er drüben war, setzten ihn Verwandte, die es vor ihm nach Luxemburg geschafft hatten, schnell in einen Zug nach Belgien, denn sie befürchteten, seine illegale Anwesenheit würde sie selbst gefährden. An der belgischen Grenze wurde er in Gewahrsam genommen und blieb einige Wochen im Gefängnis, bis er eine offizielle Genehmigung für den Aufenthalt in Antwerpen erhielt.

So gab es nicht einmal mehr den Anschein eines normalen Familienlebens, als der Postbote mit der Nachricht der Israelitischen Kultusgemeinde kam, dass ich für einen Kindertransport ausgewählt worden war, der in der nächsten Woche nach Großbritannien abgehen sollte. Nach Vaters Abreise hatte Mutter nur noch wenig Geld übrig, um die Familie zu ernähren, und so zogen wir, um die Miete zu sparen, wieder um, diesmal zu Verwandten.

Seit einiger Zeit war ich Mitglied einer zionistischen Jugendgruppe. Großbritannien hatte angesichts der Kriegsgefahr entschieden, 10000 jüdische Kinder ins Land zu lassen, vorausgesetzt, Einzelpersonen oder Organisationen verbürgten sich für ihren Unterhalt.

Unter diesen Organisationen gab es eine zionistische Gruppe namens Jugend-*Alijah*, die in Großbritannien landwirtschaftliche Ausbildungslager für jüdische Jugendliche eingerichtet hatte, um sie auf das Kibbuzleben in Palästina vorzubereiten. Ich war eines der Kinder, die für diese Lager ausgesucht worden waren.

Dies waren die Ereignisse, die zu jener Augustnacht am Bahnhof geführt hatten. Ich weiß noch, dass ich durch das Fenster zu meiner Mutter und meiner Schwester hinaussah, aber ich kann mich weder meiner Gedanken noch meiner Gefühle entsinnen. War ich besorgt über die Zukunft? Erfüllte mich die unmittelbar bevorstehende Trennung mit Angst? Während ich ein halbes Jahrhundert später versuche, all das zusammenzufügen, habe ich keine Ahnung, ob ich wirklich verstand, was da geschah. Höchstwahrscheinlich nicht – und nicht nur wegen meines Alters. Wir wurden alle traumatisiert – Erwachsene ebenso wie Kinder –, als die Welt, die wir kannten, plötzlich zusammenbrach. An ihre Stelle trat Chaos. Indem ich darüber schreibe, gebe ich jenen Ereignissen jedoch eine Art Ordnung, indem ich sie in geordnete Sätze bringe und eine Erzählung daraus mache.

Wann immer ich die Erinnerung an das wachzurufen versuche, was mir durch den Sinn ging, als ich meiner Mutter durch das Fenster Lebewohl sagte, stelle ich mir vor, was meine Mutter, die ich nie wieder sah, gefühlt haben muss, als sie ihren einzigen Sohn aus ihrer Obhut entschwinden sah. Zweifellos empfand sie Erleichterung, weil ich den Schauplatz von so viel Qual verließ, aber diese Gefühle müssen im Widerstreit gewesen sein mit ihrem Drang, mich in der letzten Minute aus dem Zug zu ziehen.

Aber natürlich tat sie das nicht. Als der Zug den Bahnhof verließ, muss es fast Mitternacht gewesen sein. Während die Städtchen und Dörfer der österreichischen Landschaft jenseits des Fensters in der Dunkelheit vorbeiflogen, kamen unsere wenigen erwachsenen Begleiter vorbei, um zu schauen, wie wir uns für die lange Reise einrichteten. Es war schwierig, auf den harten Holzbänken der dritten Klasse Schlaf zu finden, und ohne Zweifel trug die Aufregung der letzten Stunden dazu bei, mich wachzuhalten.

Endlich dämmerte es, während der Zug noch durch Deutschland in Richtung Niederlande eilte. Ich erinnere mich an die enorme Erleichterung, als wir die Grenze überquerten. Die Menschen drängten sich auf dem Bahnsteig, um uns mit heißen Getränken, Schokolade und Sandwiches willkommen zu heißen. Ich glaube, da fing ich an, die Bedeutung des Wortes »Flüchtling« zu begreifen. Von jetzt an würde ich von der Freundlichkeit von Fremden abhängig sein. Seitdem haben die Niederlande einen besonderen Platz in meinem Herzen, und ich hatte Gelegenheit, mich daran zu erinnern, als ich fünf Jahre später mit der britischen Armee zurückkehrte und mithalf, das Land von der deutschen Besatzung zu befreien.

Es war schon Abend, als wir in Hoek van Holland an Bord der Fähre gingen, um in der Nacht den Ärmelkanal zu überqueren. Ein grauer, nebliger Morgen begrüßte uns, als die Fähre in Harwich anlegte. Englische Hafenarbeiter entluden die Schiffe, darüber kreisten Möwen. All dies war für mich ein ungewohnter und aufregender Anblick. Ich hatte noch nie die See gesehen, so dass sich diese Szenerie unauslöschlich in mein Gedächtnis einprägte. Ein Eisenbahnzug brachte uns zum Londoner Bahnhof *Liverpool Street Station* und von dort zu unserem endgültigen Ziel, einer Farm in der Nähe von Ashford in Kent.

Man hatte dort offensichtlich wenig Zeit gehabt, um unsere Ankunft vorzubereiten. Mir war zu dieser Zeit nicht klar, dass der Krieg bereits in drei Wochen beginnen würde. Die für unseren Transport Verantwortlichen müssen es jedoch gewusst haben. Ohne Zweifel interessierte es die Organisatoren der Kindertransporte so kurz vor Kriegsausbruch nicht mehr, wie gut man in Großbritannien für die Aufnahme der Kinder eingerichtet war. Es ging jetzt nur noch darum, so viele wie möglich den Fängen der Nazis zu entreißen, bevor die Tore sich endgültig schlossen. So wurden wir, als meine Gruppe auf *Great Engeham Farm* ankam, unfeierlich auf einem Feld abgeladen, das aussah wie ein Fußballplatz mit einer Reihe kleiner Zelte am Rand. An einem Ende stand ein großes Zelt, das als Speisesaal und als Raum für zwanglose Zusammenkünfte der Lagerbewohner diente.

Ich teilte mein Zelt mit zwei anderen Jungen, einer aus Wien, der andere aus München. Man hatte uns eine Gummimatte als Unterlage zum Schlafen und Decken gegeben. Am nächsten Morgen traten wir alle zum Appell an, die Tagespflichten wurden ausgegeben und die Gruppen für die Feldarbeit eingeteilt.

Es war meine erste Gelegenheit, mich mit meiner neuen Heimat vertraut zu machen. Es gab vielleicht 175 Kinder – Jungen und Mädchen – aus allen Teilen Deutschlands, Österreichs und der Tschechoslowakei. Hinter dem großen Speisesaal stand ein Bauernhaus für die Erwachsenen – die Verwalter und das Fachpersonal, darunter ein Arzt und ein studierter Landwirt aus Deutschland. Diejenigen, die mit früheren Transporten angekommen waren, hatte man in mehreren ausrangierten Eisenbahnwaggons einquartiert, die mit Doppelstockbetten eingerichtet waren. Es war August und das Wetter war noch warm. Aber ein paar Wochen später, als es zu regnen und kälter zu werden begann, waren diejenigen von uns, die in den Zelten auf dem Grasboden schliefen, neidisch auf die palastartige Unterbringung in den alten Waggons. Die Kinder, die sie belegten, meist aus Prag und anderen tschechischen Städten, waren so etwas wie die Aristokratie des Lagers geworden. Sie waren schon einige Wochen länger da als wir, die wir aus Wien oder Berlin kamen, sie kannten sich besser aus als die Neuankömmlinge, und bei den morgendlichen Appellen wurden ihnen gewöhnlich die besseren Arbeiten und Pflichten zugeteilt. Mir, mehr als ein Jahr jünger als die tschechischen Kinder, schien ihr elitärer Status angemessen – sie waren ganz bestimmt reifer, sie wussten viel mehr; und wenn sie anfingen, über Bücher von Freud und Marx zu reden, erfüllte mich das mit Ehrfurcht, denn ich hatte von diesen nie zuvor gehört. Außerdem waren unter ihnen einige gute Sportler, die bald eine überlegene Fußballmannschaft zusammenstellten, die gegen die Dorfbewohner eine respektable Vorführung gab.

Froh darüber, gerade dem Schrecken Nazideutschlands entkommen zu sein, war ich gewiss nicht in der Stimmung, meine neue Umgebung kritisch zu betrachten. Sicher, die Bedingungen waren primitiv, aber Menschen sind unendlich anpassungsfähig, und im Alter von dreizehn Jahren ist die Umstellung auf neue Situationen ein Leichtes. Ein Buch über die Kindertransporte, das ich später gelesen habe, nannte die Zustände auf *Great Engeham Farm* »unsäglich«. Da ich keinerlei Erwartungen hatte, empfand ich sie nicht so. Außerdem schien es mir als einem angehenden *Chaluz*, der sich darauf vorbereitete, das Heilige Land zu kultivieren und aufzubauen, als wären raue Bedingungen Teil des notwendigen Trainings für die kommende Aufgabe.

Einige Eltern, so erzählte man sich, hatten aus Deutschland angerufen, um sich über die Zustände im Lager zu beschweren. Das ist unbegreiflich für mich, es sei denn, die Trauer über die Trennung von ihren Kindern hatte die Eltern von der Realität entfremdet. Wie kann man, wenn man gerade den Flammen des Infernos entrissen worden ist, darüber klagen, dass man es nicht warm genug hat?

Natürlich ist es einfach, dies rückblickend zu sagen. 1939 konnte man schwerlich über das kommende Schicksal der europäischen Juden Bescheid wissen.

Wie auch immer, als der Sommer zum Herbst wurde und der Herbst zum Winter, verwandelte sich die Farm in einen einzigen schlammigen Morast. Der Grund, auf dem wir schliefen, war sumpfig, und die Gummistiefel, die wir bekommen hatten, versanken knietief im Modder. Auch die sanitären Bedingungen waren wohl kaum als luxuriös zu bezeichnen, wenn man Toiletten und fließendes Wasser gewohnt war. Die Latrinen bestanden aus einem sechs Fuß tiefen Graben. Es gab fließend Wasser, aber es floss aus einer Pumpe in einen Eimer. Das Essen, obwohl nicht wie von der Mutter gekocht, war angemessen, wenn man erst einmal den durch Porridge und andere englische Gerichte ausgelösten Kulturschock überwunden hatte. Zuerst dachte ich, Porridge wäre ungenießbar, bald aber begriff ich, dass ich bis zum Vormittag rasend hungrig sein würde, wenn ich mich beim Frühstück um sechs Uhr morgens, bevor es auf die Felder ging, nicht damit abgefüllt hatte.

Die Arbeit wurde Gruppen für verschiedene Aufgaben zugeteilt, die von Tag zu Tag wechselten: Kartoffeln ernten, zusammengefallene Feldmauern wieder aufrichten, Schweinestall säubern usw. Ich war einer der Jüngsten und physisch nicht annähernd so gut entwickelt wie die anderen Jungen. So war Schritt halten mit ihnen bei jeder Aufgabe eine Herausforderung – um keinen Preis wollte ich zurückstehen. Außerdem war ich physische Arbeit nicht gewohnt, was dazu führte, dass ich abends total erschöpft war. Bevor ich Gelegenheit hatte, mich daran zu gewöhnen, begann der Zweite Weltkrieg, und wir mussten Gräben ausheben, die im Fall von Luftangriffen benutzt werden sollten. Rückblickend erscheint mir dies höchst übertrieben, denn die »Luftwaffe« hätte wohl kaum dort Bomben abgeworfen, wo sich Fuchs und Hase Gute Nacht sagen. Noch aber wusste niemand, was kommen würde, und die Gräben verwandelten sich bald in Schlammlöcher.

Nach Kriegsausbruch verabschiedete die britische Regierung ihr berüchtigtes Weißbuch, um die Araber im Nahen Osten zu besänftigen. Die jüdische Einwanderung nach Palästina, die bereits seit 1936 nur einem Rinnsal glich, kam nun fast völlig zum Erliegen. Dies sollte katastrophale Auswirkungen auf unseren Plan haben, nach Palästina in einen Kibbuz auszuwandern. *Great Engeham Farm* war eines von zwanzig von den Zionisten gegründeten Vorbereitungszentren, und es war eines der größten. Die Jungen und Mädchen, die hierher geschickt worden waren, gehörten dem gesamten Spektrum zionistischer Politik an – von der extrem rechten Gruppe *Betar* bis zur kommunistischen *Haschomer Hazair* und alles Mögliche dazwischen – und natürlich den religiösen Parteien. Ich selbst gehörte *T'chelet Lavan* (Blauweiß) an, einer Gruppe etwas rechts von den Kommunisten, deren Vorstellungen über Sozialismus etwa denen der britischen *Labour*-Partei entsprachen. Obwohl diese Unterschiede rückblickend belanglos erscheinen, besonders angesichts der gemeinsamen Bedrohung durch die Nazis, begannen sich zwischen den einzelnen Fraktionen Spannungen aufzubauen. Nachdem der Krieg eine unmittelbare Abreise nach Palästina unmöglich gemacht hatte, wurden daher die Lager reorganisiert, so dass die verschiedenen ideologischen und religiösen Gruppen nun unter sich bleiben konnten. Das Resultat war, dass viele Jugendliche *Great Engeham Farm* verließen. Zurück blieben weniger als ein Drittel der ursprünglichen Bewohner, darunter auch ich.

Mit dem Kriegsbeginn war die direkte Kommunikation mit meiner Mutter in Wien unmöglich geworden. In einem ihrer Briefe, die ich unmittelbar nach meiner Ankunft in Großbritannien erhielt, teilte sie mir eine überraschende Nachricht mit: Gleich am Morgen nach meiner Abfahrt aus Wien war das lang ersehnte USA-Affidavit für meine Schwester und mich angekommen. Zu der Zeit, als der Brief vom amerikanischen Konsulat zugestellt wurde, saß ich in meinem Zug, der gerade durch Deutschland fuhr. Meine Tante, die Bürgin des Affidavits, hatte es nicht geschafft, die notwendigen finanziellen Ressourcen für uns drei nachzuweisen, weshalb meine Mutter nach dem Grundsatz »Kinder zuerst« geopfert werden mußte. Bürokratische Hürden verhinderten anschließend, dass sie meinen Platz einnehmen konnte. Wäre mein Zug 24 Stunden später abgefahren, hätte mein ganzes Leben sicher einen anderen Gang genommen. Durch so seltsame Zufälle wird unser Schicksal bestimmt.

Meine unmittelbaren Geschicke wandten sich jedoch zum Besseren, als der Lagerarzt mich eines Morgens beim üblichen Appell zu seinem medizinischen Assistenten ernannte. Dr. Blumental war ein jüdischer Arzt mittleren Alters aus Dortmund. Als einer der Erwachsenen vom Lagerpersonal war er ein Außenseiter, der unsere Pionierambitionen für Palästina nicht teilte. Wie um seine Distanz zu uns zu betonen, war er stets makellos und elegant mit Anzug und Schlips bekleidet, ganz im Gegensatz zu uns jungen Leuten, deren Kleidung man nur als zwanglos bezeichnen konnte. Er war ein gelassener mittelgroßer Mann mit schwarzem, grau meliertem Haar, das er sorgfältig in der Mitte gescheitelt trug. Sein »Sprechzimmer« befand sich in einem der kleinen Zelte, wo man ihn zwischen zehn und zwölf Uhr vormittags konsultieren konnte. Vorher machte er täglich seine Runde von Zelt zu Zelt, um jene zu besuchen, die zu krank waren, um in sein Zelt zu kommen. Als sein Assistent begleitete ich ihn auf seinen Morgenvisiten, leistete Krankenpflegedienste, die er mir zuteilte, und brachte z. B. zu festgesetzten Zeiten den Patienten ihre Medikamente. Während der zwei Sprechstunden in seinem Zelt half ich ihm, Verbände zu wechseln, Wunden zu reinigen, wenn notwendig, die Temperatur der Patienten zu messen, und leistete andere einfache Dienste.

Als es Winter wurde und der knietiefe Schlamm in unserem Lager gefror, wurden die Bedingungen im Lager immer unerträglicher. Anfang 1940 stellte das Londoner Komitee uns solidere Unterkünfte in Devonshire zur Verfügung. Bydown bei Barnstable war ein altes, vernachlässigtes Herrenhaus, umgeben von einem recht feudalen Park und vielen Morgen Ackerland. In seinen besseren Tagen hätte Bydown durchaus die Kulisse von »Wiedersehen mit Brideshead« abgeben können, es war die Art von palastartiger Residenz, die Englands Aristokraten früher ihr Eigen nannten. Der säulenumrahmte Eingang öffnete sich zu einem imposanten Foyer mit einer geschwungenen Treppe, die zu den Schlafzimmern führte. Dort erschienen uns die Doppelstockbetten mit ihren strohgefüllten Matratzen nach den Gummimatten auf dem matschigen Gras von *Great Engeham Farm* als der Gipfel des Luxus. Endlich hatten wir ein richtiges Dach über dem Kopf. Und natürlich zwei gekachelte Badezimmer, wo das Wasser nicht gepumpt werden mußte, sondern aus einem Wasserhahn kam. Fast jeder Raum des Herrenhauses verfügte über mindestens einen Kamin, und da es auf dem Grundstück Holz zur Genüge gab, hörte man immer irgendwo ein Feuer knistern, wenn man das Haus betrat.

Bei unserer Ankunft in Bydown war es noch Winter. Die Feldarbeit musste bis zum Frühjahr warten, aber der Grundbesitz war eine Weile vernachlässigt worden, und so gab es reichlich zu tun. Rasch bildete sich eine Routine heraus. Am Morgen erledigten wir draußen unsere Aufgaben, zersägten umgestürzte Bäume oder reparierten defekte Zäune, dann kehrten wir zum Mittagessen zurück und verbrachten den

Rest des Nachmittages mit improvisierten Unterrichtsstunden in verschiedenen Fächern. Ich erinnere mich an einen ehemaligen Schauspieler mittleren Alters aus Deutschland, jetzt ein Belegschaftsmitglied, der mit seinem Stentorbass aus den Klassikern von Goethe, Schiller und Lessing vorlas. Es gab Hebräisch- und Englischunterricht. Dr. Blumental unterrichtete Anatomie, was mir besonders gefiel. Obwohl ich in Wien ein gleichgültiger Schüler gewesen war, erinnere ich mich an diese Unterrichtsstunden vor allem wegen des Vergnügens, das sie mir bereiteten. Vielleicht hat die liebevolle Erinnerung aber auch etwas damit zu tun, dass wir so Gelegenheit hatten, bequem in einem warmen Raum zu sitzen, statt draußen in der Kälte arbeiten zu müssen.

Aber meine eigentliche Ausbildung erhielt ich anderswo. In der Gruppe von älteren und erfahreneren Jugendlichen war ich in ein Umfeld eingetaucht, wo von Büchern die Rede war, deren Autoren ich bis dahin nicht gekannt hatte, wie z. B. Upton Sinclair, Jack London, Thomas Mann, Lion Feuchtwanger, Franz Werfel und Stefan Zweig.

Wir hatten eine recht umfangreiche Bibliothek deutschsprachiger Bücher, von denen viele ständig im Umlauf waren. Jugendlicher Enthusiasmus ist ansteckend. Einmal in diese neue Welt eingeführt, wurde ich ein Süchtiger, der zunächst versuchte, seine Freunde einzuholen, die ihm ja weit voraus waren, und später mit ihnen um den Ruhm konkurrierte, ein neues Meisterwerk entdeckt zu haben. Zweifellos wurde in jenen Tagen die Saat meiner Leidenschaft für Bücher gelegt, die zu meiner Zukunft als Verleger führen sollte.

Der Frühling kam früh in Devon. Im März erschien ein Meer gelber Narzissen auf dem verblichenen Gras vom letzten Jahr, wehte im Wind über den noch nicht erblühten Veilchen und den orangefarbenen Knospen des Löwenzahns. Unsere Aufgabe war es nun, den Boden fürs Pflanzen vorzubereiten.

Auf den Wiesen, wo die Schafe weideten, mühten sich neugeborene Lämmer, auf ihre staksigen Beine zu kommen. Ein Bauer aus der Nachbarschaft, der einen Stall voller Kühe hatte und nicht genug Arbeitskräfte, schlug vor, eine seiner Kühe im Austausch gegen einen von uns zur Verfügung zu stellen. Ich wurde für den täglichen Austausch mit der Kuh ausgewählt. Jeden Morgen, wenn ich die zwei Meilen quer über die Felder zu unseren Nachbarn ging, sah ich, wie »meine« Kuh quer über die Felder nach Bydown geführt wurde. Ich fürchte, der Bauer zog bei diesem Handel den Kürzeren. Er trug mir auf, den schweren, dunklen Boden in seinem großen Gemüsegarten umzugraben, was mich einige Wochen beschäftigte. Für welche Zwecke die Kuh in Bydown angestellt wurde, weiß ich nicht mehr.

Es war einer dieser Morgen, die ich mit Umgraben im Garten des Bauern verbrachte, als ich die Nachricht hörte: Hitlers Armeen hatten Belgien überrannt und waren in die Niederlande einmarschiert. Nach dem Radiobericht war die Bauersfrau aus dem Haus geeilt, um ihren Mann zu informieren. Mir war sogleich klar, dass mein Vater nicht mehr sicher war. Millionen Flüchtlinge waren unterwegs nach Süden, Richtung Frankreich, mein Vater, wie ich später erfuhr, unter ihnen. Er versuchte, vor den eindringenden Deutschen zu fliehen, aber schließlich schnitten die Naziarmeen alle Fluchtwege ab. Ich hatte bisher Post von Vater erhalten, aber jetzt brach der Kontakt ab.

Mit dem Zusammenbruch Frankreichs und angesichts der Tatsache, dass kein Ende des Krieges in Sicht war, gingen der Jugend-*Alijah*, meinem Bürgen, die Reserven aus, und man wollte nur noch für die engagiertesten Zionisten unter uns die Unterhaltskosten bestreiten. Ein Ausleseverfahren begann, und ich wurde zusammen mit einigen anderen Kindern, die enge Verwandte in Amerika hatten, in einen Bus nach London gesetzt. Wir kamen mit zwei *shilling* und *sixpence* in unseren Taschen in der großen Stadt an, außerdem versehen mit der Adresse eines Flüchtlingskomitees in Bloomsbury, das von nun an für uns sorgen würde.

An wichtigen Punkten in meiner Vergangenheit gab es oft Menschen, die mir mit ihrer Freundlichkeit und Unterstützung halfen, den Gang meines Lebens zu ändern. Lilian Herbert war einer dieser Menschen. Eines Tages erschien sie in Mrs. Dudleys *Hostel*, wo ich zusammen mit anderen Jungen untergebracht war.

Lilian, eine attraktive Frau Mitte zwanzig mit zarten Gesichtszügen, war ein ehrenamtliches Komiteemitglied, das jungen Emigranten wie mir half, ihre Sprachkenntnisse zu verbessern. Ihr Vater war ein bekannter Chirurg in München gewesen. Als jüngster der *Hostel*-Bewohner erregte ich sofort ihr Interesse. »Weißt du« sagte sie, »in deinem Alter solltest du zur Schule gehen. Wir werden eine für dich finden müssen.« Am nächsten Tag ging sie mit mir von Schule zu Schule, um

einen Direktor zu finden, der mich aufnehmen würde. Aber einer nach dem anderen lehnte mich ab. Mein Englisch war nicht gut genug, um mit der Klasse Schritt zu halten. Aber Lilian war alles andere als unentschlossen. Sie meldete mich im Englischkurs für ausländische Studenten im *Pitman's College*, einer privaten Wirtschaftschule, an und zahlte die Kursgebühr aus ihrer eigenen Tasche. Meine Mitstudenten, die meisten zwischen zwanzig und dreißig, kamen aus der ganzen Welt, um ihr Englisch aufzubessern. Ich war glücklich, bei ihnen zu sein, und fand bald heraus, dass ich keine Probleme hatte mitzukommen. Ich absolvierte den sechsmonatigen Kurs während der schlimmsten Phase der deutschen Luftangriffe, und danach war mein Englisch perfekt.
Helmut war ein weiterer Mensch, der eine wichtige Rolle in meinem Leben spielen sollte. Ich hatte mich in Leeds, Nordengland, in einem einjährigen Kurs an der *ORT*-Berufschule zum Metalldreher ausbilden lassen, weil die Nachfrage nach diesem Beruf groß war, nachdem die britischen Fabrikarbeiter zur Armee eingezogen waren. Nach meiner Rückkehr nach London fand ich auf der Stelle eine Anstellung in einer kleinen Maschinenwerkstatt. Dort, an der Drehbank neben mir, arbeitete Helmut. Er war ein erfahrener Ingenieur aus Deutschland, dessen äußere Erscheinung gleich meinen Blick gefesselt hatte, als ich das erste Mal dorthin kam. Er sah aus wie ungefähr fünfzig, war aber in Wirklichkeit zehn Jahre jünger. Er hatte die Angewohnheit, sein glattes graues Haar über seine hohe Stirn zurückzukämmen, während er sich über seine Drehbank beugte. Obwohl seine Haut gelblich aussah – später erfuhr ich, dass er an einem Magengeschwür litt –, war an seinen Zügen etwas, das ich sofort eindrucksvoll fand, besonders sein Profil mit der Adlernase und dem markanten Kinn. Trotz unseres Altersunterschiedes begann zwischen uns eine enge Freundschaft, die einen tief greifenden Einfluss auf mich haben sollte.
Die Geschichte seines Lebens, die ich nach und nach erfuhr, faszinierte mich. 1919 hatte Helmut in Berlin auf Seiten des revolutionären Spartakusbundes blutige Gefechte gegen die präfaschistischen Freikorps ausgetragen. Er war eines der Gründungsmitglieder der Kommunistischen Partei Deutschlands und wurde schließlich der Herausgeber einer parteieigenen Tageszeitung in Köln. Als Hitler an die Macht kam, wurde er verhaftet und in ein Konzentrationslager geworfen, von wo ihm die Flucht gelang. Er schaffte es über die Grenze in die Tschecho-

slowakei. Als Hitler das Land besetzte, floh Helmut nach Polen und von dort nach Großbritannien.

Helmut wurde bald mein Mentor und in vielen wichtigen Aspekten mein Ersatzvater. Für mich war er ein Mann von seltener Courage, ein Deutscher, der sein Leben dem Widerstand gegen die Nazis gewidmet hatte. Er war es, der mich mit dem linken *Young Austria* bekannt machte, einer Gruppe junger Flüchtlinge aus Österreich, meist Juden, die eine Art Großfamilie im Exil begründet hatten und so einander Unterstützung und Kameradschaft boten. In ihren Klubräumen in Westbourne Terrace bot ein Wiener Restaurant vertrautes Essen zu mäßigen Preisen an, und es gab ein Programm mit kulturellen und sozialen Ereignissen von bemerkenswerter Vielfalt. Ich wurde bald ein aktives Mitglied von *Young Austria*. Während der nächsten zwei Jahre, bis ich in die britische Armee eintrat, fand ich sehr große Erfüllung – emotional und intellektuell – in meiner Arbeit als Kulturreferent einer der Gruppen von *Young Austria*.

Irgendwann 1943, vor meinem Eintritt in die britische Armee, erhielt ich eine Rot-Kreuz-Postkarte von meinem Vater mit einer Absenderadresse im belgischen Liège. Sie war kurz und enthüllte kaum mehr, als dass er gesund war, aber die Nachricht bedeutete, dass er lebte. Nachdem ich meine Infanterieausbildung beendet hatte, landete mein Regiment, die *Glasgow Highlanders*, in Europa und kam schließlich auch nach Belgien. Als ich erfuhr, dass die US-Armee Liège befreit hatte, bat ich meinen Kompaniechef um die Erlaubnis, dorthin zu fahren und meinen Vater zu suchen.

Mit einem Seesack voller Essen, das man mir fürs Überleben in einem Land, wo Essen rar war, zugeteilt hatte, bestieg ich im nordbelgischen Leopoldskron den Zug. Bei meiner Ankunft in Liège kurz vor Mitternacht fand gerade ein V2-Angriff statt. Den Seesack über die Schulter geworfen, machte ich mich auf den Weg zu der Adresse von Vaters Rot-Kreuz-Karte, ging durch die dunklen und fremden Straßen von Liège, während die nächtliche Stille in unregelmäßigen Abständen von Explosionen deutscher Raketen unterbrochen wurde.

Als ich schließlich mein Ziel erreichte, ein Einfamilienhaus an einer einsamen Straße, dauerte es eine Weile, bis sich auf mein beharrliches Klingeln jemand rührte. Eine ältere Frau, die in ein Umhängetuch gehüllt war – ich hatte sie anscheinend aus dem Schlaf gerissen –, öffnete die Tür vorsichtig einen Spalt und ließ mich herein, beruhigt durch den Anblick einer britischen Uniform. Als ich erklärte, dass ich meinen Vater suchte, umarmte sie mich, als wäre ich ihr lang vermisster Sohn, und führte mich die Treppe hoch, während sie erklärte, dass Vater vor zwei Monaten nach Brüssel abgereist war. Sie gewährte mir Unterkunft für die Nacht, und am nächsten Morgen fand ich einen U. S.-Armeelastwagen, der mich bis nach Brüssel mitnahm.

Dort ging ich zu der Adresse, die sie mir gegeben hatte, wo eine Frau mich, als sie erfuhr, wer ich war, an der Hand packte und mit mir zu einer nahe gelegenen Straßenbahnhaltestelle rannte. Nach ungefähr 20 Minuten stiegen wir in der Nähe des Brüsseler Stadtzentrums aus. Sie führte mich zu einem Blumenladen nahe der Hauptstraße, wo sie flüsternd mit einer jungen Frau sprach, die daraufhin im Hinterzimmer des Ladens verschwand. Einen Moment später erschien mein Vater, weinte vor Freude und umarmte mich tief bewegt. Natürlich erkannte ich ihn sofort, obwohl ich erschrak, weil er so viel kleiner war, als ich ihn in Erinnerung hatte. In den sechs Jahren war ich zu einem Erwachsenen geworden und nun gute fünfzehn Zentimeter größer als er, zu dem ich immer aufgeblickt hatte.

Die nächsten fünf Tage sprachen wir ununterbrochen miteinander. Nachdem die eindringenden deutschen Armeen ihm die Fluchtwege Richtung Frankreich abgeschnitten hatten, war Vater nach Belgien zurückgekehrt, nach Liège im französischsprachigen Teil, weil die Bevölkerung dort mehr gegen die Deutschen eingestellt war als in Flamland. Es gelang ihm, falsche Papiere zu besorgen, die ihn als Schweizer Staatsbürger auswiesen. »Das Dokument war gut genug, um es in meiner Tasche mit mir herumzutragen, aber nicht gut genug, um es einem Deutschen zu zeigen, wenn er mich angehalten hätte«, bemerkte er ironisch. Er schaffte es, ohne Lebensmittelkarten zu überleben, indem er sich Essen auf dem Schwarzmarkt mit dem Geld kaufte, das er mit dem Unterricht in Englisch oder einer der anderen fünf Sprachen, die er beherrschte, verdiente. Vater, der stets die jüdische Theologie und die Schriften der jüdischen Weisen studierte, hatte auch den Bischof von Liège kennen gelernt, dessen Hilfe ihm wahrscheinlich das Leben rettete. Einmal im Monat trafen sie sich zu einer Diskussion über theologische Fragen, nach deren Ende der Bischof ihm stets etwas Geld in die Hand drückte. »Ich vermute, dass der Bischof, ein sehr taktvoller Mann, nur deshalb mit mir über jüdische Theologie diskutierte, damit mir das Geld nicht wie ein Almosen vorkam«, sagte Vater. Als sich von Westen die Alliierten näherten, begannen die Deutschen all jene Juden zusammenzutreiben, die ihnen bisher entkommen waren. Aus Sorge um die Sicherheit meines Vaters besorgte ihm der Bischof ein Versteck in einem Kloster, wo er bis zur Befreiung durch die Amerikaner bleiben konnte.

Vater war mit Mutter über Rot-Kreuz-Postkarten in Kontakt geblieben. Die letzte Karte, datiert vom 7. Dezember 1941, trägt den Poststempel des Lodzer Ghettos, wo sie, wie sie schrieb, gerade »sicher« aus Wien angekommen war. Das war das letzte Lebenszeichen, das er von ihr erhielt. Das Lodzer Ghetto war ein berüchtigter Sammelplatz für Juden aus Österreich und Deutschland, von dort wurden sie, sofern sie lange genug überlebten, nach Auschwitz geschickt.

Lodz war auch die Stadt, in der Vater geboren wurde. Mit 17 hatte er die Heimat verlassen, um in Berlin eine Ausbildung zu absolvieren. Seine gesamte Familie mit Ausnahme eines Bruders und einer Schwester war noch dort, als Hitler in Polen einmarschierte. Sie alle wurden nach Auschwitz deportiert, nur einer – Vaters jüngster Bruder Simcha – überlebte das Todeslager.

Ich lernte Simcha unter merkwürdigen Umständen kennen. Als der Krieg vorbei war, wurde mein Regiment mit der britischen Besatzungsarmee in Deutschland stationiert. Wir waren gerade in Celle, als einer meiner Kameraden zu mir kam. »Ein *DP* hat am Tor nach dir gefragt. Er sagt, er sei dein Onkel.« Ich glaubte an einen Irrtum, doch als ich zum Tor kam, schlang ein ausgemergelter und verwahrloster Mann, der ziemlich genauso aussah wie all die anderen *DPs* in der Nähe der Baracken, seine Arme um mich und sagte, während ihm die Tränen über das Gesicht strömten, auf Jiddisch: »Ich bin dein Onkel Simcha!« Er erzählte mir, dass er der Einzige aus seiner Familie war – er war verheiratet gewesen und hatte zwei kleine Kinder gehabt –, der Auschwitz überlebt hatte. Obwohl unserer Einheit kurz nach Kriegsende Wachdienste im Gelände um Bergen-Belsen zugeteilt worden waren und ich schon einige dieser entsetzlich aussehenden, skelettartigen Überlebenden gesehen hatte, war es mir doch irgendwie gelungen, emotional Distanz zu diesen Eindrücken zu halten. Ich nehme an, meine britische Uniform und das Gewehr in meiner Hand hatten mich bis dahin davon abgehalten, mich mit den Opfern zu identifizieren. Als jedoch Onkel Simcha mich in Tränen umarmte, fühlte ich erstmals die volle Bedeutung dessen, was geschehen war.

Nach meiner Entlassung aus der Armee kehrte ich 1946 als Zivilist nach Wien zurück. Ich war voller Energie und Hoffnung, obwohl es mir schwer fiel, mir die Zukunft anders als nur provisorisch und vorübergehend vorzustellen, nachdem ich jahrelang aus dem Koffer gelebt hatte. Ich hatte meine Jugendzeit verloren und musste nun, obwohl ich schon einundzwanzig war, lernen, wieder fünfzehn zu sein.

Die Zeiten schienen mir von außergewöhnlicher moralischer Klarheit, ein Glaube, der durch meine jugendlichen – und bald zunichte gemachten – Illusionen über den Sozialismus verstärkt wurde. Die Zeit war gekommen, ein neues Leben zu beginnen, welches meine romantischen Ideen und mein Streben nach einer besseren Welt reflektieren würde. Was bot sich mehr an, als Helmuts Vorbild nachzueifern und sich für den Journalismus zu entscheiden? Ich fand schnell eine Stellung bei einer amerikanischen Tageszeitung, die für die Besatzungstruppen produziert wurde. Harlan Althen, mein Chef, war froh, einen jungen österreichischen Zivilisten mit Erfahrung in der britischen Armee gefunden zu haben, der außerdem zweisprachig war und einige Begabung für den Journalismus zeigte. Er machte mich mit dem Wiener Vertreter der Internationalen Flüchtlingsorganisation der UNO bekannt, der früher Major eines schottischen Regiments gewesen war. Unser ähnlicher militärischer Hintergrund während des Krieges veranlasste ihn vorzuschlagen, auf mich die UN-Regeln für *Displaced Persons* anzuwenden. Mit dieser Klassifikation konnte ich in die USA auswandern. Ein Angebot, das ich natürlich nicht abschlagen konnte.

So kam ich 1949 nach New York, endlich wieder vereint mit meinem Vater und meiner Schwester. Wie alle Neuankömmlinge brauchte ich eine Weile, um mich an meine neue Heimat zu gewöhnen, aber wieder einmal hatte ich das Glück, einem Menschen zu begegnen, dessen Einfluss für meinen weiteren Lebensweg entscheidend sein würde. Ich traf Barney Rosset, als ich 1955 eine Stelle im Verlagsgeschäft suchte. Barney war ein beeindruckender junger Mann, kaum älter als ich, immer rastlos in Bewegung, selbst wenn er saß. Ich sollte für die nächsten fünfunddreißig Jahre bei ihm bleiben – eine Zeitspanne, in der *Grove Press*, unser Verlag, zu einem der wichtigsten Verlage in den USA werden sollte. In den Sechzigern wurden dort wegweisende Texte verlegt; die Autoren und Bücher bei *Grove Press* standen an der Spitze einer Bewegung, die die Sicht der jungen Generation auf die Welt und auf Amerikas Stellung darin grundlegend verändern sollte.

In diesen Jahren war ich als *Editorial Director* von *Grove Press* und *Managing Director* von *Evergreen Review*, einem führenden Literaturmagazin, unmittelbarer Zeitzeuge der bemerkenswerten Veränderungen um mich herum, die massive Auswirkungen auf das kulturelle Leben Amerikas haben sollten. Als die *Beat Generation* geboren wurde, stand ich an ihrer Wiege, und Autoren wie Jack Kerouac und Allen Ginsberg brachten neuen Wind in die amerikanische Literatur. Die Bürgerrechtsbewegung und das neue Selbstbewusstsein der afroamerikanischen Bevölkerung veränderten in den sechziger Jahren das Land, und die Jugend Amerikas wurde durch den Widerstand gegen den Vietnamkrieg mobilisiert.

Bei *Grove* und *Evergreen* verlegte Schriftsteller spielten eine wichtige Rolle bei der Formulierung der Ideen, die diese Gegenkulturen prägten und seitdem aus dem amerikanischen Leben nicht wegzudenken sind. Juristische Kämpfe, die *Grove* im Namen indizierter Autoren wie D. H. Lawrence, Henry Miller und Jean Genet vor Gericht ausfocht, führten zu einer Änderung der Zensurvorschriften und einer neuen künstlerischen Freiheit. Auch ausländische Autoren, wie Samuel Beckett, Eugene Ionesco, Alain Robbe-Grillet und Kenzaburo Oe, die rund um die Welt einer neuen Literatur ihre Stimme gaben, hatten damals bei *Grove Press* eine Heimat gefunden.

Als alter Mann blicke ich jetzt auf diese Zeit zurück. Es waren erfüllte Jahre von wunderbarer Erregung und leidenschaftlichem Engagement. Jeder Tag brachte ein neues, unvorhergesehenes Abenteuer. Wenn ich die glücklichen Geschicke bedenke, die mir die leidvollen Erfahrungen so vieler meiner Zeitgenossen erspart haben und es mir gestatteten, so viel Erfüllung und Sinn zu finden, dann bin ich von Dankbarkeit und Ehrfurcht vor den geheimnisvollen Wegen des Schicksals erfüllt.

Glossar
(Andrea Hammel und Claudia Curio)

Bloomsbury House – seit 1938 Londoner Sitz der meisten britischen Flüchtlingshilfsorganisationen, unter anderem des *Refugee Children's Movement*. Durch die Unterbringung unter einem Dach wurde die Kooperation der einzelnen Institutionen erleichtert. Für die Flüchtlinge war das Haus im Stadtteil Bloomsbury eine zentrale Anlaufstelle.

Chaluz – dt. Pionier. Die *Chaluz*-Bewegung schulte weltweit junge Juden beiderlei Geschlechts bis zum 26. Lebensjahr in der Landwirtschaft und in handwerklichen Berufen und schickte sie nach zwei- bis dreijähriger Ausbildung nach Palästina. 1939 zählte die Bewegung außerhalb Palästinas 35 000 Mitglieder.

Enemy Alien – siehe Internierung.

Evakuierung – In den ersten Monaten des Zweiten Weltkrieges wurden in Großbritannien Evakuierungen, vor allem von Kindern, doch auch von Frauen und Familien, aus den Ballungsgebieten vorgenommen, um sie vor den Bombenangriffen in Sicherheit zu bringen. Für viele Flüchtlingskinder bedeutete dies Trennung von der Pflegefamilie und Unterbringung bei einer anderen Pflegefamilie auf dem Land.

Domestic Permit – Die britische Regierung gab bevorzugt Visa an Flüchtlinge aus, die sich verpflichteten, als Hausangestellte zu arbeiten. Diese Lockerung der Einwanderungsbestimmungen wurde mit der so genannten Hausangestelltenkrise begründet, denn es war schwer, die einheimische Bevölkerung für diese Arbeit zu begeistern.

Dovercourt – Von Dezember 1938 bis März 1939 wurden die meisten der Flüchtlingskinder vorübergehend in der Sommerferienanlage Dovercourt bei Harwich, Essex, einquartiert, bis eine dauerhafte Unterbringung für sie gefunden war. D. war das wichtigste einer Reihe von Feriencamps, die das *Refugee Children's Movement* in Sussex, Essex, East Anglia und Kent als provisorische Auffanglager eingerichtet hatte.

Garantie – auch **Affidavit**, **Bürgschaft**. In vielen Ländern wie zum Beispiel den USA und Großbritannien benötigten Emigranten eine Bürgschaftserklärung, die besagte, dass der Garantor bereit und in der Lage war, für den Unterhalt des Einwanderers aufzukommen. Auch jedes der Kinder, die mit den Kindertransporten gerettet wurden, musste über eine solche Garantie verfügen.

Hachscharah – Vorbereitung von Jugendlichen auf die Jugend-*Alijah* durch landwirtschaftliche Ausbildung in Trainingsfarmen. Eine Reihe von Jugendlichen wurden nach Großbritannien zur Auslands-*Hachscharah* geschickt, viele von ihnen im Rahmen der Kindertransporte.

Haschomer Hazair – dt. Junge Wächter; zionistische Jugendorganisation. Die 1914 in Polen gegründete Bewegung bildete ihre Mitglieder auch militärisch aus, um die jüdischen Siedlungen in Palästina vor Angriffen schützen zu können. Mitglieder dieser Bewegung gründeten die ersten *Kibbuzim* in Palästina.

Hostel – Kindertransport-Teilnehmer über zwölf Jahre wurden oft in Jugendheimen, so genannten *Hostels*, gemeinschaftlich untergebracht. Meist waren die Leiter dieser *Hostels* selbst Emigranten aus Deutschland oder Österreich.

Internierung – In Großbritannien mussten sich nach Beginn des Zweiten Weltkrieges alle über 16-jährigen Personen mit der Staatsangehörigkeit eines feindlichen Landes *(Enemy Aliens)* bei den Behörden melden und wurden in drei Kategorien eingeteilt: Mitglieder der Kategorie A waren sofort zu internieren, Kategorie B blieb mit und Kategorie C ohne Einschränkungen auf freiem Fuß. Internierte wurden entweder in Gefängnissen oder in speziellen Internierungslagern wie zum Beispiel auf der Isle of Man festgehalten. Nach der Niederlage Frankreichs beschloss die britische Regierung im Mai 1940, die Internierung zu erweitern, bis sie Kategorie B und einen großen Teil der Kategorie C erfasste. Insgesamt wurden 27 000 Menschen interniert, darunter auch etwa 1000 Flüchtlingskinder. Im Herbst 1940 wurden durch die Intervention liberaler Politiker die Regeln gelockert und viele Internierte wieder freigelassen.

Jugend-Alijah – Seit 1932 wurde die von Recha Freier initiierte Jugend-*Alijah,* also die organisierte Auswanderung von Jugendlichen nach Palästina, durchgeführt. Viele Jugendliche kamen mit den Kindertransporten nach Großbritannien, um sich in einer Auslands-*Hachscharah* (siehe *Hachscharah*) auf ihre Ansiedlung in Palästina vorzubereiten.

Kindertransport Association (KTA) – 1989 gegründete Vereinigung ehemaliger Kindertransport-Teilnehmer in Nordamerika mit Sitz in Hicksville, New York.

KT2 – Zur KTA gehörende Organisation von Angehörigen der so genannten *Second Generation*, also der Kinder und Enkel von ehemaligen Kindertransport-Teilnehmern.

Reunion of Kindertransport (ROK) – 1989 gegründete britische Vereinigung ehemaliger Kindertransport-Teilnehmer mit Sitz in London. Heute in Israel lebende ehemalige Kinderflüchtlinge sind in der **ROK Israel** organisiert.

Society of Friends – Gemeinschaft der Quäker. Zentrales Anliegen der Quäker ist die gewaltfreie Schaffung und Bewahrung der Menschenwürde für alle Menschen unabhängig von Geschlecht, Herkunft und Weltanschauung. Die Quäker waren in der Flüchtlingshilfe für wegen ihrer jüdischen Herkunft Verfolgte aus Deutschland sehr engagiert und hatten großen Anteil am Gelingen der Kindertransporte.

Young Austria – Diese linksgerichtete Jugendorganisation der österreichischen Exilanten stand in enger Verbindung mit dem *Austrian Centre* in London und bot sowohl praktische Hilfe als auch kulturelle Freizeitangebote an.

Die Autorinnen und Autoren

Ilse Aichinger, geboren am 1. November 1921 in Wien als Tochter einer (jüdischen) Ärztin und eines (»arischen«) Lehrers. In den Jahren 1939 bis 1945 lebte sie mit ihrer Mutter in einem zugewiesenen Zimmer unmittelbar neben dem Wiener Gestapo-Hauptquartier. Der Roman über die Kriegszeit in Wien, »Die größere Hoffnung«, erscheint 1948 bei S. Fischer-Querido Amsterdam. 1953 Heirat mit Günter Eich (zwei Kinder, Mirjam, geboren 1957, und Clemens, gestorben 1998). Eine Werkausgabe – Hörspiele, Gedichte, Erzählungen – erschien 1991 im Fischer Taschenbuch Verlag. Ilse Aichinger lebt in Wien.

Helga Aichinger-Michie, geboren am 1. November 1921 in Wien als Tochter einer (jüdischen) Ärztin und eines (»arischen«) Lehrers. Ihre Kindheit verbrachte sie – wie ihre Zwillingsschwester Ilse – nach der Trennung der Eltern großteils bei der (1942 deportierten) Großmutter. Am 5. Juli 1939 Flucht nach England mit einem Kindertransport der Quäker. 1941 Vermählung mit einem in der tschechischen Exilarmee dienenden Emigranten (Scheidung 1946). Kontakte zu Erich Fried, Elias Canetti, Raimund Hofmannsthal. Helga Aichinger-Michie lebt seit 1939 in London.

Ruth Barnett, geborene Michaelis, kam 1939 als Vierjährige zusammen mit ihrem siebenjährigen Bruder mit dem Kindertransport nach Großbritannien und lebte zehn Jahre lang von ihren Eltern getrennt in drei Pflegefamilien und einem Hostel. Sie studierte in England und traf an der Universität ihren Mann. Sie hat drei Kinder und war 19 Jahre lang als Lehrerin mit dem Spezialgebiet Kinderentwicklung und -erziehung und mit verhaltensgestörten Jugendlichen beschäftigt. Sie absolvierte eine Ausbildung als Psychotherapeutin und arbeitete mit Mitgliedern der ersten und zweiten Generation, die vom Holocaust betroffen sind. Heute verbindet sie beide Schwerpunkte durch ihre Mitarbeit an Projekten über Holocausterziehung in Deutschland und Großbritannien.

Ute Benz, geboren 1942, unterrichtete als Lehrerin an Gymnasien und arbeitet seit 1980 als analytische Kinder- und Jugendlichen-Psychotherapeutin, seit 1991 in Berlin. Sie ist Lehrbeauftragte an der Technischen Universität Berlin und Vorsitzende des Berliner Arbeitskreises für Beziehungsanalyse. Zahlreiche Veröffentlichungen.

Wolfgang Benz, geboren 1941, Historiker, Professor an der Technischen Universität Berlin und Leiter des Zentrums für Antisemitismusforschung. Zahlreiche Veröffentlichungen zur deutschen Geschichte im 20. Jahrhundert.

Claudia Curio, geboren 1971 in Berlin, Studium der Geschichte und Soziologie in Wien, Berlin und an der University of Essex, England. Seit 2000 Doktorandin am Zentrum für Antisemitismusforschung (Promotionsthema: Die Kindertransporte nach England – Emigration und Akkulturation von Kindern und Jugendlichen), außerdem Archivarin des Zentrums für Antisemitismusforschung. Diverse Veröffentlichungen, v. a. zu Kindern im britischen Exil.

Hildegard Feidel-Mertz, Jahrgang 1930, Dr. phil., emeritierte Professorin für Jugend- und Erwachsenenbildung an der Universität Kassel. Seit 1970 Erforschung der Wirkungsgeschichte emigrierter Pädagoginnen und Pädagogen, aus der neben Ausstellungen und Veröffentlichungen eine umfangreiche Sammlung zur Exilpädagogik mit den Schwerpunkten jüdische Landschulheime während der NS-Zeit und Schulen im Exil hervorging. Lebt in Frankfurt am Main.

Iris Guske, geboren 1961 in Rendsburg, Übersetzer- und Dolmetscherstudium (Englisch, Spanisch, Wirtschaft), stellvertretende Direktorin am Institut für Fremdsprachen-Berufe in Kempten. M. A. in *Communication Studies* an der Sheffield Hallam University, Publikation von Fernstudienlehrgängen im Bereich Anglistik, Schwerpunkt der wissenschaftlichen Arbeit im Bereich interkulturelle Kommunikation und Entwicklungspsychologie. Seit 2001 Doktorandin zum Thema »Kindertransport« am Centre for German-Jewish Studies der University of Sussex in Brighton.

Rebekka Göpfert, geboren 1965 in Kempten, studierte in München und Münster und hat 1997 mit einer Arbeit über den Kindertransport promoviert. Bis 2001 leitete sie das Literaturprogramm eines Münchner Verlages, seither lebt sie als Publizistin in Berlin. Zahlreiche Veröffentlichungen, v. a. zum Verlagswesen und zum Kindertransport.

Andrea Hammel, geboren 1968 in Gießen, Studium der Germanistik, Komparatistik und Soziologie, seit 1998 wissenschaftliche Mitarbeiterin am Centre for German-Jewish Studies. Mitherausgeberin von The German-Jewish Dilemma: From the Enlightenment to the Holocaust und Writing after Hitler: The Work of Jakov Lind. Forschungsschwerpunkt sind die Texte von Exilschriftstellerinnen und die Autobiographik ehemaliger deutsch-jüdischer Flüchtlinge. Veröffentlichungen zu Hilde Spiel, Ruth Klüger, Jakov Lind, Silvia Rodgers und Selma Kahn. Unterstützt von der British Academy, arbeitet sie an einer Datenbank autobiographischer Materialien ehemaliger Kindertransport-Teilnehmer in Großbritannien.

Fred Jordan wurde 1925 in Wien geboren. Mit 13 Jahren Kindertransport nach England. Landarbeiter, Metalldreher. 1943–46 mit der Britischen Armee in Frankreich, Belgien und Holland. Rückkehr nach Wien 1946. Journalist bei der U. S. Information Agency. 1949 Auswanderung in die USA. Seit 1956 Cheflektor bei Grove Press, Herausgeber der Zeitschrift Evergreen Review, später Herausgeber bei Pantheon Books. 1995–2000 Geschäftsführender Herausgeber bei Fromm International.

Susan Kleinman ist Doktorandin der Geschichtswissenschaft an der University of Sussex. Ihr Forschungsinteresse gilt den Erfahrungen von Flüchtlingen in Großbritannien, den Themen soziale Ausgrenzung und kulturelle Adapation.

Mona Körte, geboren 1965, Studium der Germanistik, Komparatistik und Soziologie in Frankfurt am Main und Berlin; 1998 Promotion über die Figur des »Ewigen Juden« in der literarischen Phantastik; seit 1999 wissenschaftliche Assistentin am Zentrum für Antisemitismusforschung. Forschungsschwerpunkte: literarische Mythen und Stereotype, Kinderliteratur, deutsch-jüdische Autobiographik, methodische Fragestellungen im Grenzfeld von Literaturwissenschaft und Antisemitismusforschung.

Marianne Kröger, geboren 1959, Studium der Germanistik, Lateinamerikanistik und Politikwissenschaften in Frankfurt am Main, M. A.; Dissertationsprojekt zum Romanfragment »Beb II« von Carl Einstein. Zahlreiche Veröffentlichungen zu: Exilliteratur, Spanischer Bürgerkrieg, lateinamerikanische Literatur, Niederlande, NS-Zeit, Theorie und Praxis der Reparationszahlungen in der Bundesrepublik Deutschland, Zeitzeugenforschung.

Monica Lowenberg, Sprachlehrerin und ehemalige Mitarbeiterin am Centre for German Jewish Studies, University of Sussex. Forschungsschwerpunkt auf dem Gebiet pädagogischer Erfahrungen deutsch-jüdischer Jugendlicher im Dritten Reich sowie in Grossbritannien. Veröffentlichungen zur Sprachwissenschaft, der vergleichenden Bildungsforschung und der zweiten Generation.

Chana Moshenska hat Geschichts- und Sozialwissenschaften an den Universitäten Cambridge und Sussex studiert. Zurzeit arbeitet sie als Lehrbeauftragte in den Fächern Holocaust- und Diaspora-Studien.

Sybil Oldfield, 1938 in London geboren. Studium an der University of Canterbury, Neuseeland, und am Birkbeck College in London. Lehrte von 1962–2000 Englische Literatur und Frauengeschichte an der University of Sussex.
Publikationen: Spinsters of the Parish (Virago 1984); Women against the Iron Fist – Frauen gegen den Krieg (S. Fischer Verlag 1992), Women Humanitarians – British Women active 1900–1950 (Continuum 2001). Als Enkelin der Pazifistin und Sozialistin Anna Haag aus Stuttgart (Autorin von »Und wir Frauen«, herausgegeben von der wiedergegründeten Internationalen Frauenliga 1945) hat sie ein besonderes Interesse an der deutschen Geschichte.

Robert Antelme

Das Menschengeschlecht

Aus dem Französischen von Eugen Helmlé

Band 14875

Ein einzigartiges Zeugnis, das in der französischen Literatur als Standardwerk über die Lager, die Deportation und die systematische Menschenvernichtung gilt. Robert Antelme, ein Gefährte von Maguerite Duras, berichtet über Leben und Sterben im deutschen Konzentrationslager. Sein Retter war der junge François Mitterand, der spätere französische Staatspräsident.

»Der Text verweigert jene Betroffenheit, die beim Leser die Illusion des Mitleidens und damit ein gutes Gewissen zu erzeugen vermag, letztlich aber bloß eine Form der Abwehr ist.«
Jochen Hieber, Frankfurter Allgemeine Zeitung

»Eine Pflichtlektüre.«
Rainer Stephan, Süddeutsche Zeitung

Fischer Taschenbuch Verlag

fi 14875 / 1

Ernest Koenig

Im Vorhof der Vernichtung

Als Zwangsarbeiter in den Außenlagern von Auschwitz

Herausgegeben und mit einem Nachwort versehen von Gioia-Olivia Karnagel

Band 14771

Wer sich dem Unrecht des NS-Systems nicht allein durch wissenschaftliche Analyse annähern will, sondern nach authentischen biographischen Zeugnissen sucht, dem sei dieser Bericht eines jüdischen Zwangsarbeiters empfohlen. Als Student in Paris meldete er sich 1939 als Freiwilliger, um mit der französischen Armee gegen Hitler zu kämpfen. Er wurde jedoch bald interniert und 1942 in den Osten deportiert. Es folgen Jahre als Zwangsarbeiter bei namhaften deutschen Firmen, die in Auschwitz billige Arbeitskräfte rekrutierten. Über die beiden hier beschriebenen Außenlager »Laurahütte« und »Blechhammer« ist nur wenig bekannt. In Blechhammer wurde die größte Anlage zur Gewinnung von Treibstoff aus Kohle gebaut, die zu den damals kriegswichtigen »Oberschlesischen Hydrierwerken« gehörte.

Nur durch Zufall konnte der Autor seiner physischen Vernichtung entgehen und wurde schließlich 1945 befreit.

Fischer Taschenbuch Verlag

fi 14771 / 1